EDI KOBLMÜLLER
GRIFFIG

Edi Koblmüller
Alpingeschichte: seine besten Kolumnen aus dem Magazin LAND DER BERGE
1. Auflage 2015
Medieninhaber und Herausgeber: LW Werbe- und Verlags GmbH, www.lwmedia.at, Wien–Krems
Geschäftsführer: Erwin Goldfuss
Chefredakteur: Thomas Rambauske
Redaktion: Helmut Friessenbichler
Bildredaktion: Uli Seidel
Gestaltung: Martin Bauer, Artdirektor (Buchcover & Bildteil); Christian Eckart (Satz)
Lektorat: Gabriele und Manfred Neugebauer, St. Pölten
Druck und Bindung: Druckerei Janetschek GmbH, Heidenreichstein
© Bildnachweis: Uli Seidel (Cover, Seite 105 unten, Seite 180, Seite 194, Seite 198),
　　　　　　　　Gregor Hartl (Seite 14, Seite 191), Fritz Kaltner (Seite 192), Mahmoud (Seite 196),
　　　　　　　　Uschi Koniakowsky (Seite 1937), Archiv Edi Koblmüller (alle anderen Bilder)

Alle Rechte vorbehalten.
© 2015 LW Werbe- und Verlags GmbH

ISBN-978-3-9504163-0-5

GRIFFIG
EDI KOBLMÜLLER

Alpingeschichte: seine besten Kolumnen aus dem Magazin LAND DER BERGE

Inhaltsverzeichnis

Erinnerungen an Edi 8
Edi Koblmüller – Der Chronist der Berge 10
Edi Koblmüller – Die Biografie 13

Wo ist der Berg? 14
Die Qual der Wahl 16
Peppig – poppig – farbenprächtig 18
Waldverwüstung per Ski? 20

K 2 22
Bergführer 24
Das spröde Element 26
Gedanken zur Entmündigung am Berg 28
Alpinklettern im Out? 30
Trekking im Trend 32

Lebensretter auf Skitouren? 34
Verkehrsinfarkt am Berg 36
Franz Six: Er hat gelebt! 38
Der Osten kommt 40
Cliffhanger 42
Schöne (?) neue Welt 44

Der Trend zum Bergführer 46
Inflation auf der Leinwand 48
A woman's place is on the top? 50
Bergrettung zum Nulltarif? 52
„6000er auf die Schnelle" 54

Fit for death 56
Handy im Gebirge? 58
Der Abenteuer-Malus 60
Der Winterraum 62

Seil oder nicht Seil? 64
Der alte Mann und die Haken 66
Unfall in der „Todeszone" 68
Angst am Berg 70
Höhenkrank 72

Ballon kontra Lawine	74
Halbe-halbe am Berg	76
40 Jahre Broad Peak	78
Leicht – leichter – am leichtesten	80
Vom (un)sicheren Heimkommen	82
Kommerz in der Todeszone	84
Eisfallklettern	86
In eisige Höhen	88
MounTain Bike	90
Bergfilm: Der Weg ist das Ziel	92
Mallory & Irvine 1924	94
75 Jahre Hermann Buhl	96
Berge – Filme – Abenteuer	98
Quo vadis Extrem(berg)sport?	100
Airbag gegen Lawine	102
Massentourismus	104
Der stille Untergang des alpinen Kletterns	106
„Magic Mountains" – die Alpen als Disneyland?	108
Illusion Sicherheit	110
Vertikales Limit am K 2	112
Edi Koblmüller – sein Leben in Bildern I	114
Jagdlobby gegen Biker	128
10 griffige Jahre	130
Das Schweigen der Presse	132
Terror und Trekking	134
Die auf die Berge rennen	136
Schnorren für den „Expeditionsurlaub"?	138
Herbert Tichy	140
Die Zukunft des Bergsports	142
Die Tirol Deklaration	144

Ausgesperrt! Präzedenzfall Riedingtal 146
50 Jahre Nanga Parbat 148
Trekking in der Krise? 150
Tod an der Kletterwand. Brief an Elisabeth. 152
Die „Pistengeher" 154

1954: K 2 & Cho Oyu 156
Sanierungsprojekt Gosaukamm 158
Expedition in die Langeweile 160
60 Jahre Reinhold Messner 162

Todesfalle in der Lawine 164
Hubschrauber am Everest 166
8000er-Frau aus Oberösterreich 168
Die Grenzen der Bergrettung 170
Auf Messers Schneide 172
Helmut Friessenbichler interviewt Edi Koblmüller 174

Edi Koblmüller – sein Leben in Bildern II 178

Südpol: Mehr Schein als Sein 192
Berge in (Stahl)fesseln 194
„Ewiges Eis" mit Ablaufdatum 196
(Herz)Tod am Berg 198

„Fliegende Berge" & andere Geschichten 200
Am Limit. Der Film. 202
Quo vadis (Berg)Sport? 204
Hermann Buhl: Was wäre, wenn... 206
Bergführer im Wandel der Zeit 208

In memoriam Sir Edmund Hillary 210
„Doping" am Berg 212
Eiger-Nordwand 214
Gipfelgebühr am Großglockner 216
100 „griffige" Kolumnen 218
Bergfrauen im Stress? 220
Skitour nur mit Helm? 222

Skitouren, Sicherheit, Opferbilanz	224
Spieglein, Spieglein an der Wand…	226
In memoriam Hans Bärnthaler	228
Nanga Parbat. Der Film.	230
„Lawinensurfen" ohne LVS-Gerät	232
Was kommt nach Huber & Huber?	234
Die Achttausender-Königinnen	236
20 und noch mehr Jahre Alpingeschichte	238
Die Unschuldsvermutung gilt nicht (mehr)	240
Naturschutz gegen Seilbahnlobby	242
Wettlauf zum Südpol	244
Die Grenzen des weltweiten Reisens	246
Bergunfall im Zeitenwandel	248
K 2 – die Medienpräsenz	250
Walter Bonatti: Das Ende einer Epoche	252
Reizthema Pistentouren	254
(Rest-)Risiko am Berg	256
Herbert Tichy zum 100er	258
Klettersteig-Mania	260
Messner. Der Film.	262
Chogolisa – gestern, heute, morgen	264
Tödlicher Leichtsinn	266
AUSTRIA 8000	268
Kulturk(r)ampf im Himalaya	270
Paul Preuß	272
Triple Seven Summits	274
Grenzen des Wachstums	276
David Lama – el nino vertical	278
Ueli Stecks Annapurna-Solo	280
Mountainbiker gegen Jäger: Duell im Wald	282
Die (alten) Haudegen	284
Seilbahnlobby mit Tunnelblick	286
Danksagung	288

Erinnerungen an Edi

Diese Zeilen schreibe ich sechs Monate nach Edis Tod am 16. April 2015 am Kasbek in Georgien. Geblieben sind nicht nur Berge, sondern ganze Gebirge von Erinnerungen.

**Erinnerungen an einen Menschen,
der sein Leben wirklich zu hundert Prozent gelebt hat.**

Bergsteiger, Bergführer aus Überzeugung und Leidenschaft mit großen Abenteuern und Erfolgen. „Häuptling" sein mit wehendem Stirnband – das war sein's, sei es auf einer Reise oder „nur" bei einer der sonntäglichen Tagesskitouren. Klettern, Mountainbiken und Skibergsteigen/Skitourengehen und natürlich Reisen waren bis zuletzt sein Metier. Vielen Menschen hat er damit Welten, Berge und Länder eröffnet, wo sie sonst nie gewesen wären. Auch mir. Irgendwann wurde aus ihm „Der BergSpecht" und seine Firma war ein besonderer Vogel so wie er. Mit seinem unglaublichen Optimismus, Instinkt und Improvisationstalent auch in geschäftlichen Belangen wurde der Bergspecht in mehr als drei Jahrzehnten im deutschsprachigen Raum zu einem Begriff. Als „Chefspecht" war er für alle Mitarbeiter, Bergführer und Reiseleiter ohnedies in seiner unkonventionellen Art etwas Besonderes, Vorbild und Mentor für viele.

**Erinnerungen an einen Menschen,
der nicht nur in den Hochgebirgen der Welt zu Hause war.**

Wir haben uns in der Sahara kennengelernt. Das Coverbild stammt von dieser Tunesienreise. Den leidenschaftlichen Naturmenschen faszinierten die Wüsten der nordafrikanischen Länder genauso wie die Namib und Kalahari im südlichen Afrika samt der Tierwelt. Elefant, Giraffe & Co, insbesondere aber die großen Katzen Afrikas haben es ihm gleichermaßen angetan wie die Stubentiger, die viele Jahre seines Lebens sein Zuhause mit ihm teilten – zuletzt Helene, Penelope und Sibellini.

**Erinnerungen an einen Menschen,
der Respekt vor anderen Ländern und Kulturen hatte.**

Ihn zeichnete ein unglaubliches geschichtliches Wissen, ein Interesse an Politik im Großen und Kleinen aus, und er konnte selber so wunderbare Geschichten – mit vielen Neben- und Untergeschichten – erzählen. Als großer Fan von Wilhelm Busch waren auch immer Geschichten von Max und Moritz dabei;

Eines langen Baumes Wurzel bist Du gewesen.
Eines hohen Berges Stein warst Du.
Nun bist Du zu Deinem Baum
und zu Deinem Berg zurückgegangen.

jeder, der mit ihm länger unterwegs war, bekam sie irgendwann einmal zu hören. Oft gemütlich beieinandersitzend bei Edis legendärem „Türken", diesem köstlichen, von ihm nach einem bestimmten Zeremoniell gebrauten Kaffee. Edi war ohne Kaffee ohnehin nicht lebensfähig.

Edis Geschichten füllten riesige Vortragssäle, weil er einfach so gerne und so gut erzählte und seine Erzählungen mit wunderschönen Fotos hinterlegte, die er von jeder Reise, von jeder Tour als begeisterter Fotograf teilweise zu Hunderten mitbrachte.

Lesen war genauso sein Hobby wie Schreiben. Letzteres war ihm Last und Lust zugleich. BergSpechte-Kataloge, Reise-Detailprogramme, Zeitungsartikel etc., aber vor allem „seine" Kolumne. GRIFFIG-Produktionstage folgten für seine gesamte Umwelt eigenen Regeln. Das Spiel mit den Worten dauerte Tage und vor allem lange Nächte. Der Abgabetermin war kein fixer Termin, sondern eine Zeitspanne. Aber es kam jedes Mal noch der Zeitpunkt, an dem der Mausklick „Senden" erfolgte und ein völlig übermüdeter, aber glücklicher Edi wieder lachend aus der GRIFFIG-Welt auftauchte. Diskutieren konnte man mit ihm über Gott und die Welt, zu sagen hatte er so viel, seine Lebensansichten waren mir immer wichtig und erschienen mir in vielerlei Hinsicht richtig.

Die Jahre an der Seite dieses Mannes, dem Ehrlichkeit und Authentizität so wichtig waren, der Bescheidenheit und Großzügigkeit in einer Person war, der Optimist in (fast) allen Lebenslagen war, niemals aufgab, der großteils mit viel Humor und Spaß durch das Leben ging, der in einer Sekunde explodieren konnte, um in der nächsten dann gleich wieder zu lachen, der seine eigene Zeitrechnung, seinen eigenen Arbeitsrhythmus, seinen eigenen Tag-Nach-Rhythmus hatte und und und … werden immer wertvoller und unvergesslicher Teil meines Lebens bleiben.

Lieber Edi, dein Buch konntest du leider nicht mehr schreiben. Dieses Buch ist für dich!

Uli Seidel, Lebensgefährtin

Mit großem Dank an Thomas Rambauske, Chefredakteur LAND DER BERGE, und Erwin Goldfuss, Geschäftsführer der LW Werbe- und Verlags GmbH, die dieses Buch möglich gemacht haben!

Edi Koblmüller

Der Chronist der Berge

„Wir suchten nach einem Kommentator mit sicherem Griff und starkem Schnabel", erinnert sich Helmut Friessenbichler, der Gründer und erste Chefredakteur des österreichischen Outdoormagazins LAND DER BERGE. Den Kommentator fand er in Eduard „Edi" Koblmüller, Achttausender-Pionier, Bergführer und „Chefspecht" seiner Alpinschule „Die BergSpechte". In der Mai/Juni-Ausgabe 1991 erschien das erste Mal Koblmüllers Kolumne GRIFFIG, bis ins Jahr 2015 blieb Koblmüller dann seiner Linie, seiner direkten Sprache und seinem Gespür für brennende Themen treu: „Die Kolumne selbst – eine Mischung aus Geschichten, die heute Geschichte sind, und Themen, aktuell wie vor 12 oder 17 Jahren. Vom Titel ‚Peppig – poppig – farbenprächtig' (Modetendenzen bei der Alpinbekleidung) über ‚Halbe-halbe am Berg' bis zum modernen ‚Verkehrsinfarkt am Großglockner'", so umreißt Koblmüller selbst seine Rubrik, die von vielen Leserinnen und Lesern zuallererst gelesen wurde, wenn sie das Magazin aufschlugen.

Edi Koblmüller schrieb mit seiner Kolumne in doppeltem Sinne Geschichte: Einerseits war er ein genialer Chronist. Mit einem unglaublichen Gespür für Entwicklungen und Strömungen traf er stets den Nerv der alpinen Zeit, sprach aus, was niemand auszusprechen wagte, und scheute sich auch nicht, zu diesem oder jenem unbequemen Thema Stellung zu beziehen oder sich mit einem scheinbar übermächtigen Gegner anzulegen. In seinem vorletzten GRIFFIG etwa nahm er die Jagdlobby ins Visier, um für mehr Wegefreiheit für die Mountainbiker zu kämpfen. In seinem allerletzten GRIFFIG engagierte er sich für den Erhalt des Naturgebietes Warscheneck, das Gefahr lief, von der „Seilbahnlobby" mit einer U-Bahn für Skifahrer durchlöchert zu werden. So gab es kein brennendes Thema, an dem er vorbeiging, kein heißes Eisen, das er nicht anfasste, kein Talent, das er übersah, keine hervorragende Leistung und Persönlichkeit, die er nicht würdigte, aber auch keinen Missstand, den er nicht anprangerte – sein breiter Blickwinkel erfasste den Alpinismus in seiner Gesamtheit. Und auch sein eleganter, konstruktiv-kritischer Stil bleibt wohl unerreicht: sprachgewandt und brillant argumentierend, die Kunst der scharfen Zunge ebenso beherrschend wie den ironischen Unterton, brachte er selbst komplexe Sachverhalte auf den Punkt. Unvergessen seine Randbemerkungen etwa zur Problematik der Staus am Großglockner in den 90er-Jahren: „Sprengt den Gipfel, macht ihn um 50 m niedriger und zumindest das Problem Glockner ist gelöst!" Edi Koblmüllers

Rubrik gehörte zu den Kronjuwelen des Magazins und wohl auch des heimischen Alpinjournalismus. Aneinandergereiht ergeben seine legendären GRIFFIG-Kolumnen eine komplette Chronik des Alpinismus über die letzten 25 Jahre hinaus, wie das vorliegende Buch beweist.

Der Bergmensch mit Herz und Seele

Edi Koblmüller schrieb auch als Bergsteiger ein wichtiges Kapitel der alpinen Chronik. Zu Recht gilt er als einer der erfolgreichsten österreichischen Expeditionsbergsteiger und Pioniere, dem bahnbrechende Erstbesteigungen und Erstbegehungen gelangen. Trotz dieser Erfolge, aber auch trotz der vielen tragischen Lebenskrisen rund um den Tod seiner Frau und seines Sohnes blieb Edi ein liebenswerter Mensch, authentisch, ehrlich, optimistisch. Weder vergrub er sich in Selbstmitleid, noch hob er angesichts seiner Erfolge ab. Edi verachtete den Schein und zelebrierte das Sein. Seine ungebrochene Lebensfreude und sein nach vorne gerichteter Blick waren vorbildlich. (Um diesem Charakter zu entsprechen, verzichteten wir bewusst auf eine Schutzfolie für den Umschlag dieses Buches: Schließlich nahm sich auch Edi nie ein Blatt vor den Mund, so direkt, frech und „griffig" war und formulierte er. Eine „Schutzfolie" brauchte er weder hinsichtlich seines mutigen Auftretens noch beim Bergsteigen selbst!)

Die Berge waren Edis „Sandkiste", wie er zu sagen pflegte. Mit Herz und Seele lebte er in und mit den Bergen. Und er starb letztlich auch auf einem Berg. Das passte zu seinem Wesen. Gefragt, ob er etwas anders machen würde, käme er nochmals auf die Welt, antwortete er: „Also grundsätzlich bin ich mit dem Ablauf meines Lebens und mit dem, was ich erreicht habe, nicht unzufrieden. Ich kann auf ein relativ spannendes Leben zurückblicken. Natürlich wäre mein Leben ohne die großen Katastrophen schöner verlaufen – das ist aber ohnehin klar. Ich hätte vieles besser machen können. Ich hätte mich besser vermarkten können – hätte theoretisch ein zweiter Messner werden können. Wenn ich es mir im Nachhinein ehrlich überlege, ist es vielleicht eh besser so, wie es gelaufen ist." (bergspechte.at)

In die alpinen Geschichtsbücher wird Edi Koblmüller wohl als Pionier, aber auch als Chronist der Berge eingehen.

Thomas Rambauske, Chefredakteur LAND DER BERGE

Edi Koblmüller
Die Biografie

Geboren am 10. April 1946 in Linz, maturierte Eduard „Edi" Koblmüller 1964 und studierte anschließend Forstwirtschaft an der Universität für Bodenkultur in Wien. Von 1972 bis 1978 arbeitete er als Beamter im forsttechnischen Dienst der Oberösterreichischen Landesregierung, um danach die „Alpinschule Edi Koblmüller" zu gründen, aus der sich die heutige Alpinschule „Die BergSpechte" entwickelte. Seit 1976 war Edi staatlich geprüfter Berg- und Skiführer.

In die Wiege gelegt wurde ihm das alpine Gen von seinem Vater Eduard, der in den 1930er-Jahren zu den besten Kletterern Oberösterreichs zählte. Seine alpinistische Laufbahn begann Koblmüller 1963 mit einer Besteigung des Dachsteins. Von da an entwickelte er sich zu einem brillanten Extrem- und Höhenbergsteiger, bestieg fünf Acht- und sechs Siebentausender, zum Teil auf neuen Routen. Den 8201 Meter hohen Cho Oyu bezwang er zusammen mit Alois Furtner im Jahr 1978 über die Südostwand, was als alpinistische Meisterleistung galt. Zudem stand er auf den Gipfeln des Nanga Parbat, des Dhaulagiri, des Shisha Pangma und zuletzt 1999 des Broad Peak.

Koblmüller war ab 1972 mit Elisabeth verheiratet, die am 5. Juli 2003 bei einem tragischen Kletterunfall auf der Rudolfshütte in den Hohen Tauern ums Leben kam. Vier Jahre vorher, Ende Juni 1999, wurde der gemeinsame Sohn Michael 24-jährig bei einer Expedition auf den 7266 Meter hohen Diran in Pakistan von einer Lawine verschüttet und getötet. Zur gleichen Zeit stand Koblmüller mit seinem zweiten Sohn Reinhard, der als Arzt in Schweden lebt, auf dem Gipfel des Broad Peak. 1991 wurde Koblmüller in den Pyrenäen selbst von einer Lawine in die Tiefe gerissen. Auch einen Lawinenabgang 2005 in den Abruzzen, wo er vollständig verschüttet worden war, überlebte er.

Zusammen mit seiner Lebenspartnerin Uli Seidel führte er seine Alpinschule „Die BergSpechte", bis er sie 2014 verkaufte, um sich dann vollends seiner Passion – den Bergen – zu widmen.
In der Funktion als Bergführer verunglückte Edi Koblmüller am 16. April 2015 am Kasbek in Georgien.

Thomas Rambauske, Chefredakteur LAND DER BERGE

Wo ist der Berg?
Sportklettern als Wettkampf

Der bekannte Journalist einer bekannten Zeitung schwärmte in seiner Kolumne vom ORF-Film „Land der Berge" über den Watzmann – durchaus zu Recht. Und kritisierte eine Zeile weiter den Kletterweltcup beim „Fest der Berge" in der Wiener Stadthalle als Degenerationserscheinung des Alpinismus: hier das hehre, echte Bergsteigen, dort die „Entartung Wettkampfklettern". Der Mann hat keine Ahnung, dachte ich mir. Warum schreibt er dann über Sportklettern? (Andererseits – er schreibt wenigstens darüber!)

Spitzensport Denn diese (deplatzierte) Meldung passt genau zum Informationsstand über das Wettkampfklettern in den österreichischen Medien – nicht vorhanden, null. Da irgendein Kletterfoto im Lokalteil (!) dieser Zeitung, dort nicht eine Zeile auf den Sportseiten. Offenbar haben die Sportredaktionen nicht begriffen, was tausende Zuschauer in der Stadthalle längst wissen: Sportklettern ist gleich Sport, ist gleich Leichtathletik, ist gleich Spitzensport. Und würde natürlich dorthin gehören, wo seitenweise über Fußball (auch letztklassigen) berichtet wird. Aber kein Wort über eine Weltcupveranstaltung in Wien, an der die Spitzenkletterer aus aller Welt teilnehmen.

Faszination Ende April war auch ich einer von tausenden Zusehern, bekam auch ich beim atemlosen Zuschauen feuchte Hände, wurde zu stürmischem Beifall hingerissen, war fasziniert von der Akrobatik an der 16 m hohen künstlichen Kletterwand. (Spontane Geheimgedanken eines alten Allround-Alpinisten: Zum Glück bist du nicht mehr 20, sonst blüht dir womöglich dieses fürchterliche Trainingspensum.) Hat nun das Wettkampfklettern als Leistungssport, als Show und Akrobatik überhaupt noch irgendeinen Bezug zum Bergsport, zum Alpinismus? Gibt's da noch Parallelen? Aus historischer Sicht durchaus, denn das eine entwickelte sich aus dem anderen. Das Leistungsdenken, den Wettkampfgedanken gab's immer schon, auch beim Bergsteigen vor 30, 60 und 200 Jahren. Man denke nur an den Kampf ums Matterhorn oder um die Eiger-Nordwand. War Edward Whymper „besser" als J. A. Carrell oder nur zufällig erfolgreicher? Ging es den vier glücklichen Eiger-Erstdurchsteigern nur um „stilles Glück am Berg"? Der Wettkampfgedanke beherrschte auch damals schon den Hintergrund der alpinistischen Gehirne. Nur konnte man nie exakt sagen: Wer ist der/die Beste, wer die Nummer eins, denn der Erfolg hing nicht nur vom Können, sondern auch von (hochalpinistischen) Umständen ab. Beim

Wettkampfklettern aber kann man das. Der Franzose François Legrand ist quasi der Ayrton Senna des Kletterns, die Französin Isabelle Patissier derzeit die Beste. Eindeutig, messbar, unbestritten, jetzt.

Degeneriert? Ist nun diese Entwicklung des alpinen Kletterns zum Sport degeneriert und ein Auswuchs? Oder ist Sportklettern nicht vielmehr und endlich eine faire und messbare Lösung des menschlichen Konkurrenzdenkens? Unbestritten ist, dass sich der Alpinismus längst in immer mehr eigenständige Disziplinen spezialisiert hat. Es gibt kaum einen größeren Gegensatz als den zwischen dem einsamen, abenteuersüchtigen Achttausender-Bergsteiger und dem Kletterfreak in der Halle, bei dem es um Weltcuppunkte geht. Beides sind Spitzenleistungen, beides ist „Aufwärts-Bewegen", beides hat (auch) Showcharakter, aber welch ein Unterschied! Dort, in der Ferne, der einsame „Wolf des Abenteuers", hier der Leichtathlet in der Halle beim beinharten Wettkampf. Also – gibt's da trotzdem noch Gemeinsamkeiten? Ich glaube (naiv?), es gab sie und es wird sie auch weiter geben. Denn wenn sich auch die Disziplinen des Alpinismus weit auseinanderentwickelt haben, eines haben sie noch immer gemeinsam: die Freude am Klettern, am Steigen. Zwar wird ein Himalaya-Kletterer kaum in der Weltspitze mitmischen können, aber es gibt ja auch den Breitensport Klettern, den Durchschnitt. Und der klettert gerne, am Peilstein, im Gesäuse, am Montblanc und auch an der künstlichen Kletterwand. Zum Vergnügen, als Training oder als Sport.

Jedem das Seine Noch ein Wort an die Kritiker: Wer gegen den Wettkampf ist, muss ja nicht selbst mitmachen. Jeder kann ja immer noch das machen, was er gerne macht. Dem Skibergsteiger seine Skitour, dem Alpinisten seinen Viertausender und dem Sportkletterer seine Hallenwand. Außerdem ist es ohnehin müßig, darüber zu diskutieren, ob die moderne Spezialisierung gut oder schlecht ist. Es ist so. Punkt. Die Jugend will es so. Jammern nach der „guten alten Zeit" nützt nicht nur heute nichts, sondern hat nie etwas bewirkt. Allen Nostalgikern und Konservativen, die sich nur mühsam oder nicht mit der Hallenakrobatik abfinden wollen, bleibt ja noch ein kleiner, boshafter Trostgedanke: Vielleicht wird der heutige Hallenkletterer übermorgen, wenn er „zu alt" für den Wettkampfsport ist, wieder ins Gesäuse zum Klettern fahren. Einfach so, zur Abwechslung oder aus Freude am Klettern …

Die Qual der Wahl

Gedanken über die Spezialisierung der Bergschuhe

In der „guten alten Zeit" (die vor etwa 20 Jahren endete) hatte man einen Rucksack, einen Pickel und natürlich auch nur ein Paar Bergschuhe. Für Letztere, im Jargon „Böcke" genannt, galt: je kompakter und schwerer, desto extremer sein Besitzer. Einer für alles – Klettergartentraining, westalpine Eiswände, Dolomiten- und Gesäusetouren, gemütliches Bergwandern, Zu- und Abstiegshatscher. So einfach war das damals. Aber dann erschienen die (Kunststoff-)Schalenbergschuhe mit herausnehmbaren Innenschuhen – die Begeisterung der Hochalpinisten führte zu einem baldigen Verkaufsboom. Aus dem alten Leder-Ungeheuer war mittlerweile der elegante Leichtbergschuh geworden, und zu guter Letzt tauchte am Ausrüstungshorizont der Trekkingschuh auf – als großartige Alternative zum patscherten Wanderstiefel. Somit hat der ausrüstungsbewusste Allroundalpinist gut und gerne seine vier, fünf Paar Bergschuhe im Kasten. Jedes davon optimal für ein Spezialgebiet. Genau da beginnt aber die Qual der Entscheidung ...

Beispiel Stüdlgrat Nehmen wir als prominenten „Klassiker" den Südwestgrat des Großglockners. Der hat mindestens drei „Spezialgebiete", sodass du – wenn du jeweils das Optimum einsetzen willst – drei Paar Schuhe brauchst: den Trekkingschuh für den Hüttenzu/abstieg, den steigeisenfesten Kunststoff- oder Lederschuh für den Abstieg vom Gipfel und den Kletterschuh für den Stüdlgrat selbst ...

Näher beleuchten Doch bevor wir vorschnell resignieren oder eine unüberlegte Spontanentscheidung treffen, sollten wir die Schuhe etwas näher beleuchten (auch bei der Alpinausrüstung hat die Expertokratie Einzug gehalten). Bei den Spezialkletterschuhen ist alles klar – die leichten „Patscherl" stehen außer Frage. Klettern auf Katzenpfoten gegen hartes Steigen. Junge Sportkletterer bezweifeln ohnehin, ob man mit „richtigen" Bergschuhen überhaupt klettern kann. Wir sind wieder bei den Vätern und Großvätern der 20er- und 30er-Jahre angelangt. Die haben ihre eisenbeschlagenen Tricounis nach dem Zustieg über Geröll oder Gletscher am Einstieg mit den Manchonpatschen vertauscht. Und ein 7. oder 8. Grad wäre eher mit den Kletterschuhen von 1935 kletterbar als mit den Ungetümen der 60er-Jahre.

Lust statt Frust Außerhalb jeder Diskussion stehen auch die modernen Trekkingschuhe – übrigens eine der besten „Erfindungen" der letzten Jahre. Bequem, leicht, weich und mit knöchelhohem Schaft doch stabil. Das früher gefürchtete

"Eingehen" der Wanderstiefel ist heute überflüssig. Ideal auch für Kletterer, denn im Gebirge gibt's bekanntlich Zu- und Abstiege, die mehr als den malerisch am Hüftgurt baumelnden Turnschuh erfordern. Und für den Trekker und Weltbergsteiger spricht allein schon die Bezeichnung. Dies gilt allerdings nur bis zur Gletscherregion, denn dort beginnt das Hauptproblem.

Leder oder Kunststoff? In den großen Bergen der Welt ist diese Frage längst entschieden – schon wegen der besseren Wärmedämmung bei viel geringerem Gewicht zugunsten des Kunststoffschuhs. Ich erinnere mich noch mit Schaudern an die 4 bis 5 kg schweren doppelten Lederschuhe meiner Expeditionen in den 70er-Jahren. Aber auch in den Alpen punktet der Kunststoff: wärmer, automatisch steigeisenfest und wasserdicht, strapazierfähiger und kaum pflegebedürftig. In Schnee und Eis kommen die Nachteile – steif, unbeholfen, bockig – kaum zum Tragen. Wer aber jemals einen stundenlangen Aufstieg zu einer Westalpenhütte mit Kunststoffschuhen hinaufgeholpert ist, sieht sich wieder der Qual der Wahl ausgesetzt. Oder er geht mit dem Innenschuh und kauft bald einen neuen. Die erleichterte Erkenntnis zum Allroundkompromiss aus Leder, der alles, das aber weniger gut kann, könnte allerdings jäh getrübt werden durch Erinnerungen an Wetterstürze, an steifgefrorene Lederschuhe und an Untersuchungen der Zehen auf einen ähnlichen Zustand wie ihre "schützende" Lederhülle.

Unten gut, oben schwer Am Stüdlgrat oder bei Touren ähnlichen Kalibers hast du immerhin die Möglichkeit, die ganze Palette deiner Ausrüstung zum Einsatz zu bringen: Trekkingschuh, Kletterschuh, Bergschuh. Das heißt, Genuss am Fuß, aber bedenkliche Entwicklung des Rucksacks in Richtung Hinkelstein. Unten gut, oben schlecht. Beim Kompromiss aus Leder und nur einem Schuh hieße das: unten mittel, oben mittel. Verzicht auf einen Teil des Klettergenusses, dafür aber Obelix ohne Hinkelstein. Am besten: eigenverantwortlich und selbst entscheiden! Ich selbst trauere der "guten alten Zeit" aber nicht nach. "Böcke" und "hartes" Klettern, nasse Schuhe und kalte Zehen – vielleicht doch lieber nicht. Da scheint mir die Qual der großen Auswahl und von mir aus auch der "Hinkelstein" das kleinere Übel zu sein.

PS: Oder der Industrie fällt demnächst der Schuh im Schuh im Schuh ein. Wäre das eine Idee?

Peppig – poppig – farbenprächtig
ISPO 91: Outdoor, Berge und kein bisschen müde ...

Die Überschrift – besser „Headline" – zu dieser Kolumne ist zwar einer Münchner Boulevardzeitung nachempfunden, trifft aber das Thema Sportsommer 92 im Kern. Der Welt größte Sportartikel- und Modemesse ist ein schillerndes, riesiges Schaufenster der Branche. Auf 130.000 m² stellen 1700 Firmen aus 42 Ländern ihre Produkte zur Schau. Vom Wasser- bis zum Bergsport, vom Hallensport bis zum Joggen ist alles vertreten, was nur irgendwie nach Sport und Mode riecht. „Sportswear", „Funsport" und „Adventurelook" springen den mehr als 40.000 Fachbesuchern aus jedem Katalog und von jedem Messestand ins Auge. Nur Fachbesucher mit entsprechender Legitimation dürfen das streng bewachte „Sportartikelmekka" betreten. (Ich denke amüsiert an die Zeit zurück, als ich mir den Zugang zur ISPO durch Überklettern des Zaunes oder andere Tricks erschwindelte ...)

Bunt gefällt Auch beim Berg-, Pardon, Outdoor-Bereich haben „Outfit" und „Hightech" Einzug gehalten. Die graue Bergsteigermaus ist (schon lange) tot, es lebe der Zeitgeist auch in der Natur, beim Klettern, beim Rafting usw. Schön ist, was gefällt. Und bunt gefällt. Mir übrigens auch, um da gleich Stellung zu beziehen. Wer will denn noch die sackartige Knickerbocker aus kratzendem Loden? Warum sollen wir ausgerechnet beim Bergsport nicht auch ein bisschen chic sein dürfen?

Aktiv für die Umwelt Überall wird optimistisch festgestellt, dass der „Umsatzträger Trekking ganzjährig weiter bergauf steigt", „Bergsport voll im Trend liegt und Eckpfeiler im Sporthandel ist". Allerdings – nicht nur Grüne erkennen die Grenzen, an die unsere Freizeitgesellschaft im Alpenraum längst gestoßen ist. Auch Hersteller und Handel besinnen sich auf Umwelt und Recycling, denken über die Probleme Verpackung und Entsorgung von Kunstfasern nach, entwickeln umweltschonende Produktionsverfahren, drucken ihre Kataloge vorwiegend auf umweltfreundlichem Papier. Intersport wird als Alternative zum Plastiksack eine Million Jutetaschen kostenlos an den Verbraucher abgeben. Sicherlich ist dieses (erfreuliche) Umdenken auch eine Reaktion auf zunehmendes Umweltbewusstsein der Kunden, aber es ist nur fair, festzuhalten, dass man aktiv etwas für die Umwelt tut und nicht nur davon profitieren will.

Was gibt es Neues? Um es gleich vorwegzunehmen – Sensationen gibt es keine. Wie denn auch angesichts einer rundum fast schon perfekten Bergsportausrüstung. Der sich selbst tragende Rucksack oder der von selbst kletternde Schuh wurde noch immer nicht erfunden. Immerhin ist bewundernswert, dass den Designern und Bastlern der Industrie immer noch Innovationen und verbessernde Details einfallen: mehr Sicherheit, mehr Lebensdauer. Noch geringeres Gewicht (!) und noch mehr Wetterschutz und Funktionalität. Und schließlich umweltfreundlichere Produkte und Materialien.

Funktionelle Bekleidung Ein paar Beispiele mögen die fast unüberschaubare Vielzahl von Produkten und Herstellern repräsentieren. Mit „Transtex-Natur" bringt Löffler eine neue Sportwäsche aus ungebleichter natürlicher Baumwolle auf den Markt (umweltschonendere Produktion, frei von chemischen Zusätzen). Bei Jacken und Anoraks, Hosen und bei hochwertigen Trekkingschuhen setzen fast alle Hersteller weiterhin auf die weitgehend wasser- und winddichte, atmungsaktive Membran-Bekleidung, also auf Goretex, Helsapor und Sympatex.

Mit Sack und Pack Bei den Rucksäcken gefällt die McKinley/Protec-Serie mit einem preisgünstigen Sortiment vom Winzling bis zum extremen Hochgebirgsrucksack. Auch der Franzose Millet zeichnet sich mit durchdachten Rucksackdetails aus. Salewa hat sich das „Top-Light-Paket" einfallen lassen: Zelt „Sierra Micra" (2 kg), Schlafsack „Ultra" (630 g) und aufblasbare „Skin-Mat" (400 g) wiegen zusammen nur etwas über 3 Kilo. McKinley/Protec setzt ebenfalls auf Leichtgewichtszelte (Material: nahtgedichtetes Polyester) und bei den Schlafsäcken wie Gold-Eck aus Kärnten auf Kunstfaser. Letztere hat in puncto Gewicht und Packvolumen die traditionelle Daune bereits eingeholt.

Neues bei Hartware Bei der Kletterausrüstung sei nicht nur aus Lokalpatriotismus der Seilhersteller Edelweiß-Teufelberger erwähnt, der ein Einfach-Leichtseil mit Langzeitschutz entwickelt hat: das „Ultralight-Perdur" (9,9 mm) erreicht durch eine neue Mantelkonstruktion eine doppelt so hohe Lebensdauer. Neue Karabinertypen der Tiroler Firma Stubai werden auch den strengeren Sicherheitsnormen des EWR entsprechen. Bei Gletscherbrillen hatte Carrera die Idee von auswechselbaren Scheiben. Komperdell und Kohla entwickeln Teleskopstöcke, deren auswechselbare Teller einen Skistock rasch in einen Wanderstock verwandeln. Und mit Blick auf den herannahenden Winter sei noch Ortovox mit dem neuerlich verbesserten Verschüttetensuchgerät F1-Plus erwähnt, von dessen Qualität sich der Autor heuer hautnah überzeugt hat.

Waldverwüstung per Ski?
Jagd- und Forstwirtschaft kontra Tourenskilauf

Der nächste Winter kommt bestimmt (???). Und wenn sich dann die Skitourenfahrer in Bewegung setzen, wird auch wieder die Polemik aus der Ecke der Jäger, Forstleute, Naturschützer und deren Lobbys gegen den Skilauf im freien Gelände aufflammen. Wobei manchmal der Eindruck entsteht, dass der Tourenskilauf die Hauptursache für das Waldsterben wäre.

Die Konfliktsituation Solange nur ein paar „Verrückte" zu Fuß auf einsame Gipfel stiegen, war das Thema „abseits der Pisten" kein Thema. Aber die zunehmende Pistenverdrossenheit vieler Skifahrer führt heute bei manchen Modetouren fast zum Massenbetrieb. Logische Folge: Interessenkonflikte zwischen erholungsuchenden „Naturkonsumenten" und Grundbesitzern, Jägern, Forstleuten. Zugeparkte Forststraßen, abrasierte Baumwipfel, beunruhigtes Wild und dergleichen mehr. Allerdings kann eine Lösung dieser Konflikte nicht in Gegenaggressivität und Aussperren liegen. Jagdliche „Rambos", die mit vorgehaltener Schrotflinte Skitouristen aus dem Wald jagen, gegen hirnlose Skirowdys, die bedenkenlos durch Wildfütterungen trampeln? Einzelfälle? Hoffentlich!

Kontra Jagd und Forst Reine Verhinderungsmentalität und Verbotstafeln – zum Teil sogar rechtswidrig – tragen sicher ebenso wenig zur Entschärfung der Problematik bei wie durchsichtige Versuche, per Jagdgesetzänderungen und -verdrehungen ganze Täler zu sperren. „Jagdgebietssperre! Verlassen der öffentlichen Wege verboten. Schussgefahr – Fangeisen – Giftköder." Oder: „Achtung! Unbefugten ist das Betreten des Forstes und die Benützung seiner Wege strengstens verboten! Die Forstverwaltung" und „Halt! Zurück! Gesperrter Weg! Begehen gefährlich, verboten und strafbar!" Drei Tafelbeispiele aus einer reichhaltigen Sammlung. Im Forstgesetz 1975 garantiert der § 33, dass „jedermann Wald zu Erholungszwecken betreten und sich dort aufhalten darf". Die für uns Skitourenfahrer wichtigste Ausnahmebestimmung (Abs. 2, lit. c) verbietet das Betreten von Wiederbewaldungsflächen (Aufforstungen) mit einem Bewuchs von weniger als drei Metern Höhe. Nach diversen Landesjagdgesetzen besteht außerdem ein grundsätzliches Betretungsverbot im Bereich von Wildfütterungen. Etwas brisanter war 1987 dann die Novelle zum Forstgesetz, die die Variantenskifahrer aus dem Wald verbannt – angesichts des Massenbetriebes im Bereich von Aufstiegshilfen aber verständlich. Allerdings gab es damals ernsthafte Versuche, in einem Aufwaschen und klammheimlich auch gleich die

Tourenskifahrer per Gesetz aus dem Wald zu vertreiben. Versuche, die dank konsensbereiter Forstleute, vor allem aber auch durch die Aufmerksamkeit der Touristenverbände nicht durchgegangen sind. So wurde damals – und wird heute noch – in radikaleren Jagd- und Forstkreisen spitzfindig darüber diskutiert, ob Skitouren im Wald als „Betreten" oder „Befahren" gelten. Ein Befahren wäre nämlich im forstrechtlichen Sinn verboten. Also Aufstiege erlaubt, Abfahrten verboten.

Kontra Skitour Um der Realität gerecht zu werden, sei auch näher auf die Schäden durch den Tourenskilauf eingegangen. Von Stahlkanten geköpfte Baumwipfel sind beileibe keine bösartigen Erfindungen unwilliger Forstleute. Gams-, Rot- und Rehwild wird zur Flucht veranlasst, was zu Energieverlust und beim knappen Nahrungsangebot unserer Monokulturen zu Überlebensproblemen führen kann. Selten gewordene Tierarten wie Auerwild und Schneehase sind noch mehr gefährdet. Und da sind auch die Rücksichtslosen, die jede Forststraße bis zum letzten Meter fahren wollen oder die grundsätzlich durch jede Jungwuchsfläche bolzen.

Wir sitzen im Glashaus Als hoffnungsloser Optimist glaube ich doch, dass die Mehrheit von uns weiß, dass wir im Glashaus sitzen und nicht mit Steinen werfen sollten. Das durchaus vorhandene Problembewusstsein beschreibt z.B. Reinhard Klappert in seinem (wunderschönen) Buch „Winterspuren" so: „Wir Tourengeher sind stolz auf uns. Wir sind so naturverbunden. Wir brauchen keine planierten Pisten, die unheilbaren Wunden in der Landschaft. Wir sind still und friedfertig. Wirklich? Noch nie ein Bäumchen ausgegraben? Und das Auto, das uns zur Tour gebracht hat? …"

Was ist wichtiger? Beim Versuch einer Wertung scheint mir ein bisschen „Flagge zeigen" für die „verantwortungsbewusst sanften" Tourenskiläufer schon angebracht. Zum Beispiel ist der gesamtwirtschaftliche Schaden durch einen völlig überhegten und überhöhten Wildstand um ein Vielfaches höher als der Schaden durch die „messerscharfen Kanten" usw. An die grüne Adresse fällt mir der Ausspruch eines kompetenten Forstprofessors an der BOKU Wien ein, der einmal gemeint hat: Was ist wichtiger – der Erholungswert des Waldes für den Menschen oder der Schutz des Wildes vor dem Menschen?! Und wir denken vielleicht beim nächsten Mal „ans Glashaus", bevor wir in den nächsten Jungwald hineinkrachen.

K 2
Wo nichts mehr zählt als die Glaubwürdigkeit

Nach Werner Herzogs unsäglichem „Schrei aus Stein" fiel nun auch der Film „K 2" des Amerikaners Frank Roddam durch die Kinos. Edi Koblmüller und Herbert Habersack fragen sich, warum. Warum will ein normaler, aufgeklärter Mensch eigentlich auf den K 2?

Naturwissenschaftler Harold, eine der beiden Hauptfiguren in Frank Roddams Film, denkt vor allem an den einzigartigen, unwiederholbaren Augenblick auf dem Gipfel. Der ultraehrgeizige Yuppie-Anwalt Taylor sieht im angeblich schwierigsten Achttausender der Welt die höchste Verkörperung persönlichen Erfolgs. Bisschen dünn, was?

Klischee ohne Zwischenton Gleich vorweg – das Publikum zog letztlich unbefriedigt ab, weil man ihm einen Haufen Klischees für bare Münze verkaufte. Und die Frage nach dem Warum musste sowieso unbeantwortet bleiben, zumal da auch kompetentere Geister ins Stottern geraten. Mit plakativer Kraftmeierei allein geht's nicht. Humor wäre beispielsweise einer der schmerzlich vermissten subtilen Zwischentöne gewesen, hätte die Expedition wirklicher gemacht. Aber beim Film K 2 durfte kein einziges Mal gelacht werden. Todernster Krieg gegen den Berg verbot jedes spielerische Element, jedes Lächeln, jede (Selbst-)Ironie. Welch absurder Gegensatz zu tatsächlichen Expeditionen (nicht nur zu unserer am K 2)! In Roddams Film geht's sturheil drauflos, so richtig mit der Brechstange.

Die Story Die Handlung des Films ist rasch erzählt, läuft sie doch ziemlich schematisch ab: Als die beiden zu einer K 2-Expedition eingeladen werden, greifen sie zu – Taylor gierig, Harold eher zögernd – und stehen schließlich nach einem dramatischen Aufstieg und dem Tod zweier Teilnehmer als Einzige am Gipfel. Doch auf dem Rückweg stürzt Harold und verletzt sich so schwer, dass er den Abstieg nicht mehr aus eigener Kraft fortsetzen kann. Schon glaubt Taylor, seinen Freund im Stich lassen zu müssen, da findet er bei einem erfrorenen Mitglied der Gruppe das lebensrettende Seil, mit dessen Hilfe er Harold zu Tal bringen kann. Die Freundschaft siegt nun doch noch über den puren Selbsterhaltungstrieb (Untertitel des Films: „Wo nichts mehr zählt als die Freundschaft"). Wie schön – wäre ja sonst nicht Kino.

K 2 in Kanada Selbstverständlich wurde der Film nicht am K 2 gedreht, da die dort herrschenden äußeren Bedingungen zu widrige Umstände bescheren würden. Schon das Basislager liegt in 5000 Meter Höhe, wo selbst kleinere Verrichtungen zum Problem werden, geschweige denn harte Arbeit. Über kurz oder lang würde hier wohl jedes Film-Team statt zu drehen einfach durchdrehen. Also fanden die Dreharbeiten in tieferen Gefilden statt, in British Columbia, am Mount Whistler und am Mount Steinbok. In der Ferne kann man die saftigen Wälder der kanadischen Rocky Mountains erspähen – einen Grizzly sahen wir immerhin nicht. Der Karakorum und Pakistan kommen wenigstens vor – in Form von Trägern und sogar Gletschern. Den echten K 2 sieht man leider nie. Wenigstens eine Originalaufnahme hätte doch per Helikopter möglich sein müssen!

Realität und Film Nun ist es vermutlich 99,8 % der Zuschauer ziemlich wurscht, ob die Geografie stimmt, aber dann sollten wenigstens die Lebensumstände an einem hohen Berg authentisch geschildert werden. Am realen K 2 erlebt man auf faszinierende Weise, wie das Leben von der extremen Umwelt diktiert wird: Von der alles erstechenden Sonne über den Zwang, sich vierzehn Tage mit nichts außer sich selbst zu beschäftigen, wenn der Schneesturm es so will, bis hin zum allnächtlichen Pinkel-Gang bei eisiger Kälte.

Man begreift es schnell: Den heroischen Zweikampf Mensch gegen Natur schlägt man sich lieber gleich aus dem Kopf, denn man verliert ihn ohnehin. Bleibt bloß das gequälte Nutzen jener Möglichkeiten, die dir der Berg, die Natur gönnerhaft spendieren. Und ziemlich schnell graben sich in die Gesichter die Zeichen der Erschöpfung. Der Herausforderung eines modernen Bergfilms, all dies authentisch und glaubwürdig in eine spannende Story zu verpacken, ist der K 2-Film jedenfalls nicht gewachsen.

Der Kenner bemerkt es schmerzlich und der Laie spürt's: Irgendwas an der Sache ist faul. Faul ist die verkrampfte Darstellung und faul sind viele Details. Den K 2 kann man nicht in der Kraftkammer „ertrainieren" und auch nicht durch eine (fast lächerlich wirkende) Biwakwoche in Hängematten. Drei parallel kletternde Seilschaften passen zu einem Eiskurs im Glocknergebiet, aber nicht in eine Eiswand am K 2. Der schwer höhenkranke, sauerstoffatmende Expeditionsleiter wäre am realen K 2 binnen Stunden hinüber und könnte keine Befehle mehr à la 30er-Jahre zur Gipfelmannschaft hinauffunken. Und so fort.

Frank Roddam hat seine fixe Vorstellung einer K 2-Expedition unbeeindruckt von versierten Ratgebern (?) durchgezogen. Schade.

Bergführer

Klischee und Wirklichkeit

Einige Tage bevor ich mich ächzend unter dem Druck des Redaktionsschlusses hinsetzte, um diesen Artikel zu verfassen, las ich in der Zeitung, dass wieder einmal ein Bergführer verunglückt ist. Einer aus einer berühmten Bergführerdynastie im Tiroler Ötztal. Ortlergebiet – Lawine – verschüttet – tot. In die Betroffenheit schlich sich spontan das Wort „Scheißjob" über jenen Beruf ein, der auch mein Beruf ist und den so manche für einen Traumberuf halten ... Nüchtern betrachtet ist ein Bergführer ein Mensch, der gegen Entgelt andere Menschen in und auf die Berge (und wieder runter) führt. Offiziell heißt das „staatlich geprüfter österr. Berg- und Skiführer".

Spezialist am Berg Die Ausbildung besteht aus einer (relativ strengen) Aufnahmeprüfung und vier Lehrgängen von je zwei Wochen Hochwinter/Lawinenkurs, Felskurs, Eiskurs, Skiführerkurs. Trotz Perfektionierung des alpinistischen Könnens und der (selbstverständlichen) fachlichen Kompetenz liegt es letztlich doch an Persönlichkeit und Engagement, ob einer ein guter oder nur ein Bergführer ist ...

Im Wandel der Zeiten Früher wartete der Bergführer im Ötztal oder in der Ramsau am „Bergführerbankerl" auf den Gast, der auf die Wildspitze oder den Dachstein wollte. Und es ist noch nicht allzu lange her, dass man zwei Jahre als Träger nachweisen musste, um zum Bergführerpatent zu kommen. Heute ist Berg- und Skiführer ein normaler Dienstleistungsberuf.
An die Stelle des Bergführerbankerls sind Bergsteigerschulen und „Outdoor-Veranstalter" getreten oder auch das eigene Talent zur Selbstvermarktung und Organisation von Bergtouren, Kursen und sogar Bergreisen in andere Kontinente. Der alpinistische Zeitgeist schlägt zu – sprich: die Spezialisierung des Bergsports. Neben dem klassischen „Auf-die Berge-Führen" muss der universelle Bergführer von heute zugleich sportklettern können, Reiseleiter bei Trekkingtouren sein, dazu Pädagoge (Berglehrer) und manchmal auch Gruppendynamiker. Und morgen? Ich will ja den Teufel nicht an die Wand malen, aber der „Berg-Animateur" lässt grüßen ...
Trotz aller outdooriger und voll im Trend liegender Schlagwörter wird der Bergführer auch weiter Bergführer bleiben. Hoffe ich zumindest. Denn solange Menschen gerne auf schwierige Berge steigen, wird die Bergführerbegleitung auch morgen noch die relativ sicherste Methode dafür sein.

Emanzipationen Bis vor zwei, drei Jahrzehnten waren Bergführer ausschließlich einheimische Gebirgler, denen der Beruf zugleich Existenz war. Zu diesen Vollprofis gesellen sich zunehmend „Nebenerwerbsbergführer" auch aus bergfernen Großstädten. Im Grunde kein Widerspruch, denn von dort kommt ja auch der Großteil der Bergsteiger.
Anders als bei der Emanzipation des „Stadt- und Teilzeitbergführers" scheint es bei den Frauen zu sein. Ein heißes Thema, wenn man die Anzahl von derzeit vier österreichischen Bergführerinnen der Gesamtzahl von mehr als 1000 Bergführern in Österreich gegenüberstellt. Mehr noch als sonst scheint bei den Bergführern zu gelten, dass Frau besser sein muss als Mann.

Zu wenig Muskeln? Eigentlich zu Recht, wenn ich's mir recht überlege. Wo kämen wir Männer denn hin, wenn … und überhaupt.
Zu wenig Muskelkraft, weniger belastbar in Extremsituationen und so weiter, heißt's da kernig in Diskussionen. Und weil diese Kolumne „griffig" heißt, zitiere ich den Leiter der österreichischen Bergführerausbildung, der die Chancen weiblicher Bergführer vor allem im „Betreuen von Jugend- und Seniorengruppen" ortete.

Klischee und Wirklichkeit Ein schöööner Beruf! Immer am Berg. Hobby zum Beruf gemacht: Usw. Vielleicht ist es ein schöner Beruf. Jedenfalls, wenn man gerne in den Bergen ist. Jedenfalls, wenn das Wetter schön ist und der Schnee pulvrig.
In der siebzehnten Führungswoche schaut's dann für manche vielleicht ein bisschen anders aus. Da setzt gelegentlich die Routine zum Überholen an. Oder wenn der Bergführer ins fünfte Gewitter des Sommers gerät – für die Gäste ist es das erste. Und welcher Bergführerkollege (pardon, auch -kollegin) hat noch nicht einen Fluch nicht rechtzeitig hinuntergeschluckt! Vom unvermeidbaren Berufsrisiko einmal ganz abgesehen. Das stand ja am Beginn dieses Artikels.
An diese Wirklichkeit – so schön sie auch meistens ist – hab' ich aber auch gedacht, als ich die Schlagzeile vom Lawinentod Giacomellis gelesen habe.

Das spröde Element
Eisklettern im Wandel von Zeit und Umwelt

Wenn von Eistouren die Rede ist, fällt mir ein fast traumatisches Erlebnis ein: Montblanc-Gebiet, Triolet-Nordwand, Morgengrauen, Sommer 1976. Ich steige mit zwei Freunden in die ersten Seillängen dieser Eiswand ein – ganz auf klassisch: holzbestieltes Eisbeil ohne Krümmung der Haue, Eisstichel, ein Büschel Eisschrauben am Klettergurt, mindestens 10 kg. Die Wand ist so, wie sie – damals – eigentlich nicht sein sollte: blank, schwarzes Eis, ohne einen Zentimeter Firnauflage.

Frust in der Triolet Natürlich suche ich den Weg der relativ geringsten Neigung zwischen den blanken Eiswülsten. Gerade fummle ich einen Eishaken vom Klettergürtel, um endlich eine Zwischensicherung anzubringen, da höre ich ein paar Meter neben mir „klopf, klopf, klopf". Was machen die zwei Amerikaner da direkt am Eisbuckel? Ein fragender Ruf von unten: „Mike??" – und Mikes dürre Antwort vom Eiswulst – an zwei (!) Eisgeräten hängend – „phantastic …!" Endlich habe ich die verdammte Schraube drinnen, kann mich und meine Nerven ausrasten und sehe in fassungslosem Staunen den Amerikaner kerzengerade an den steilsten Stellen der Wand hochsteigen. Zack! – linkes Handgerät. Zack! – rechtes Handgerät und dann ein paar trippelnde Schritte mit den Frontalzacken. Ein paar Stunden später sehen wir die beiden Amerikaner nicht einmal mehr als schwarze Punkte hoch über uns, Nach drei oder vier Stunden waren sie am Gipfel und saßen wohl schon gemütlich beim Bier in Chamonix, als wir noch ein gutes Drittel der 700-Meter-Wand vor uns hatten …

Die neue Eistechnik Am nächsten Abend haben wir dann „Mike-phantastic" und seinen Freund beim Lagerfeuer getroffen. Unsere Bewunderung ihres Eiswand-Sprints und der neuen Technik quittieren die US-Boys cool mit der wissenden Frage: „You don't climb frozen waterfalls as much as we do?" Wir sind die Triolet-Nordwand Mitte der Siebzigerjahre angegangen wie weiland Willo Welzenbach seine Nordwände in den wilden Dreißigerjahren. Mike und Co. dagegen haben uns auf höchst eindrucksvolle Weise den modernen Stil des Eiskletterns und des perfekten Alpinismus vorgeführt. Noch an Ort und Stelle gab's heiße Diskussionen zum Thema kaltes Eis. Die radikale Meinung eines meiner damaligen Freunde, dass wir eigentlich unser Eiszeug zusammenpacken und erst einmal trainieren sollten, wurde gerade noch vom Tisch gewischt. Ein paar Eiswände sind wir noch „klassisch" gegangen, damals in Chamonix. Aber der Gedanke an die „frozen waterfalls" hat mich nicht mehr ganz losgelassen … Ein paar Jahre später war ich dann selbst wasserfalleiskletternd unterwegs. Nicht als Training für die großen Wände des Eises, sondern als „Sportkletterer im Eis".

Eishaken vom Wiesbachhorn Aber vorerst noch einmal zurück zum Alpinismus „mit großem A", zur Entwicklung von Ausrüstung, Technik und Motivation. An unserem ostalpinen Wiesbachhorn hat sich eine technische Entwicklung beim Eisklettern abgespielt, die noch entscheidender war als der an sich logische Übergang von der Stützpickel- zur Ankertechnik. Bei der Erstbesteigung der Wiesbachhorn-Nordwestwand durch Willo Welzenbach und Fritz Riegele wurde erstmals der Eishaken als Sicherungsmittel verwendet – das war 1924. Der revolutionären Idee, dass 30 cm lange, gezahnte Eisenstifte im Eis ein ähnliches Sicherungsmittel sein könnten wie Haken beim Klettern, lag eine ganz simple Erkenntnis zugrunde: die Feststellung, dass ein Metallstift, ins Eis getrieben, dort sofort festfriert.

Kein Eis – die neue Gefahr Die Nordwestwand des Wiesbachhorns wurde 1924 zum alpinhistorischen Ereignis und zu einer der berühmtesten Touren im Steileis der Ostalpen. Sie ist es auch heute noch, wenn auch der damals gefürchtete Eiswulst als Schlüsselstelle längst abgeschmolzen ist. Heute liegt das Problem in der „Nordwest" weniger an der Überwindung des „Eiswulstes" als an dessen Fehlen. Denn wie die alpinen Gletscher schmelzen auch die Eiswände unablässig dahin. Die Folgen für den Eiskletterer: mehr Steinschlag, höheres Risiko, die Eiswand wird zur brüchigen Felswand mit Eisresten. Man braucht nur das bekannte Buch von Erich Vanis „Im steilen Eis" durchzublättern. In etlichen der beschriebenen 80 Eiswände ist das Eis fast ganz verschwunden. Die Gussenbauer-Rinne an der Hochalmspitze wirst du vergeblich als Eisrinne suchen. Wo bleibt das Eis in der Johannisberg-Westwand? Und in der Hochfeiler-Nordwand trifft man höchstens im Frühsommer noch gefahrlose Verhältnisse an.

Quo vadis Eis? Schmelzende Eiswände und höheres Risiko beim Eisklettern als Umweltthemen? Folgen der zunehmenden Erderwärmung? Bleibt dem passionierten Hochalpinisten nur der Stoßseufzer nach einer neuen Eiszeit? Vielleicht (hoffentlich??) stimmt doch die andere Theorie vom Kälterwerden als Folge der verdreckten Erdatmosphäre? Na ja, ein paar Jahre bleibt uns noch der Winter als Ausweg, bleiben den harten Alpinisten winterliche Eiswände und den mutigen Sportkletterern die gefrorenen Wasserfälle.

Gedanken zur Entmündigung am Berg
Kommt der Bergsteigerberechtigungsschein?

Mitte Mai passierte auf der Koppentraun im Salzkammergut ein folgenschwerer Raftingunfall, der drei Tote forderte. Die Koppentraun führte Hochwasser, zwei Raftingboote mit erfahrenen Besatzungen riskierten trotzdem die Fahrt durch die bekannt schwierige Wildwasserstrecke. Beide Boote kenterten. Überreaktionen? Pech? Unverantwortlicher Leichtsinn? Sportliche Fehler der Besatzungen? Zu hohe Risikobereitschaft? Fragen, auf die gerichtliche Untersuchungen vielleicht Antworten finden, vielleicht aber auch nicht. Ursachen oder Verschuldensfragen sollen aber nicht Themen dieser Zeilen sein. Der Unfall sorgte tagelang für Schlagzeilen in den Medien, aber auch für blitzartige Reaktionen der Behörden. Kurz nach dem Unfall wurde die Koppentraun für Raft- und Kajakbefahrungen kurzerhand gesperrt. Es wurde laut darüber nachgedacht, die Koppentraun und ähnliche Wildflüsse (am besten alle) ab bestimmten Wasserständen generell zu sperren. Die Oö. Landesschulbehörde verbot sogleich sämtliche Raftingunternehmungen bei Schulveranstaltungen wie Schulsportwochen, egal ob es sich um einen hochwasserführenden Fluss oder um einen harmlosen Wiesenbach handelte.

Keine Verharmlosung Um nicht missverstanden zu werden – mir geht es hier nicht um die Verharmlosung einer Sportart, auch nicht ums Kritisieren von Behörden. Das obrigkeitliche Reglementieren hat mich nur ein bisschen nachdenklich gemacht ... Zu gewissen Behördenreaktionen fällt mir spontan das Wort Entmündigung ein. Entmündigung des Einzelnen, des Individuellen. Bevormundung aller, die ihr ganz persönliches kleines oder großes Abenteuer selbst entscheiden wollen?? Als vor Jahrzehnten angesichts vieler schwerer Unfälle ein Verbot von Eiger-Nordwand-Durchsteigungen angekündigt wurde, gab es nicht nur in der Schweiz massive Proteste. Heute fordern besorgte Eltern die Sperre von Kinderspielplätzen (geschehen in Linz), weil sich ein Kind beim Sturz von einem Klettergerüst verletzt hat! Hier gerät die (Über)reaktion fast schon ins Absurde.

Berg-„Führer"-Schein? Real und berechtigt sind dagegen die Sorgen der österreichischen Versicherungswirtschaft über die große Zahl von Bergunfällen. Wenn aber ernsthafte (!) Überlegungen in Richtung „Bergsteigerberechtigungsschein" kolportiert werden, so könnte Spöttern eine ganze Reihe von halblustigen Visionen einfallen. Von so mancher Vision sind wir vielleicht nur mehr einen Schritt entfernt ...

Schwarze Visionen Beispielsweise ein generelles Skitourenverbot bei negativen Lawinenlageberichten. Gendarmeriekontrollen in allen Skitourengebieten und Bestrafung von Unverbesserlichen, die da glauben, das Risiko selbst abschätzen zu können. Oder: C. M. Belcredi gestattet oder verbietet je nach eigenem Wetterbericht sämtliche Bergtouren in bestimmten Alpengebieten. Alle Bergsteiger warten vor den Wochenenden gespannt auf den Wetterbericht nach der „Zeit im Bild", ob sie dürfen (oder müssen?) ... Befristete Sperren von Anstiegsrouten durch Mehrheitsbeschluss im Gemeinderat oder Wandererlizenzen von den Krankenkassen mit Genehmigungsvermerken autorisierter Orthopäden? Usw., usw. Vielleicht sollten sämtliche Freizeit- und Abenteuersportler zwecks leichterer Kontrolle gut sichtbar ihre behördliche „Bergnummer" (am besten gleich ihre Sozialversicherungsnummer?) tragen müssen ...
Bevor mir die Fantasie durchgeht und die „Schöne Neue Welt" womöglich noch Wirklichkeit wird, zurück in die zum Glück noch heile (?) Welt. Beim heutigen Stand des Individualverkehrs mag es unbedingt notwendig sein, Tempo 80 oder 100 oder auch 30 zu verordnen. Aber ich möchte als Bergsteiger oder einfach als Freizeitindividualist doch noch selbst entscheiden können, was, wann, wo und mit welchem Risiko ich unternehmen will. Allerdings hat bekanntlich jedes Ding zumindest zwei Seiten. Wer sich gegen Bevormundung wehrt, muss mündige Bergsportler, Rafter, Kletterer und Wanderer usw. voraussetzen. Und da disqualifizieren sich viele von uns selbst. Man braucht gar nicht erst den berühmten „Halbschuhtouristen" als Negativbeispiel zitieren, der geradezu nach behördlicher Bevormundung schreit. Der Wanderer, der die volle Getränkedose zwar hinauf-, nicht aber die leere hinuntertragen kann, hätte viel Schlimmeres als den Entzug der theoretischen Wandererlizenz verdient. Müssen wir uns wirklich wundern, wenn angesichts der Massen und der schwarzen Schafe von Skitourenfahrern, Mountainbikern, Wanderern und Sportkletterern in der sogenannten Öffentlichkeit der Ruf nach Reglementierung laut wird?

Eigenverantwortung Das Nachdenken über die „drohende" Entmündigung birgt in sich die gar nicht so verblüffende Erkenntnis: Wir sind auch selbst nicht ganz unbeteiligt, wenn unser bisschen Freiheit mehr und mehr eingeschränkt wird. Trotzdem: „Wehret den Anfängen", heißt es. Und dazu ist auch ein gerüttelt Maß an positiver Eigenverantwortlichkeit jedes Einzelnen notwendig.

Alpinklettern im Out?
Nostalgie kontra moderne Zeiten

Es ist gar nicht lange her, da habe ich mich gegen das vermeintlich dumme Wort „Alpinklettern" noch gewehrt. Klettern war doch ohnehin immer eine alpinistische Betätigung, nicht wahr? Sie war es. Seit Fels zum reinen Turn- und Sportgerät umfunktioniert wurde, oder seit gar überdachte, künstliche Kletterwände wie Schwammerln aus dem Boden wachsen, ist die Unterscheidung „Alpin"- und „Sport"-Klettern ja logisch und kein bisschen dumm. Aber nicht der Siegeszug des Sportkletterns sei zum tausendsten Mal Thema dieser Zeilen, sondern der stille Untergang des sogenannten alpinen Kletterns. Alle Bergsteiger der eher „klassischen" Prägung werden das zurückgehende Interesse an großen, ernsten, alpinen Kletterrouten schon registriert haben, aber gleich von Untergang zu sprechen, mag manchem doch übertrieben erscheinen. Dazu möchte ich eines meiner jüngsten Bergerlebnisse schildern: Anfang Juli, tadelloses Wetter, keine Gewitterneigung, kletternd unterwegs im Gesäuse, einige Tage auf klassischen Routen des 4. und 5. Grades, Genussklettern ohne böse Überraschungen.

Fürchten nicht mehr gefragt Gleich vorweg: Wir waren mutterseelenallein. Nicht genug damit, dass der Wirt der (leeren) Haindlkarhütte laut darüber nachdachte, diese nach seinem Abschied wahrscheinlich in eine Selbstversorgerhütte umwidmen zu müssen, weil sich die Bewirtschaftung nicht mehr rechnet, haben wir obendrein in diesen Tagen mit einer einzigen (!) Ausnahme niemand klettern gesehen. In all diesen traumhaft schönen Kletterrouten kein Mensch. Warum? Was ist los im Gesäuse? Was ist los mit der Attraktivität großer, klassischer, eben alpiner Kletterrouten? Selbstverständlich sind die Alpenwände noch nicht überall so verwaist wie im Gesäuse. In der Steinernen Rinne im Kaiser beispielsweise ist der Rummel immer noch Tagesordnung, aber der Kaiser ist klettergartenähnlicher als das Gesäuse mit seinen schrofig-latschigen Zustiegen zu Riesenwänden und dem nicht gerade stressfreien Abstieg über den Peternpfad. Außerdem darf die publikumswirksame Position der Kaiserrouten nicht unterschätzt werden. Aber sind Routen, die einst als schön und lohnend bezeichnet wurden – und gerade im Gesäuse gibt es eine ganze Menge davon – plötzlich nicht mehr schön und lohnend, bloß weil es eingebohrte Klettergärten gibt? Es hat fast so den Anschein, wenn sich nur mehr gelegentlich Kletterer in diese Wände „verirren".

Die Bergsteigergeneration, der ich angehöre, hat das Klettern in den Bergen statt auf Felsblöcken erlernt und sich ans Wegsuchen und In-Kauf-Nehmen langwieriger Zu- und Abstiege gewöhnt. Denn die Begehung einer großen, alpinen und schwierigen Wand brachte meist eine Anhäufung von Kampf, Krampf, Unannehmlichkeiten und Halb-zu-Tode-Fürchten und man war stets heilfroh, den ganzen lebensgefährlichen Schmarrn hinter sich zu haben. Dass man sich trotzdem immer wieder, gleichsam süchtig, auf derlei Verrücktheiten einließ, war wahrscheinlich nur möglich, weil dieser Zustand der Erleichterung und des Stolzes „wir haben's geschafft", „wir sind draußen aus der Wand" nicht selten mit Glücklichsein verwechselt wurde. Hand aufs Herz, liebe Bergsteiger, wenn mir ein Begeher der Civetta-Nordwestwand erzählt, er habe nur in Freude an der Bewegung geschwelgt, habe nur im namenlosen Glück, sich an dieser ehrwürdigen, großartigen Dolomitenwand messen zu dürfen, gebadet, tippe ich ihm an die Nase und rate ihm, beim Lügen wenigstens anstandshalber rot zu werden.

Gebohrte Klettergärten Nun, die junge Sportklettergeneration hat mit solcherlei Mühsal wenig am Hut, und auch immer mehr „alte Klassiker" unter den Alpinisten entdecken die süßen Freuden gebohrter Klettergärten, werden abtrünnig und wildern genießerisch in fremden Revieren, in Südfrankreich zum Beispiel. Lassen wir's also bleiben? Tragen wir das Alpinklettern feierlich, aber ohne Trauer zu Grabe? Ich gehöre zu den „Ewiggestrigen", die hier entschieden und leidenschaftlich „Nein!" schreien.

Der Drache darf nicht sterben Reinhold Messner hat das gesagt, Ende der Sechzigerjahre, als die Bohrhakendiskussion ihren ersten Höhepunkt erreichte und Messner diesen als „Mord am Unmöglichen" geißelte. Der Drache, den er gemeint hat, war das Abenteuer, was immer das auch sein mag. Trotz der jüngsten Gesäuseerlebnisse mache ich mir keine Sorgen ums Alpinklettern.
Die Nostalgiker unter den Alpinisten werden weniger und weniger, aber an ein gänzliches Verschwinden kann ich nicht glauben. Im Übrigen bin ich sogar sehr froh um diesen Trend, hab ich doch „mein" Gesäuse in Zukunft fast für mich allein und obendrein das Privileg, wählen zu dürfen, weil mir beides „schmeckt": unbeschwertes Kletter-Erleben zwei Meter über dem letzten Bohrhaken und grimmige „Drachenkämpfe" in den Alpenwänden.

Trekking im Trend

Gedanken zum weltweiten Bergtourismus

Gerade komme ich aus Nepal zurück, aus dem Traumland des Bergsteigens und Wanderns, das in Nepal Trekking heißt. Fünf Trekkingwochen in Westnepal/Dolpo, in Herbert Tichys „Land der namenlosen Berge", könnten allerdings bewirken, dieses Thema nicht ganz emotionslos „begreifen" zu können ...

Lichtseiten ... Was ist denn das Schöne am Wandern zwischen den großen Bergen der Welt oder am mühsamen Besteigen von Sechs- oder gar Achttausendern? Was sind die Ursachen für den Boom auf die Weltberge, nach Nepal, zu den Vulkan- oder Wüstenbergen in Afrika, Asien usw.? In erster Linie gehören der Himalaya, die Berge der Kordilleren oder der Ruwenzori etc. zu den Glanzpunkten dieses Globus. Eine Reise zu Fuß quer durch den Himalaya ist nun einmal ein Traum vieler, die die Berge lieben. Ein Traum, den sich heute viel mehr Bergsteiger leisten können als vor 20 Jahren. Wenn dann noch die Sehnsucht nach dem „einfachen Leben" dazukommt und die Illusion vom „Aussteigen" für ein paar Wochen, dann sind das eigentlich schon Gründe genug. Aber da ist ja noch das Abenteuer, sich als Epigone von Messner & Co. zu fühlen, mit dem Ziel eines großen (oder auch kleineren) Himalayagipfels. Und – warum auch nicht. Der achthundertste Besteiger des Aconcagua hat schließlich auch eine respektable und ehrliche Leistung gebracht.

... und Schattenseiten Gibt's angesichts von sooo viel Schönem und Positivem überhaupt Schattenseiten des globalen Bergtourismus? Vielleicht doch – wenn wir nicht nur uns selbst sehen, sondern auch die anderen, die Betroffenen im Himalaya, in Afrika, in Lateinamerika. Wir paar Bergsteiger und Trekker mögen zwar im Vergleich zu den Touristenmassen der Zahl nach unbedeutend sein, aber auch wir sitzen in den Jets und haben Anteil am weltweiten Problem der Massenmobilität. Sensible Kritiker werfen auch uns vor, die Identität fremder Kulturen zumindest zu stören, einzudringen, auszubeuten, Neid zu erwecken usw. Auch wir dringen in die letzten Winkel der Erde vor, ob das nun ein Dschungelvulkan auf Sumatra ist oder eine letzte kulturelle Oase in Westnepal. Wie lange wird es z. B. den Bönbuddhismus im inneren Dolpo als tibetische Kulturinsel in Nepal noch real und nicht nur als Touristenattraktion geben? Derartige Kritik hat schon Gewicht. Aber der Reisefan in mir hält schon Gegenargumente parat: den Arriereo in der Cordillera Blanca in Peru, dem die extreme Guerilla des „Leuchtenden Pfades" die Touristen vertrieben hat. Oder den Träger und Guide vom Kilimandscharo mit sechs Kindern. Ob sie Verständnis hätten für derlei theoretische Erörterungen oder eher Existenzängste, wenn durch Selbstbeschränkung der Europäer der Bergtourismus zum Erliegen käme? Wir können Cortez oder Pizarro und deren Vernichtungsfeldzüge nicht dadurch rückgängig machen, indem wir die mexikanischen Vulkane oder die Berge Perus meiden. Schwarz-Weiß-Malerei allein bringt auch keine Lösung …

Umweltprobleme Zweifellos trägt auch der Bergreiseboom zur Zerstörung der Umwelt in den Ländern der Dritten und Vierten Welt bei. Aber wohl kaum hauptsächlich. Denn der dramatische Rückgang der Bewaldung in Nepal beispielsweise wird nur zum kleineren Teil von Trekkinggruppen verursacht, sondern ist eine Folge der Bevölkerungsexplosion, die die Menschen dazu zwingt, ihre Getreidefelder in immer extremeren Hanglagen anzulegen. Ähnlich ist es mit der Zerstörung der Savannen in Ostafrika. Wer Hunger hat, kann sich nicht mit der Erhaltung der Wildherden der Serengeti beschäftigen!

Klopapier am Wegrand Ich will hier nicht die Umweltproblematik verniedlichen. Aber die Verschmutzung entlang stark begangener Trekkingrouten und in den Basecamps der Achttausender ließe sich mit gutem Willen zumindest teilweise lösen. Und ich gebe die Hoffnung nicht auf, dass der Abfall einer K 2-Expedition in Zukunft nicht einfach in die nächste Gletscherspalte gekippt wird. Dass Annapurna- oder Everest-Treks eines Tages nicht mehr von rosaroten Klopapierresten markiert sein werden. Wo es am guten Willen fehlt, hilft vielleicht Zwang. Zwang, den Abfall wieder aus den Bergen hinauszutragen. Zwang zur ausschließlichen Verwendung von Petroleum zum Kochen anstelle von Holz.

Wer im Glashaus sitzt … Als alter Optimist gebe ich die Hoffnung nicht auf, dass wir Bergsteiger uns eines Tages im Himalaya so benehmen, wie wir es von Gästen in unseren Wohnungen erwarten. Auch beim Bergtourismus kommt es auf das Wie an. Wer nur mit Arroganz, zu der die gefüllte Brieftasche verleitet, aber ohne jede geistige Vorbereitung nach Nepal oder Südamerika zum Bergsteigen fährt, gehört nicht dorthin! Alle können nicht das Format eines Herbert Tichy haben, aber bemühen könnte sich jeder.
Wir sitzen alle im selben Glashaus, in unseren Alpentälern wie im Kali-Gandaki-Tal. Wer auch zwischen Schneeberg und Montblanc ein reines (Umwelt-)Gewissen hat, werfe den ersten Stein …

Lebensretter auf Skitouren?
Plädoyer für das Verschütteten-Suchgerät

War es ein Albtraum? Beim dritten Schwung ging plötzlich der ganze Riesenhang. Ich fuhr um mein Leben, raste über die sich auftürmenden Schollen, stürzte, riss im Fallen die Bindungen auf, dann verschlangen mich 50.000 Tonnen Schnee. 400 m tiefer, nach scheinbar endlosem Absturz, Wirbeln, Mitgerissenwerden, fand ich meinen Körper wieder – eingemauert, bewegungsunfähig. Ich hörte meinen Atem, stoßweise wie nach einem 100-m-Sprint. Wo sind die anderen? Wie hoch sind meine Chancen? Dann verlasse ich die Welt, versinke in Bewusstlosigkeit ...

Hätten mich meine Freunde damals nicht innerhalb von Minuten mit dem VS-Gerät geortet, gefunden und ausgegraben, könnte ich heute diesen Artikel nicht schreiben. Gewiss, auch fast unglaubliches Glück und die rasche Hilfe haben mir damals zum Überleben verholfen. Aber ohne mein Ortovox F1 (ich nenne hier ganz ungeniert das Fabrikat) wäre ich am 28. März 1991 gestorben.

95% Überlebenschance nach 15 Minuten Eigentlich ist es eine Binsenweisheit: Die Kameradenhilfe ist die einzige Rettungsmöglichkeit, die bei einem Lawinenunfall sofort und direkt einsetzen kann, und somit die einzige wirklich Erfolg versprechende: 95% Überlebenschance innerhalb der ersten 15 Minuten Verschüttungsdauer, nur mehr 25% nach 45 Minuten. Keine organisierte Rettungsaktion, auch kein Helikopter, kann innerhalb weniger Minuten zur Stelle sein. Nur die nicht verschütteten Begleiter können den Wettlauf gegen die Zeit gewinnen. Wenn alle ein VS-Gerät angelegt und eingeschaltet haben. Wenn sie mit diesen Geräten umgehen können und die Nerven bewahren.
Der komplizierte Ausdruck „Lawinenverschüttetensuchgeräte" bezeichnet elektronische Sender-Empfänger-Systeme, die elektromagnetische Wellen aussenden, die vom anderen Gerät empfangen und in akustische und optische Signale umgewandelt werden können. 1991 wurde (endlich) der „Frequenzsalat" geregelt. Europa einigte sich auf die einheitliche Frequenz von 457 kHz. Die modernsten, in Österreich erhältlichen Geräte sind Ortovox F1 Plus und Pieps 457. Daneben gibt es noch die älteren Doppelfrequenzgeräte von Ortovox und Pieps, die auf beiden Frequenzen (457 kHz und 2,275 kHz) senden und empfangen, jedoch eine geringere Reichweite haben. „Ewiggestrige" Geräte, die nur auf der Frequenz von 2,275 kHz arbeiten, sollte man so rasch wie möglich vergessen.

Was können VS-Geräte (wann) nicht?

- Sie suchen nicht von selbst. „Wer suchet, der findet" kann allerdings nur dann zutreffen, wenn der Suchende nicht erst die Gebrauchsanweisung nachlesen muss.
- Alte oder schwache Batterien verringern die Leistung dramatisch. Trotzdem gibt es genug Skitouristen, die mit drei Jahre alten Batterien in ihrem Gerät auf Tour gehen.
- VS-Geräte schalten sich nicht von selbst ein. Das ausgeschaltete Gerät im Rucksack hilft niemandem.
- Sie können nicht graben. Mit einer Lawinenschaufel kann man die vielleicht entscheidende Minute gewinnen.
- VS-Geräte sind kein Schutz vor Lawinenabgängen und dürfen daher keinesfalls die Risikobereitschaft erhöhen. Genau dieser Punkt ist eines der Argumente der Skeptiker ...

Es gibt kein Wenn und Aber Trotz bestechend logischer Pro-Argumente gibt es immer noch Skitourenfahrer, die sich die etwas mehr als 2000 Schilling sparen wollen und leichtfertig auf ein Stück Sicherheit mehr verzichten. Sogenannte „Erfahrene" schalten das Gerät erst dann ein, wenn sie glauben, dass es kritisch werden könnte. Oder sagen: „Bei diesen sicheren Verhältnissen braucht man doch kein VS-Gerät." Allerdings wird gelegentlich auch von kompetenten Leuten die Effektivität der VS-Geräte angezweifelt. Die Geräte würden zu mehr Risikobereitschaft verführen. Das VS-Gerät nütze nur bei viel Übung, und außerdem seien nur wenige der Stresssituation eines Ernstfalles gewachsen. Und überhaupt seien nur wenige Fälle bekannt, bei denen die VS-Geräte zum Lebensretter wurden. Stimmt vielleicht. Aber da ist die Dunkelziffer von positiven Fällen, die ja nicht gemeldet werden. Und für fehlende Übung kann das Gerät nichts – der Bergrettungsmann oder der Lawinenhund kann auch nur dann retten, wenn er ausgebildet ist.

Das Plädoyer eines Betroffenen Zusammenfassend spricht überhaupt nichts gegen das VS-Gerät. Denn selbst wenn nur ein Mensch pro Jahr durch ein Gerät gerettet wird, wäre das schon Argument genug. 1991 gab's zumindest einen durch ein VS-Gerät Geretteten. Mich. Denn der eingangs geschilderte Albtraum war Ernstfall. Geschehen in den Pyrenäen, bei „sicheren" Verhältnissen. Nichts sprach für eine eventuell vorhandene Lawinengefahr. Ich hatte Glück, großartige Retter und ... ein VS-Gerät.

Verkehrsinfarkt am Berg

Großglockner: Grenzen des Wachstums

An die stereotypen Meldungen des Verkehrsfunks über Staus auf den Autobahnen haben wir uns längst gewöhnt. Selbst Horrorstaulängen von zig Kilometern reißen uns nicht mehr vom Sessel. Relativ neu sind hingegen Staumeldungen von Bergsteigermassen auf einem einzigen Berg.

Stau am „König" Massenandrang auf den Großglockner im Sommer 1992: Häufige Unfallmeldungen, vor allem aber Reizworte wie „Platzkarten für Großglocknerbesteigung?", „Pflicht zum Bergführer?" oder „Maut für Glocknerbesteiger?" machten Schlagzeilen in den Medien. Das Problem ist bekannt: Der Großglockner als Österreichs höchster Berg (3798 m), als „König der Alpen", übt eine magnetische Anziehungskraft auf immer mehr Bergsteiger aus. Auch auf zu viele Ehrgeizlinge, die den alpinistischen Schwierigkeiten kaum gewachsen sind. Wenn einander dann Dutzende Seilschaften im Auf- und Abstieg auf dem schmalen Grat am Kleinglockner und in der Glocknerscharte begegnen, ist das Chaos perfekt. Und bei aufziehendem Gewitter werden aus „nur" stundenlangen Wartezeiten schnell einmal Stress, Hektik, Nervosität, Angst. An die Stelle der besungenen Bergkameradschaft treten haarsträubende Überholmanöver, Schreiduelle und oft lebensgefährliche Situationen. Eine Wurzel des Übels wird oft verschwiegen: zu viele unerfahrene und ungeschickte Bergsteiger zur gleichen Zeit am selben Berg. 200 sehr gute Bergsteiger am Großglockner sind weniger Problem als 50 mittelmäßige, die keine Ahnung vom Gehen am kurzen Seil haben und deren Klettertempo dem von Schnecken gleicht.

Gipfelgespräch Der Verkehrsinfarkt am Großglockner ist zum öffentlichen Thema geworden. In Kürze soll in Kals ein „Gipfel" mit allen alpinen Vereinen, den Kalser Bergführern, Nationalparkverwaltungen, Alpingendarmerie und anderen Behörden Problemlösungen diskutieren, ÖAV-Mitglieder haben in einem Fragebogen der Alpenvereins-Mitteilungen 1/93 die Wahl zwischen mehreren Vorschlägen:
- Kontingentierung der Besucher
- Mautregelung – Eintrittsgeld
- Regelung durch Alpingendarmen
- Besucherlenkung durch Bergführer
- Aufklärung durch Information
- Alles soll beim Alten bleiben
- Persönliche Meinung

Die ersten vier Punkte sind der Versuch einer Reglementierung. Also mehr Bürokratie, Zwang, Kontrolle. Wie soll das in der Praxis funktionieren? Gendarmeriepräsenz auf der Adlersruhe? Mauthäuschen, deren Schranken nach dem 100. Bergsteiger gnadenlos herunterknallen? Saftige Mautgebühren? Langfristige Reservierungen? Vorrang für Bergführerseilschaften? Prüfungen in Theorie und Praxis? Die Tumultszenen am hypothetischen „Glockner-Gate" kann ich mir lebhaft vorstellen …, aber ich verkneife mir lieber weiteren Sarkasmus. Appelle, Aufklärung und Information werden die Problematik ebenso wenig lösen wie abschreckende Tafeln, die auf Schwierigkeit, Gefahren etc. hinweisen. Denn auch der bergsteigende Mensch lernt nur mühsam – siehe alpine Unfallstatistik. Muss „alles beim Alten" bleiben, bei der österreichischen Lösung („Da kann man nix machen")?

Extremlösungen Natürlich sind auch radikalere Vorschläge aufgetaucht. Zum Beispiel Österreichs höchstgelegene Schutzhütte, die „Adlersruhe" (3454 m), abzutragen und somit der bergsteigenden Masse den günstigsten Stützpunkt zu entziehen. Ein Vorschlag, der natürlich gleich als Faschings- oder Aprilscherz abgekanzelt wurde. Aber: Mögen das auch illusionäre Gedanken sein – das Hinterfragen von scheinbar Denkunmöglichem hat immer einen (visionären) Sinn. Das andere Extrem hätte leider (!) bessere Realisierungschancen: den Glockner „in Fesseln" zu legen, sprich: Drahtseilsicherungen à la Klettersteig anzubringen. Allerdings: Zusätzliche Sicherungen haben schon immer noch mehr (ungeübtere) Bergsteiger angezogen und würden den Glockner vollends zum Massenberg machen. Und das Gedränge von 500 Bergsteigern möchte ich auch an einem Drahtseil hängend nicht erleben …

Bergsteigerlizenz? Das Bergsteigen als Massenfreizeitsport stößt alpenweit an die Grenzen des Wachstums. Und überall sind mangelndes Können und Selbstüberschätzung Unfallursachen Nr. 1. Die effektivste Lösung (nicht nur am Großglockner) wäre der Verzicht vieler auf Modeberge und freiwilliges Lernen, Training und schrittweises Herantasten an die eigenen Grenzen. Aber … eh schon wissen. Andere Berge sind nicht so hoch, „zu" leicht, weniger spektakulär. Und für Vorbereitungstouren hat man keine Zeit … Schon beim Wort „Stau" drängte sich mir der Vergleich zum Straßenverkehr auf. Dort wird der Zwang zum Führerschein kaum infrage gestellt. Wie wäre es mit einer gesetzlich vorgeschriebenen Bergsteigerausbildung und -prüfung? Bergsteigerlizenz A, B, C usw. je nach alpinistischer Schwierigkeit? Absurd? Mag sein. Aber vielleicht auch eine Zukunftsvision.

PS: Sprengt den Gipfel, macht ihn um 50 m niedriger und zumindest das Problem Glockner ist gelöst!

Er hat gelebt!
Gedanken anstelle eines Nachrufes für Franz Six

Eigentlich wollte ich dieses Mal über die Ötztaler Lawinenkatastrophe vom Ostermontag schreiben, bei der vier Menschen den Tod gefunden haben. Trotz Begleitung durch einen österreichischen Bergführer, der ohne Zweifel zu den besten gehört. Ich wollte mich mit dem Bergführerberuf auseinandersetzen, auch mit dessen Schattenseiten. Mit einem Job, bei dem du deinen Kopf immer direkt hinhältst, egal, ob du an einem Unfall „schuld" bist oder nicht. Meistens bist ohnehin du selbst dran, weil „der A … immer vorne geht", wie ein Schweizer Bergführer einmal gemeint hat. Meine Zeilen zu diesem Thema wären wohl ein Plädoyer für Leo B. und einen Beruf geworden, der oft so schön und jenes eine Mal so entsetzlich sein kann.

Franz Six tot Dann kam die Meldung vom Bergunfall meines Freundes Franz Six. „Extremalpinist und Bergführer bei Skiabfahrt in der Ostflanke des Hohen Göll abgestürzt" stand in der Zeitung. Mein Gott – der Franz! Das kann doch nicht wahr sein! Ein kleiner Schneerutsch, aus dem Nichts kommend, von irgendwo oben, von niemandem ausgelöst, genau in der falschen Sekunde. Keine Chance für Franz' Absturz, 400 m oder 500 m. Lebensgefährliche Kopfverletzungen. Hubschrauberbergung, Intensivstation. Verzweifeltes Hoffen seiner Angehörigen, seiner Freunde. Drei Tage später ist Franz im Krankenhaus gestorben. Lähmende Betroffenheit, Trauer, wütende und ohnmächtige Fragen nach dem Warum. Warum der Franz? Der Steilabfahrt vom Göll war er doch hundertmal gewachsen. Das war doch kein Lawinenunfall. Warum ist dieser Schneerutsch genau dann gekommen, als …? Wenn er doch noch ein Foto gemacht, eine Zigarette geraucht hätte oder sonst wie zwei Minuten später dort gefahren wäre. Wenn, hätte, wäre… keine Antwort. Ein paar Tage vorher hat uns Franz Six mit seiner Petra in Linz besucht. Wir haben wie so oft über alles Mögliche gesprochen, auch über den Unfall im Ötztal, über den Bergführerjob, über das Risiko überhaupt. Eine Woche später war der Franz tot. Diese Kolumne heißt „GRIFFIG". Aber dieses Mal sollte sie „TRAURIG" heißen.

Gedanken zum Risiko Sicher hat sich Franz, wie alle Gleichgesinnten, mit dem Risiko beim Bergsteigen, mit dem unkalkulierbaren Restrisiko auseinandergesetzt. Er ist trotzdem in die Berge gegangen, in die Wildnis Kanadas, hat als Bergführer schwierige Touren geleitet. Franz hat nie mit seinem Leben leichtfertig gespielt, aber er hat versucht, sein Leben zu leben, seine Vorstellungen und Träume zu verwirklichen. Und das ist ihm bis zu seinem 40. Lebensjahr auch gelungen. Vielleicht ist es immer riskant, seine Träume zu leben und nicht nur zu träumen.

Der Tod als Teil des Lebens Der pakistanische Bergsteiger Nazir Sabir und der Brite Doug Scott haben mich vor acht Jahren nach dem Absturz meines Freundes Gerald mitten im Karakorum mit den Worten zu trösten versucht: „It's part of the game." Doug und Nazir haben mit diesem Trost nicht irgendein Spiel gemeint, sondern jenes wilde, abenteuerliche Spiel, das wir manchmal glauben spielen zu müssen. Auch dem Franz war klar, dass er dieses Spiel oft und oft gewinnen wird, dass man es aber auch zu früh verlieren könnte. Aber irgendwann verlieren wir es alle.

Intensiv leben Franz war ein Mensch, der intensiv gelebt hat. Intensiv, mit allen Fasern des Körpers und der Seele. Er hat seinen „bürgerlichen Beruf" aufgegeben, ist Bergführer geworden, Abenteurer, Lebenskünstler. Er ist nicht vor dem Fernsehschirm mit theoretischen Sensationen verkümmert. Er hat mit seinen 40 Lebensjahren mehr gelebt als so mancher 70-Jährige im Trott der Regelmäßigkeit. Er hat A zum Leben gesagt und war bereit, auch B zu sagen. Das B kam überraschend, wie der Blitz aus heiterem Himmel. Wie immer viel zu früh.

Trost? Später, wenn Zeit verstrichen sein wird, wenn ich wieder sachlich über ihn nachdenken können werde, wird mir Franz nicht leid tun. Er hat sein Leben gelebt, mit vielen Höhen und auch ein paar Tiefen. Er hat nicht verantwortungslos gelebt, nur intensiver als viele andere, vielleicht ein wenig egoistischer. Leid tun mir die anderen, seine Eltern, sein Sohn, seine Petra, seine Freunde, ja, auch ich. „Ich bekenne. Ich habe gelebt" heißt ein Buch von Pablo Neruda, und nicht zufällig hat es Franz tief beeindruckt. Vielleicht hat Franz zu sehr geglaubt, er wäre unverletzlich wie Siegfried. So kannten ihn alle, mochten ihn, bewunderten ihn. Vielleicht aber war einfach seine Lebensuhr abgelaufen, wie eine Sanduhr, aus der ohne Wissen des Betroffenen die letzten Sandkörner rinnen.

Es musste wohl so sein. Eine andere Erklärung kann ich nicht finden und will ich auch nicht finden.

Der Osten kommt

Macht die Grenzen dicht – auch am Berg?

Bis zum Zusammenbruch der kommunistischen Systeme in Osteuropa kannten wir die Bergsteiger aus Polen, der Tschechoslowakei oder aus Jugoslawien meist nur als alpinistische „Exoten". Fast immer Einzelerscheinungen, sowohl der Zahl nach als auch im alpinistischen Können. Meistens Spitzenbergsteiger, die durch hervorragende Leistungen auf sich aufmerksam machten. Tschechen in den Alpen hieß „Der Weg durch den Fisch" in der Marmolada-Südwand, und der Pole Jerzy Kukuczka war der zweite Mensch, der alle 14 Achttausender besteigen konnte. Jetzt entdecken die aus dem Osten die Alpen. Dass das sog. „Ausländerproblem" nicht nur ein gesellschaftspolitisches Thema ist, lehrte mich kürzlich ein hautnahes Erlebnis.

K(r)ampf am Dachstein Ein Samstag im Juni, herrliches Wetter. Ort der Handlung: Randklufteinstieg zum Normalweg auf den Hohen Dachstein. Darsteller: 50 tschechische Bergsteiger, zehn österreichische Gipfelstürmer, ein österreichischer Bergführer mit sechs Teilnehmern eines Grundkurses. Die Tschechen: sehr mangelhaft ausgerüstet, viele Shorts, teilweise Turnschuhe, vorsintflutliche Ausrüstung. Die Österreicher: ordentlich ausgerüstet, aber bestürzte, später grimmige Blicke. Die Handlung des Spektakels: 25 der Tschechen befinden sich seit 2 Stunden am Einstieg, die anderen 25 haben vor 15 Minuten und knapp vor den Österreichern den Rastplatz am Beginn der Kletterei erreicht. Die drei Anführer der Tschechen arbeiten seit 2 Stunden an der Errichtung eines Klettersteiges (!) zum Gipfel. Der Bergführer bespricht mit seiner Gruppe Alternativen. Dirndl-Westgrat? Ostgrat? – zu schwer. Eigentlich wollte man das Gelernte am „König Dachstein" anwenden. Zögern, dann die Entscheidung: „Probier mas, vielleicht lassen sie uns vor." Aber auch die Tschechen steigen in den endlich fertigen „Klettersteig" ein. Großteils ungeschickt, ängstlich, unsicher (Turnschuhe!). Stau, alles steht. Die Bergführerpartie in zwei Seilschaften, der „Häuptling" links und rechts überholend, vorerst freundlich bittend, ihn und seine Gruppe vorzulassen, dann ärgerlich. Schließlich fluchend.

… Nix verstehen? Die Tschechen mauern, teils unabsichtlich, teils mit Absicht. Die Anführer der Tschechen … „nix verstehen". Im Kielwasser der Kursgruppe vier andere Österreicher, die restlichen haben resigniert. Der Bergführer kämpft sich an 30 Tschechen vorbei, bleibt dann stecken, weil seine zweite Seilschaft blockiert und angeblich auch angerempelt wird. Hektik, gestresstes Schimpfen … „das ist kriminell, was ihr da macht!". Flüche auch auf Tschechisch. Irgendwann sind alle am Gipfel, welcher schwarz vor Menschen ist. Es ist nix passiert (ein Wunder), trotz der Hanfschnüre und fehlenden Karabiner. Alle sind wieder freundlich. Der Bergführer denkt (fröstelnd) an ein mögliches Szenario mit aufziehendem Gewitter und schaudernd an Panik und Großeinsatz der Bergrettung. Der Hintergrund der Story: Clevere tschechische Alpinmanager bieten den Dachstein für jedermann als Pauschaltour an. Eine ähnliche Geschichte am selben Wochenende am Hochkönig ist leider nicht gut ausgegangen: tschechische Riesengruppe, Schlechtwetter, zwei Tote wegen Erschöpfung. Solche Beispiele ließen sich noch viele aufzählen. 16 Polen am Glockner-Normalweg in einer einzigen Seilschaft (4 Seile, 1 Führer), die vom Gipfel bis weit über den Kleinglockner hinunter reicht. 100 (!) Paddler aus einem ehemaligen Ostblockland belagern die idyllische Ortschaft Wildalpen.

So geht's nicht! Natürlich ist es verständlich, dass Europas Osten nach 50 Jahren Eingesperrtsein nun auch die Alpen erleben möchte. Mit wenig Geld und viel Enthusiasmus – wir sind als Studenten ja auch so ähnlich in die Westalpen gefahren. Auch schlage ich nicht gleich mit dem zweifelhaften Wort „Halbschuhtourismus" zu. Trotzdem schließe ich mich dem Resümee des Simonyhüttenwirts zum geschilderten Dachsteinszenario an: „So geht's nicht!" 50 Leute ohne Kenntnisse und ohne geeignete Ausrüstung auf einem schwierigen Berg, und alles auf einmal. Auch verstehe ich Tonis Zorn, wenn trotz seiner Hinweise Plastiksäcke mit Abfall in den Klosetts und damit in der biologischen Kläranlage landen, auf die er mit Recht stolz ist.

Vernunft oder Chaos? Das Hauptproblem ist der zusätzliche Massenansturm auf die ohnehin schon zu engen Alpen. Müssen ein paar Autobusse aus der Tschechei wirklich geschlossen bis zum Gipfelkreuz des Dachsteins gekarrt werden? Könnten dieselben „Anführer" dieselben Leute nicht zuerst alpinistisch ausbilden. Vielleicht helfen Appelle an die Vernunft der jeweiligen Veranstalter? Wenn nicht, dann macht sich eher Resignation breit. Dann kommen wir sogar beim „harmlosen" Bergsteigen nahe in den Bereich der sogenannten „Ausländerproblematik". Die angeblich grenzenlose Freiheit gibt's leider auch in Mitteleuropa nicht, auch nicht (mehr) in den Bergen. Wie würde beispielsweise Zermatt reagieren, wenn der Koblmüller mit seiner Bergsteigerschule das Matterhorn mit 50 Anfängern blockieren würde? Absurd? Die Zermatter Bergführer würden mir glatt die Seile abschneiden.

PS: Der Chefredakteur „Frießi" hat mich mit diesem Themenvorschlag vor eine ziemlich heikle Aufgabe gestellt. Ich hab die Herausforderung angenommen, denn der österreichische Bergführer beim K(r)ampf am Dachstein war ich!

Cliffhanger

Interview mit Sylvester Stallone

Der Kinobesuch war dienstlich. Als Alpinist, sagte ich mir, musst du „Cliffhanger – nur die Starken überleben" gesehen haben. Sylvester Stallone Megastar als Kletterer! Ich ahnte nicht, dass ich knapp vor dem (Traum-)Interview meines Lebens stand ... exklusiv für LAND DER BERGE!
Warten auf Stallone. Ich sitze allein auf der Terrasse des Rifugios, ringsum Dolomitenwände im Abendlicht. „Da ist Sly geklettert", denke ich beeindruckt. Hubschraubergeknatter ... Er ist da. Ein Mann wie ein Trapez. Nur größer habe ich ihn mir vorgestellt ... und bleibe höflich sitzen. „Hi", sagt er. Mir bleibt das „Berg Heil" in der Kehle stecken.

LdB: Mr. Stallone, Cliffhanger war der Kinorenner dieses Sommers. Führen Sie diesen Erfolg auf Sie und Ihre Rückkehr ins Action-Genre zurück oder darauf, dass Bergsteigen und Klettern heute „in" sind?
Stallone: Beides. Ich habe bewirkt, dass das Klettern seit einigen Monaten voll im Trend liegt. Ich habe den neuen Kletterstil kreiert und Power beim Klettern eingeführt (Ho ruck!, denke ich respektlos). Klettern ist heute in Bodybuilding-Studios erlernbar!
LdB: Interessant. Aber die Leute wollen doch Sie – ich darf doch Sly sagen? – als Helden sehen!
Stallone *(geschmeichelt)*: Natürlich bin ich action pur. Die Leute wissen, dass ich alles ohne Stuntman drehe. Wer Höhenangst kennt, weiß, was ich durchgemacht habe. Aber ich habe es geschafft (geht in Boxerstellung). Ich möchte Al Pacino da in den Dolomiten baumeln sehen. Da rettet ihn kein Schauspiellehrer!
LdB: Mr. Stallone ... äh, Sly, Sie wurden doch von Wolfgang Güllich in einigen riskanten Szenen ged... vertreten? Und viele Szenen wurden im Filmstudio Cinecitta in Rom gedreht, nur einen Meter –
Stallone *(unterbricht unwirsch)*: Ich kann ja nicht überall sein. Und die Zeitungsgerüchte, dass mein berühmter Einarmhänger nur einen Meter über Grund ... (drohend). Diese Berichte sollte man verbieten! Sie zerstören den Zauber des Kinos.

Für die wenigen Leser, die den Film noch nicht gesehen haben, zwischendurch kurz die Handlung von „Cliffhanger": USA. Ein Geldtransportflugzeug wird in der Luft gekidnappt. Die wilde Schießerei und ein Unwetter führen zur Bruchlandung mitten in den Rocky Mountains, wobei leider die drei Koffer mit 100 Mio. Dollar abstürzen. Mithilfe moderner Elektronik können sie zwar geortet werden, doch sind die Objekte der Begierde für die Verbrecher unerreichbar. Zu hoch sind die Gipfel, zu steil die Wände. Die teuflischen Gangster bringen die Bergrettungsmänner Gabe (Sly) und Hal in ihre Gewalt und zwingen die wackeren Kletterer, die verlorenen Millionen zu holen. Und jetzt darf Sly endlich klettern!

LdB: Bitte, Sly, nochmals zu Wolfgang Güllich. Er war der Topkletterer der Welt und hat Sie gedoub…
Stallone: Yeah, Güllich. Eigentlich ein anatomisches Phänomen. Keine Masse, keine Muskeln. Hat wochenlanges Training und eine Proteinkur gebraucht, bis er mir halbwegs ähnlich sah (Sly's Oberkörper spannt sich automatisch, sprengt das T-Shirt am Rücken). Seine Klimmzüge mit nur einem Finger müssen ein Trick gewesen sein. (Schaut zweifelnd, lenkt ab) Schade, dass er diesen Autounfall hatte. Er würde heute auch meinen Powerstil klettern.

Es wird kühl auf der Terrasse, das Alpenglühen hat Kälte gebracht und es beginnt zu schneien. Auf meinen Vorschlag, uns ins Innere des Rifugios zurückzuziehen, zieht sich Sly cool die Fleecejacke aus und bleibt im T-Shirt sitzen. Wie im Film, denke ich und starre gebannt auf einen gewaltigen Bizeps.

LdB: Im Film klettern Sie immer solo und über schwierigste Routen, wo doch daneben …
Stallone: Klettern ist übermenschlich und der Zuschauer will mitkriegen, wie wahnsinnig gefährlich dieser Sport ist.
LdB: Aber warum so viele Brutalszenen?
Stallone *(lächelt grimmig)***:** Die Leute wollen das. Wie ich den Gangster an den Stalaktiten in der Höhle aufgespießt habe – glänzender Einfall, gibt's nur am Berg. Oder wie sie den Hal x-mal an den Kopf getreten haben. Allerdings – Hooligans habt ihr in Linz auch.
LdB: Waren Sie als Rambo oder Rocky nicht besser?
Stallone: Ich siege immer. Auch beim Klettern. Denk an den Güllich! (lauter, drohend, zieht das zerrissene T-Shirt aus, springt an die Dachrinne, reißt das Bein zum Foothook hoch und …)

Die Ferse meines Kletterschuhs rutscht von der Dachrinne, jemand tritt mit voller Wucht gegen meinen Kopf. Ich erwache … Sly ist fort. Mein Bein fällt erleichtert ins Bett zurück.

Schöne (?) neue Welt

Virtual Reality und Alpinismus 2000

Seit einiger Zeit werden wir in den Medien mit dem Begriff „Virtual Reality" für eine neue Technologie konfrontiert. In der „Virtual Reality" (VR) bewegt sich der Mensch in einer vom Computer errechneten und ihn völlig umgebenden Sinnestäuschung. Es ist die Möglichkeit, in räumlichen Bilderwelten herumzulaufen und in ihnen aktiv agieren zu können. Ein Beispiel, das kürzlich im Fernsehen demonstriert wurde: Bauherr und Architekt treffen einander im projektierten imaginären Haus, das bisher nur im Kopf des Architekten existiert. Gemeinsam vergrößert man Fenster, baut Küchen und Kamine ein oder versetzt Türen. VR macht's möglich – imaginär und doch real, ohne Materialkosten.

Ich komme gerade vom Sportklettertraining am Linzer Universitätssportinstitut zurück und versuche diesen Artikel zu schreiben. 70 Leute sind zum Training an den vergleichsweise winzigen künstlichen Kletterwänden in einer Turnhalle angemeldet. Parallel dazu hat das UST auch zwei Tage „richtiges Klettern" im Klettergarten Dürnstein angeboten. Resultat: 1 Anmeldung. Ist Klettern an „echten" Felsen für Leute, die nur die Kunstwand kennen, absurd geworden? Was hat nun Dürnstein oder eine Turnhallen-Kletterwand mit Virtual Reality zu tun? Auf die ersten zwei Blicke nichts. Auf den dritten oder vierten Blick vielleicht doch. Vor ein paar Monaten habe ich mit Gustav, einem Freund aus „alten" alpinen Tagen, eine gemütliche Plauderstunde verbracht. Kichernd und fabulierend sind wir irgendwie auf die Idee eines alpinen „Adventure-Parks" gekommen, auf Abenteuer à la Disneyland. Ein lustiges Szenario, dessen realistischer Hintergrund mir erst später aufgefallen ist.

Beispiel: Wasserfall-Eisklettern. Dich gelüstet es nach „action" im Eis, hast aber keine Zeit oder willst gar keine Realität erleben? Nichts wie hin in den alpinen Adventure-Park, Eintrittskarte, Auswahl des Abenteuerprogramms, Solokabine. Damit du dich im fiktiven Universum (im gefrorenen Wasserfall) zurechtfindest, erhältst du Stereokopfhörer und ein maskenähnliches Sichtbildgerät, das du wie eine Taucherbrille aufsetzt. Eine eigene Steuereinheit verbindet die Geräte mit dem Computer. Du ziehst den Data-Suit an, ein Anzug, der mit Positionsfühlern bestückt ist und den Computer über jede Bewegung von dir informiert. Du kletterst los, hackst dich den Eisfall hinauf, hast die perfekte Illusion (oder Realität?).

Abenteuer per digitaler Technologie. In der wirklichen Wirklichkeit sitzt du bequem in deiner Solokabine. Action ohne körperliche Anstrengung, ohne Risiko, aber mit voller Adrenalinausschüttung.
Andere Programme wären etwa eine Skitour mit Lawinenabgang, ein Paragleitflug mit Sturmböen oder ein Absturz beim Klettern. Horrorvision oder „Schöne neue Welt"?
In den Medien war auch von Pikanterem die Rede. Sex per Virtual Reality? Brrr ... dem alten Macho und ehemaligen alpinen Haudegen läuft's sowohl bei der einen als auch bei der alpinistischen Vorstellung kalt über den Rücken.

Bergsport 2000 Gigantische Adventure-Parks, in denen jeder für ein paar Stunden der faden und mühsamen Wirklichkeit entfliehen kann. Flucht per Virtual Reality in eine glückliche Action-Welt, in der jeder Held und perfekter Akteur sein kann. Per Knopfdruck und Programmauswahl reagieren computergesteuerte, simulierte Welten intelligent auf unsere Bedürfnisse. Der Rechner sprengt die letzte Grenze zwischen Wirklichkeit und Wunschvorstellung. Aldous Huxley, schau oba!
In den USA sind erste Spielhallenversionen bereits installiert und der Mann im Mond ist kein Märchen mehr, zumal die neue Technik aus der Weltraumforschung kommt.
Als Computer-Muffel hege ich allerdings einen leisen Verdacht: Weder das digitale Universum noch irgendein Riesencomputer wird anhaltende echte Gefühle verschaffen können. Eines wird fehlen – das „good feeling", etwas selbst getan und geleistet zu haben. Die Betonung liegt auf selbst getan. Und noch was: Den kleinen Unterschied zwischen virtuellem Eisfall und der echten „gläsernen Madonna" finde ich auch beim Vergleich der mickrigen Turnhallenwand mit dem Dürnsteiner Klettergarten oder der Gesäusewand. Aber vielleicht wollen das die Leute gar nicht (mehr). Vielleicht bin ich auf den (kleinen) Unterschied programmiert oder einfach nur konservativ. Und werde daher wohl oder übel weiterhin selbst auf irgendwelche Berge steigen. Des „good feelings" wegen.

PS: Aldous Huxley schrieb seinen berühmten Roman „Schöne neue Welt" 1932. Soll ich 60 Jahre später besser in „action lands" investieren statt in meine Alpinschule?

Der Trend zum Bergführer
Sicherheitsbedürfnis – Lernwille – Konsumverhalten?

Der Beruf Bergführer befindet sich im Aufwind und hat sich vom exotischen Außenseiterberuf zu einem modernen Dienstleistungsjob entwickelt. Warum? Auf den ersten Blick scheint diese Frage typische „No na"-Antworten zu provozieren: Eh klar – Bergführer = Sicherheit. Und: Immer mehr Leute wollen Bergsteigen, Tourenskifahren oder Klettern fundiert lernen. Bei intensiverem Nachdenken fallen mir aber auch andere Gründe ein, die in unserer Gesellschaft wurzeln. Hochgestochen formuliert: gesellschaftspolitische Aspekte eines geänderten Freizeit- und Konsumverhaltens.

Lernen und Sicherheit Zunächst einmal zu den „Eh klar"-Antworten. Das winterliche Hochgebirge abseits der Piste ist nicht so einfach zu bewältigen wie das Besetzen eines Liftsessels. Beim Klettern kann man abstürzen und auch beim Bergwandern können sich Fehler fatal auswirken. Es liegt also nahe, als Anfänger bei einem Profi „in die Schule" zu gehen. Und weil auch beim Bergsport die Leistung zählt, will man besser werden, Schwierigeres bewältigen oder auf Sechstausender steigen. Daher gibt es Fortgeschrittenenkurse für Klettern oder Tiefschneefahren etc. und Bergreisen nach Nepal und Südamerika. Grundsätzlich erfreuliche Gründe für mehr Bergführerengagements, denn ohne Ausbildung und Bereitschaft zum Lernen sähe die alpine Unfallbilanz sicherlich noch schlechter aus.

Die zweite Antwort auf die Eingangsfrage ist Sicherheit. Obwohl Bergführer auch nur Menschen sind und Fehler machen können, ist die Führung durch einen Profi die vermutlich sicherste Methode, auf Berge zu steigen und heil wieder ins Tal zu kommen. Außerdem ist die sorgfältige Planung und Vorbereitung einer Bergtour eine zeitaufwendige Angelegenheit. Zeit ist heute oft kostbarer als Geld. Man kauft sich also die Zeit und Erfahrung des Professionisten und hat gleichzeitig einen verlässlichen Begleiter. Immer mehr Leute erfüllen sich zumindest ihre alpinistischen Highlightwünsche mit Bergführer. Eine Zeiterscheinung übrigens, die fanatische „Führerlose" früherer Jahrzehnte im Grab rotieren lassen würde ... Abgesehen davon – ganz unbelastet ist das Verhältnis zwischen Alpinvereinen und Bergführern heutzutage noch immer nicht. Das aber wäre eine andere Geschichte ...

Konsumverhalten Zu diesen traditionellen Gründen: „Warum mit Bergführer?", tritt nun der Zeitgeist. Noch vor 10 oder 20 Jahren war es für viele undenkbar oder zumindest schwer vorstellbar, sich einen bezahlten Bergpartner zu „nehmen". Auch für so manchen, für den dies heute selbstverständlich ist. Aber vor 20 Jahren ist man auch viel eher ohne Vorbereitungen auf Urlaub in den Süden gefahren und nicht gleich zum nächsten Reisebüro gelaufen. Das „Buchen" einer Reise war extravaganter als heute. Jetzt bucht man, konsumiert, lässt organisieren. Skifahren lernt man heute selbstverständlich im Skikurs. Das defekte Mountainbike lässt man reparieren. Die kaputte Waschmaschine wird weggeworfen, die heilige Kuh auf vier Rädern wird regelmäßig dem Service unterzogen usw.

In solchen und anderen „zeitgeistigen" Veränderungen unserer Gesellschaft finde ich auch Gründe für den Zulauf zum Bergführerberuf, auch wenn sie weit hergeholt erscheinen. Denn irgendwie ist jeder Bergführer ein kleines Reisebüro.

Berg-Sportlehrer Moderne und angeblich neue „Abenteuer"-Sportarten wie Rafting, Paragleit-Tandemflüge oder Bungee-Jumping werden selbstverständlich mit einem entsprechenden Sportlehrer ausgeübt. Sportklettern liegt im Trend, und ein „Schnupperkurs" ist rasch gebucht. Für den Einzelnen ebenso wie für ganze Gruppen. Vielleicht gerade von Letzteren – siehe Firmenseminare mit „adventure-action", Incentive-Veranstaltungen, Betriebsausflüge, Werbeveranstaltungen. Wenn's zum Berg geht, braucht man den Bergführer, auch wenn solche Gruppen mit dem eigentlichen Bergsteigen sehr wenig im Sinn haben. Insgesamt betrachtet glaube ich sogar, dass das Konsumdenken mehr zum Run auf den Bergführerberuf beiträgt als die eingangs erwähnten traditionellen Gründe. Gut? Schlecht? Dekadente Erscheinung einer städtischen Konsumgesellschaft? Positiver Einfluss auf einen naturnahen Dienstleistungsberuf?

PS: Ich habe in dieser Kolumne keine kritische Wertung versucht – und das nicht nur aus Platzgründen. Schließlich bin ich selbst Bergführer und daher vielleicht nicht objektiv genug …

Inflation auf der Leinwand
Diashows und Reisevorträge – kritisch betrachtet

Am Anfang war der Bergvortrag und das Wort Diashow ein Fremdwort. In den 50er-Jahren begannen Spitzenbergsteiger ihre extremen Bergabenteuer per Lichtbildervortrag einem öffentlichen Publikum zu erzählen. Zu Hermann Buhl, Herbert Tichy und später Reinhold Messner gesellten sich bis in die späten 80er-Jahre immer mehr vortragende Epigonen – je nach rhetorischem und fotografischem Talent und Engagement sehr oder wenig erfolgreich.

Eine alpine Vortragsszene blühte mit selbstdarstellerischem Idealismus bei meist bescheidenen Honoraren. Als aber das Himalaya-Abenteuer auch für Herrn/Frau Müller konsumierbar wurde, begann die Langeweile an der Leinwand. Der Bergvortrag verschwand, es kamen die Abenteurer und schließlich der Boom zum reinen Reisevortrag.

In den letzten Jahren bildete sich eine neue, dynamische Vortragsszene. Zum Beispiel Wien im vergangenen November: Gut 15.000 Zuschauer bei rund 50 Diavorträgen! (Quelle: NEWS 47/93, Peter Leopold). Titel wie „Allein durch Alaska", „Pakistan" oder „Dolpo – verstecktes Land im Himalaya" sind die Stoffe, mit denen Geschichten und schnelles Geld gemacht werden.

Verdrängungswettbewerb Im Gegensatz zu Kino, Theater oder Konzert gibt es über Diashows so gut wie keine kritische Medienberichterstattung. Im besten Fall wird der Vortrag angekündigt, aber nie hinterher kommentiert – eine journalistische Todsünde, meine ich. Heute entscheidet gutes oder nachlässiges Marketing eher über Besucherzahlen, als Bildqualität und rhetorisches Talent. Der Kampf um Besucherzahlen eskaliert zur Schlacht um mediale Ankündigungen, zum Krieg der oft illegalen, aber behördlich geduldeten Plakate. Fotografische Scharlatane, die rhetorische Schwächen durch auf Tonband gesprochene Reiseberichte zu vertuschen suchen, drängen in die Szene. Und wegen fehlender Information bleiben zunehmend hochqualifizierte, oft großartige Diashows in halb leeren Räumen hängen. Schade, weil genau dort findet man das Resultat von viel Investition an Hirn, Herz, Zeit und auch Geld.

Amateure kontra Profis Zwei Negativbeispiele, persönlich erlebt: „Allein durch Alaska" im voll besetzten (800 Besucher!) Audi Max der Universität Wien. Der Vortrag der jungen Dame hält nicht annähernd das, was Plakat und Ankündigungen versprochen haben, spekuliert offenbar damit, dass ein Mädchen zeitweise allein durch einen Teil Alaskas getrampt ist. Mäßige Bilder, nicht einmal live kommentiert, denn der Vortrag kommt vom Band. Kein Wunder, denn die Lady hat für die dreimonatige Reise nur zwölf Filme investiert. Bei einem Sahara-Vortrag in Großraming verhinderten nur die Peinlichkeit der Rhetorik und das „Mitleiden" mein Einschlafen aus Langeweile. Den Namen des Vortragenden habe ich leider vergessen.

Es ist schade, wenn seriöse, ideenreiche und fesselnde Vortragsredner ernstlich daran denken, mit dem „Vortragsgeschäft" aufzuhören. Und zugleich verständlich angesichts der Inflation von Leuten, die glauben, in „sechs Wochen a Gschicht für elf Projektoren" (Sepp Friedhuber) qualitativ gut ans Publikum zu bringen. Dabei kann eine moderne Diashow mit gutem technischem Background allemal mehr an Spannung, Qualität und Information bieten, als so manche Sendung im langweiligen Patschenkino.

Das Anforderungsprofil an eine gute Diashow sehe ich in vier wesentlichen Punkten: Erstens die Qualität der Bilder. Zweitens die Story, die natürlich mehr hergeben muss als eine biedere Urlaubsreise. Drittens der Vortrag selbst, die Ausstrahlung und Erzählkunst des Redners. Und schließlich gehört heute, viertens, die Präsentation mit einer technischen Mindestausstattung dazu. Es müssen ja nicht elf Projektoren sein – das Tonband mit aufgesprochenem Text gehört jedenfalls nicht dazu.

Zum Thema persönliche Ausstrahlung erinnere ich an Herbert Tichy, der als alter Mann noch Anfang der 80er-Jahre seine uralten Himalayageschichten ans Publikum brachte – und wie! Mit einem (!) handbedienten Schiebeprojektor und vergilbten Dias, aber mit einer Erzählweise, mit der er das Publikum innerhalb weniger Minuten im Griff hatte.

Hilf dir selbst, Publikum Gegen die „Inflation auf der Leinwand" fallen mir nur zwei Lösungsansätze ein: Eine fundierte Orientierungshilfe seitens der Medien mit Vortragskritiken à la Kino: fünf (hervorragend) oder nur zwei Sterne (schlecht). Eine legitime Forderung angesichts von Besucherzahlen bei Diashows, die jene von so manchem Kinofilm weit übertreffen.

Den zweiten und wichtigeren Weg zurück zur Qualität muss das Publikum selbst gehen. Merkt euch die Scharlatane und sagt es ihnen auch nach dem Vortrag! Pfeift sie im Extremfall sogar aus – denn nicht nur Theaterbesucher haben ein Recht auf Qualität und Professionalität!

A woman's place is on the top?

Die österreichische Frauenexpedition zur Shisha Pangma (8013 m) war das alpinistische Medienereignis im heurigen Frühjahr. Geschrieben, berichtet, gesendet wurde viel – vor allem vor der Expedition. Nachher, Ende Juni, gab es den ORF-Film in der Sendung „Land der Berge", der unerwartet kritisch und bissig (zu Recht?) gewesen ist. In diesem schriftlichen LAND DER BERGE versuche ich die männliche Quadratur des Kreises: eine neutral-objektiv-kritische Betrachtung zu diesem „Frauenthema". Riskant? Sei's drum – im schlimmsten Fall riskiere ich die Beschimpfung „Alpinmacho".

Die Ziele – das Team Alpinistisches Ziel war die Besteigung der 8013 m hohen Shisha Pangma über den (technisch leichten) Normalweg. Erstmals sollten Österreicherinnen am Gipfel eines Achttausenders stehen.
Zusätzlich setzte Frau sich das naheliegende gesellschaftspolitisch-emanzipatorische Ziel: Frau wollte beweisen, dass Frauen ausgezeichnete Partnerinnen am Berg und überhaupt „gleich gut" wie Männer sind, dass Frauen Expeditionen ohne Streitigkeiten und erfolgreich durchführen können usw.
Das Team mit Expeditionschefin Gertrude Reinisch bestand aus zehn Österreicherinnen, einer Polin, einer Amerikanerin und drei Tibeterinnen. Dazu kamen das ORF-Filmteam mit eigenem Bergführer, sechs Sherpas und weitere Begleiter aus Nepal – eine riesige Mann/Frauschaft!
Aus menschlichen und wohl auch aus (legitimen) PR-Gründen nannte Frau das Unternehmen „Wanda Rutkiewicz-Gedächtnisexpedition", ein sehr hoher, selbst auferlegter Anspruch!

Ziel(e) erreicht? Fünf der insgesamt 15 Frauen sowie das gesamte (männliche) ORF-Filmteam erreichten den Gipfel der Shisha Pangma: die drei Tibeterinnen, die Polin Ewa Pankiewicz und Edith Bolda als einzige Österreicherin. Ein beachtlicher alpinistischer Erfolg, denn auf 8000 m Höhe sind Nationalität und Geschlecht (??) glücklicherweise nebensächlich.
Und der emanzipatorische Anspruch? Diesbezüglich wäre es besser, den Mantel des Schweigens über die Expedition zu breiten. Streitigkeiten, kleinliches Hickhack, diktatorische Maßnahmen seitens der Expeditionsleiterin. Da wurde schon vor dem Aufbruch ins tibetische Abenteuer eine Teilnehmerin ausgebootet, da wurde die spätere Gipfelsiegerin Edith Bolda als stellvertretende Expeditionsleiterin abgesetzt, da wurde die Amerikanerin Sybille aus der

Mannschaft ausgeschlossen. Mir fallen dazu nur männliche Expeditionen der Dreißiger- bis Sechzigerjahre ein. Herrligkoffer-Methoden, Hierarchie etc. ... Ich hoffe doch, dass das nicht der neue Stil der alpinen Frauenbewegung ist. Wanda – schau oba!

Gesellschaftliches Thema? Ist eine reine Frauenexpedition noch ein Thema heutzutage? Nicht so richtig, glaube ich (subjektiverweise). Es sind doch alte Hüte, dass die Feinmotorik beim Klettern, die Höhentauglichkeit an der Shisha Pangma oder die psychische Belastbarkeit in Extremsituationen nicht vom Geschlecht abhängen, sondern von individuellen Fähigkeiten. Siehe Wanda Rutkiewicz ...
Oder siehe Österreichische Alpenzeitung, Heft Dezember 93. Dort habe ich einen Artikel von Silvia Metzeltin gefunden, einer der großen Damen des schweizerisch-italienischen Alpinismus. „Sterne muss man sich selber holen" nannte sie ihre Gedanken zu einer Frauenexpedition vor etwa zehn Jahren, die sie selbst geleitet hat.
Ich zitiere: „A woman's reach, a woman's place – wie heißen diese unglaubwürdigen Schlagworte alle?" Und: „Natürlich wusste ich, dass, wo nur Männer oder nur Frauen am Werk sind, es sich irgendwie um gekünstelte soziale Gebilde handelt ... Den Männern, die immer glauben, wir Frauen würden sofort untereinander streiten, würden wir schon zeigen ..."
Silvias Frauenexpedition hat zumindest nicht gestritten ...

PS zur „Neutralität": Mein Versuch, ein Frauenthema ganz objektiv-neutral abzuhandeln, könnte nur als „das Kolumnist" besser gelingen ... Der Koblmüller tut sich halt schwer!

Bergrettung zum Nulltarif?
Bergrettungsdienst zwischen Idealismus und Kostenschere

Im heurigen knochentrockenen Sommer riefen zwei Bergsteiger am oberösterreichischen Traunstein auf sehr merkwürdige Art um Hilfe. Die beiden bergunkundigen Jugendlichen hatten sich verstiegen und gaben am helllichten Tag mit Leuchtraketen (!) Notsignale. Das trockene Gras geriet in Brand, das Feuer schloss die Burschen ein und brachte sie nun in eine wirkliche Notsituation. Die Folgen dieses Notsignals: ein zweitägiger kombinierter Einsatz von Bergrettung, Feuerwehr, Gendarmerie und Bundesheer, bei dem mehr als 100 Mann und mehrere Hubschrauber im Einsatz standen. Die Frage, warum die beiden – zum Glück geretteten – „Alpinisten" nicht um Hilfe gerufen, sondern zur Leuchtrakete gegriffen haben, wird vermutlich ebenso das Gericht zu klären haben, wie die Kosten- bzw. Schadenersatzfrage. Von Bergrettungsseite her wird den beiden nicht allzu viel geschehen ...
Angesichts solcher Vorfälle wäre es kein Wunder, wenn selbst idealistische Bergrettungsmänner den Beinahe-Nulltarif überdenken würden. Die wirklichen, weil handfesten Gründe für das Fallen des Nulltarifs liegen aber ganz woanders – beim Geld.
Funkgeräte, flächendeckende Hubschrauberrettung, moderne Organisationsstrukturen, Notfalltelefone im Gebirge – immer effizientere, bessere, schnellere technische Mittel verursachen eine Kostenexplosion, die durch Idealismus nicht mehr aufgefangen werden kann. Solange „nur" Menschen und normale alpine Ausrüstung die Schwerpunkte des Aufwandes bildeten, war die kostenlose Rettung auch durch den oft grenzenlosen Idealismus der Bergrettungsleute möglich. Heute würde die technikverstärkte Bergrettungsstunde auf dem „freien Markt" an die öS 1.800,– kosten!

Anerkennungsbeitrag Seit eineinhalb Jahren kosten alpine Rettungseinsätze durch den BRD in Österreich einheitlich öS 150,– pro Mann und pro Stunde. Im Grund ein Bagatellbetrag, der z.B. dem 10%igen Selbstbehalt mancher Krankenkassen entspricht. Damit beim Gros der Bergsteiger keine Ängste entstehen, gibt es in einigen Bundesländern Kostenobergrenzen, die mit den Deckungssummen der alpinen Vereinsversicherungen (ÖAV seit Neuestem öS 200.000,–) limitiert sind. Bei „Förderern der Bergrettung" wird auf Kostenverrechnung überhaupt verzichtet – übrigens ein starkes Argument für die Unterstützung der Bergrettungsdienste.

Kostenlose Flugrettung Österreich besitzt mit den Besatzungen und Hubschraubern von Bundesheer und Innenministerium eine der besten alpinen Flugrettungen der Welt – und die billigste! Denn der Helikopter als schonendstes, schnellstes und effizientestes Rettungsmittel ist in Österreich im Gegensatz zu fast allen anderen Alpenländern für den Betroffenen noch immer kostenlos! „Noch", denn Forderungen nach flächendeckender Flugrettung, Flugstundenkosten von öS 12.000,– bis 15.000,– und die eher abnehmende Bereitschaft der öffentlichen Hand, alle Kosten diskussionslos zu subventionieren, werden auch hier zum Umdenken zwingen.

Kontra Nulltarif Selbst bei intensivem Nachdenken fallen mir kaum Argumente für den Nulltarif ein, einige aber dagegen. Warum z. B. soll der BRD nur auf Subventionen und Spenden angewiesen sein? Und als alter Optimist hoffe ich sogar auf erzieherische Wirkungen, wenn jeder weiß, dass Bergrettung auch ihr Geld kosten kann. Mehr Auseinandersetzung mit den Themen Rettung, Ausbildung, Sicherheit durch Kostendrohung? Vielleicht, vielleicht auch nicht. Aber Zwang über die Brieftasche war immer schon wirkungsvoller als alle theoretischen Appelle zusammen.

„Versichern beruhigt" Auch wenn man kein Agent der Versicherungswirtschaft ist: Gegen das finanzielle Restrisiko „Rettung aus Bergnot" kann man sich schließlich zu ziemlich geringen Kosten versichern. Beispiel Schweizer Rettungsflugwacht: ganze sFr. 30,– für ein Jahr Versicherung („Gönnerschaft")! Als (nicht ganz ernst gemeintes) Argument gegen Rettungsversicherungen fällt mir nur der gelegentliche Hang zu exzessivem menschlichem Anspruchsdenken ein. Dies und dass selbst in der disziplinierten Schweiz Unfug mit der Bergrettung vorkommen kann, zeigt folgende Geschichte: Zwei Schweizer wollten sich nach Durchsteigung der Matterhorn-Ostwand, müde nach einem Biwak, aber ohne Notsituation, vom Gipfel per Helikopter abholen lassen. Sie gaben Notsignal, winkten dem REGA-Heli mit ihren Gönnerausweisen. Da die Piloten aber nicht nur gute, sondern erfahrene Rettungsflieger waren, entschwebten sie nach Klarstellung der Tatsachen „rettungslos".

PS: Für die beiden Matterhornbesteiger wäre „a g'sunde Watschen" durch den hoffentlich bärenstarken Retter das beste und schlagendste Argument gegen jede Art von Nulltarif gewesen.

„6000er auf die Schnelle"
Die provozierte Höhenkrankheit

Es gibt Reiseveranstalter, die eine Besteigung des Kilimandscharo in zehn oder elf und sogar in neun Tagen anbieten. Zehn Tage nicht etwa für die Bergbesteigung allein, sondern für die ganze Reise, inklusive Hin- und Rückflug von/nach Europa, Kurzsafari und Erholungstag nach dem Berg.

Letzteren wird nicht nur der Untrainierte bitter notwendig haben, der den Kilimandscharo „halt auch probiert" hat, sondern auch so mancher konditionell gut vorbereitete Bergsteiger. Denn immerhin müssen bei dieser Methode innerhalb von vier Tagen an die 5000 Höhenmeter – bergauf, versteht sich – überwunden und laut Programm am vierten Tag der höchste Punkt Afrikas erreicht werden. Stolze 5895 m hoch. Das Erreichen des Uhuru-Peak, des eigentlichen Kilimandscharo-Gipfels also, bleibt auf diese Weise für die meisten allerdings Theorie. Denn laut offizieller tanzanischer Kilimandscharo-Statistik erreichen nur zirka 25 Prozent aller Bewerber tatsächlich den Gipfel!

Nur jeder Vierte ... Wenn man diese Tatsachen kennt, wenn man sich mit der Problematik des Höhenbergsteigens auseinandergesetzt hat (und auch der Kilimandscharo ist Höhenbergsteigen!), wenn man also weiß, dass nur jeder Vierte den richtigen Gipfel erreichen wird, darf man wohl mit Recht an der Seriosität derartiger Reisebüroangebote zu zweifeln beginnen! Aber nicht nur Reiseveranstalter unterschätzen das Phänomen Höhe, sondern viel mehr noch der einzelne Bergtourist. Niemand zwingt ihn schließlich, an einer neuntägigen Kilimandscharotour ab Wien teilzunehmen!

Der gekaufte Berg Ein persönliches Erlebnis, ein anderer Kontinent: Nepal, Everest-Region, das Sommerdorf Gokyo, 4800 m hoch. Eine Teilnehmerin einer deutschen Trekkinggruppe lässt sich – aufgedunsen und vom Höhenödem bereits gezeichnet – von zwei Sherpa bis zur anscheinend magischen Höhe von 5000 m schleppen (Höhenmesserkontrolle!), bricht kurz darauf endgültig zusammen und muss von den Sherpas nach Gokyo getragen werden. Glücklicherweise ist in diesem Fall der Hubschrauber wenige Stunden später und gerade noch rechtzeitig eingetroffen.

Solche Fälle sind symptomatisch für einen heute weit verbreiteten Bergkonsum. Man „kauft" sich einen 6000er oder sogar 8000er, das dafür nötige Geld hat man, die notwendige Zeit hat man nicht. Aber die hohen Berge sind nicht immer käuflich. Dafür sorgen weniger die alpinistischen Schwierigkeiten (viele „Große" sind auf den Normalwegen technisch leicht), sondern schlicht und einfach die Höhe.

Risikofaktor Höhe Die Höhe ist ein Phänomen, das nicht trainierbar ist und auf das jeder Mensch individuell verschieden reagiert. Die Reaktion jedes Einzelnen auf die Höhe lässt sich auch medizinisch in der Theorie nicht feststellen, sondern nur in der Praxis, am Berg selbst erproben. „Boshafterweise" ist die Höhentauglichkeit nicht direkt vom körperlichen Trainingszustand abhängig. Sehr vereinfacht und laienhaft: Der menschliche Organismus bekommt in der Höhe „zu wenig Luft". Der Sauerstoffpartialdruck nimmt mit steigender Höhe ab, wodurch man beispielsweise in 7000 m Höhe mit einem Atemzug nur mehr ein Drittel der Sauerstoffmenge in die Lungen bringt wie auf Meeresniveau! Auf die „Vergewaltigung" durch die Höhe reagieren wir mit einfachen bis komplizierten Gegenmitteln: von der Steigerung der Atemfrequenz bis zu komplizierten biochemischen Vorgängen. Vor allem aber braucht der Körper Zeit, Zeit und nochmals Zeit. Die Todsünde beim Höhenbergsteigen heißt: zu rascher Aufstieg in zu großen Höhen, zu wenig Zeit für Höhenakklimatisation. Der Körper kann sich ziemlich rasch mit leichten bis schweren Formen von Höhenkrankheit rächen: mit heftigen Kopfschmerzen als erstem Alarmsignal bis zur tödlichen Bedrohung durch ein Lungen- oder Gehirnödem.

Zwang zum Kompromiss Natürlich ist es heutzutage nicht einfach, oft auch unmöglich, sich den optimalen Zeitraum für das jeweilige hohe Bergziel zu nehmen. Eine Kilimandscharo-Besteigung würde dann mindestens zwei Wochen dauern, und zwar die Besteigung allein! Wenn Dr. Franz B., österreichischer „Papst" für Höhenmedizin, maximal 500 Höhenmeter pro Tag vorschlägt, so hat er zwar grundsätzlich recht, doch ist dieses Optimum in der Praxis häufig undurchführbar.

Wenn aber jemand nur zwei Wochen für drei Sechstausender in Bolivien einsetzen will, sollte er lieber in den Westalpen bleiben! In den Anden oder im Himalaya würde er nur seinen „Selbstverwirklichungsmüll" herumtragen, wie Reinhard Karl einmal so treffend geschrieben hat.

Fit for death
Der programmierte Lawinenwahnsinn

Schon in den ersten Tagen des jungen Jahres 1995 war es endlich so weit – nach der großen (Schnee-)Dürre versank Westösterreich im Weiß. Binnen weniger Stunden gab es bis zu einem Meter Neuschnee am Arlberg und in der Silvretta. Schnee als lang ersehntes, aber auch tödliches Geschenk. Denn am 3. Jänner starben in St. Anton, Ischgl und Lech acht Menschen unter Lawinen. Acht Lawinenopfer innerhalb weniger Stunden! Aber – kein Ergebnis tragischer Zufälle, sondern voraussagbar und von perverser Logik. Denn die „Risikobereitschaft auf der Suche nach dem einzigartigen Pulverschnee beeinflusst den menschlichen Verstand dermaßen, dass die Lawinengefahr völlig missachtet wird", erkannte das Kuratorium für alpine Sicherheit. (Parallelen zu einem obszönen Kalauer, bei dem unter bestimmten Umständen das Gehirn auch aussetzt, drängen sich auf.)

Alpine Geisterfahrer Andere geschockte Pressestimmen sprachen von „Ski-Harakiri und alpinen Geisterfahrern, die lächelnd in gesperrte Hänge hineinfahren. Weil sie so cool sind. Bis sie kalt sind" (KURIER). Vielen wird auch noch das Interview eines fröhlichen Milchgesichtes im ORF-Abendstudio kurz nach den Unfällen in Erinnerung sein. Konfrontiert mit dem Wahnsinn, abseits der Pisten trotz Lawinenwarnung steilste Hänge zu befahren, sagte er sinngemäß: „Ich wusste, mir konnte nichts passieren. Denn ich hatte mein Piepserl dabei, und hinter mir waren meine Kameraden." Kein Wort, dass vier solcher Kameraden wenige Stunden vorher gestorben sind. In der Kronen Zeitung stellte Marga Swoboda die (berechtigte) Frage, ob man „das Bürschchen nicht übers Knie legen sollte"? Das wäre wohl noch immer weniger brutal, als im Schnee zu ersticken. Die Watsch'n würde aber (leider) nur einen kurzen Schock und im Grunde gar nix bewirken: „Es" wird alle Jahre wieder passieren. Wie im Straßenverkehr die programmierte Unfallserie zu Ostern. Nur sind es bei unserem Thema Lawinen und nicht „gegnerische Fahrzeuge".

Ahnungslosigkeit Was veranlasst junge Menschen, Mittelalter und sogar „alte Hasen", bei einem Haufen Neuschnee, bei extremer Lawinengefahr und trotz aller Warnungen in bis zu 50 Grad steile Hänge hineinzufahren? Als Touren- oder Variantenfahrer, neuerdings auch als moderne und besonders ahnungslose Snowboarder? ??????????? – Unwissenheit? – Blödheit? – Sensationsgeilheit? – Risikosucht? Nachahmung? – Wahrscheinlich von allem etwas.

Fit for fun Dazu kommt heute noch etwas. Etwas, das sich „Zeitgeist" nennt. Dieser Zeitgeist hat nichts mit den traditionellen Begriffen „Tourenskilauf" oder das „Können sei des Dürfens Maß" usw. im Sinn. Allein das Wort „Skitour" klingt doch schon fad und altmodisch! Fit for fun. Freestyle. Extremsport. Offski. Das bringt's. Das ist top!
„Fit for fun" heißt übrigens auch eine Zeitschrift. „Deutschlands großes Aktivmagazin", Auflage 350.000. Ein besonders schlimmes Beispiel für (ahnungslose) Schickimicki-Presse.
Magazine, die mit rotzigen Sprüchen nicht nur unseren „gotischen" Freunden vormachen, dass jeder coole „easy rider" locker 40 oder 60 Grad steile Hänge befahren kann. Die – hervorragend gestylt und mit oft großartigen Fotos gespickt – suggerieren, ein Jean Marc Boivin persönlich zu sein. (Dieser würde wohl im Grab rotieren!) Die so tun, als wäre Gleitschirmfliegen (Pardon, Paragliding) bloß eine einfachere Art von Airbus-Fliegen. Für die beim Bergsteigen „oberstes Gesetz" (Zitat) ist, trockene Kleidung für den Abstieg mitzunehmen. Deren Headlines „Hauptsache, der Adrenalinkick kommt" lauten und die beim „Gletscherbiking" den Rat geben, „Risse und Spalten mit dosiertem Schwung zu nehmen und nur nach vorne (nicht nach unten in die tiefsten Abgründe!) zu schauen".

Mitverantwortung Nun will ich zwar nicht behaupten, dass diese Zeitgeistblätter allein unwissende Stadtbewohner ins Unglück treiben. Aber sie sind mittendrin, sie sind „in", auch bei den Unfällen! Und sie sind mitbeteiligt, wenn der Youngster seine Ahnungslosigkeit von wegen „Piepser" ausposaunt. Ich spreche von der Mitverantwortung der Medien. Und die Schickimicki-Magazine tragen auch Verantwortung. Auch, wenn Headlines wie „Gipfelstürmer außer Rand und Wand" typisch sind für Zeitungsmacher und Leser. Leider auch typisch für die Unfälle vom Arlberg am 3. Jänner.

PS: Vielleicht wäre es besser, nicht das kecke Kerlchen übers Knie zu legen, sondern die Zeitgeister zu verprügeln.

Handy im Gebirge?
Das Handy als alpines Notrufsystem

Stell dir vor, du ziehst gemütlich deine Spitzkehren hinauf zu deinem Skigipfel, freust dich auf eine gemütliche Gipfelrast, begrüßt ein paar Gleichgesinnte – und was tun sie? Sie telefonieren, sie pressen das „Handy" ans Ohr, sind wichtig, auch wenn sie „nur" der Frau, dem Freund oder der Oma ihre Eindrücke schildern. Moderne Zeiten im Hochgebirge? Jedem Bergsteiger sein Mobiltelefon? Horrorvision vom global erreichbaren Menschen?

Lebensretter So störend obiges Szenario für viele Bergsteiger auch sein mag – das Handy kann lebensrettend sein! Beispiel 1: Kletterunfall am Kressenberg nahe dem Großen Priel. Der ins Seil gestürzte Kletterer ist verletzt, doch sein Seilpartner hat ein Mobiltelefon im Rucksack. Er wählt die Nummer der Gendarmerie, das Gerät funktioniert – und der rettende Helikopter ist in kürzester Zeit zur Stelle. Beispiel 2: Im Februar stürzt ein Skitourenfahrer in einem abgelegenen Bereich der Tauplitzalm, verletzt sich die Schulter und kann die Abfahrt nicht mehr fortsetzen. Aber ... das Handy funktioniert sogar in diesem Graben. Trotz Wettersturz kann eine Rettungsmannschaft noch am selben Tag aufsteigen und den Verunglückten ohne Biwak bergen. Beispiel 3 ereignete sich erst wenige Tage, bevor diese Kolumne geschrieben wurde – und wieder im Toten Gebirge. Eine Skibergsteigerin stürzt vom Gipfelgrat des Schrocken durch Bruch einer Wechte zirka 200 Meter (Zeitungsbericht) in eine Rinne. Ihr Partner kann mit funktionierendem Mobiltelefon die Rettung anrufen – die Frau wird innerhalb kürzester Zeit vom Hubschrauber geborgen. Übrigens: Der Benutzer des Mobiltelefons war derselbe, der schon im Beispiel 1 das Handy im Rucksack hatte. Gibt's nach solchen Berichten überhaupt noch Zweifel? Frei nach Radio Eriwan „im Prinzip nicht, aber ..." höchste (Post-)Kompetenz und zum Teil auch die Realität sprechen dagegen.

Weiße Flecken Auskunft von der zuständigen Abteilung der Wiener Post-Generaldirektion: „In unseren Ausbreitungskarten für die Mobilnetze D und E sind die Alpen weiß eingetragen. Nicht weil dort der Schnee liegt, sondern weil die Berge nicht versorgt sind." Und weiter heißt es: „D-Netz und E-Netz sind terrestrische Netze, deren Sender nicht zu hoch sein dürfen, weil sie sich sonst untereinander stören. Es kann daher sogar zum Paradoxen kommen, dass das Handy in der Talsohle (,im Graben') funktioniert und am Gipfel nicht. Wenn es trotz ‚blindem Fleck auf der Ausbreitungskarte dennoch funktioniert, handelt es sich meist um eine Überreichweite eines Senders oder um einen Zufall'!" Logischer Schluss der Generaldirektion: Das Mobiltelefon ist als Kommunikationsmittel im alpinen Unglücksfall wegen Unzuverlässigkeit nicht geeignet. Tatsächlich funktioniert das Handy in vielen alpinen Regionen nicht. Zum Beispiel im Bereich der Rudolfshütte oder sogar mitten im Skigebiet von Obertauern. Die Beispiele ließen sich fortsetzen – siehe Ausbreitungskarte der Post mit den „weißen Alpen". Technisch gesehen wäre ein weitgehend flächendeckendes Notrufsystem auf Basis des digitalen Mobiltelefons auch im Hochgebirge sicherlich zu realisieren – was ist denn heutzutage technisch nicht machbar?

Zukunftsvision könnte ein europaweit einheitlicher GSM-Standard (GSM-Global-System for Mobile Communications) via Satellit sein – das müsste ja dann wirklich fast in jeden Graben reichen. In Deutschland wird schon intensiv am D-Netz in den Bergen gearbeitet, in Österreich nicht. Vielleicht liegt's am nötigen Geld?

Gegenargument Ethik? Neben technischen und finanziellen Problemen gibt es auch noch „ethische" und theoretische Gegenargumente. Da ist der (berechtigte) Einwand von der zusätzlichen Technisierung der Alpen oder der in anderem Zusammenhang heftig diskutierte „gläserne Mensch". Und theoretisch könnte das Handy auch zu einer erhöhten Risikobereitschaft der Bergsteiger führen ... Aber „Ethik" am Berg hin, Theorie her – es mag störend sein, wenn plötzlich auf allen Gipfeln nicht Ruh ist, sondern telefoniert wird, oder wenn jeder jederzeit erreichbar ist. Aber „lästig sein" ist wohl kein sehr überzeugendes Gegenargument, wenn durch das Mobiltelefon Menschenleben gerettet werden.

Wenn er ... gehabt hätte? Es mag ein makabrer Zufall sein, dass mich gerade beim Schreiben dieser Zeilen eine sehr traurige Nachricht erreicht: Ein junger oberösterreichischer Bergführer wird seit zwei Tagen im Toten Gebirge vermisst. Schlechtes Wetter, sinkende Hoffnungen beim Großaufgebot an Bergrettungsleuten, Bergführern, Freunden. Aber mehr als alle Theorie lässt mich der Gedanke frösteln, dass der wahrscheinliche Unglücksort nicht allzu weit vom Schrocken entfernt ist. Und dass „dort" ein Handy kürzlich funktioniert hat und wohl wieder funktionieren würde. Wenn der Bert eines gehabt hätte ...

Der Abenteuer-Malus

Extra-Versicherung für „Extremsportler"?

Von Zeit zu Zeit und in schöner Regelmäßigkeit taucht sie immer wieder auf – die Forderung nach einer speziellen Versicherung für sogenannte „Extremsportarten". Versteckt oder massiv, von Versicherungsseite oder von Journalisten, mit einschlägigen Expertisen als Hintergrund oder einfach so. Was ist nun dran? Berechtigte Überlegung oder Saure-Gurken-Thema, hervorgeholt wie das Ungeheuer von Loch Ness oder der Yeti?

Ende Juli war „... die seit Langem diskutierte spezielle Versicherung für Extremsportler ..." in einigen Zeitungen wieder einmal Thema. Da hieß es z. B. in den OÖN vom 26. Juli: „... wer unbedingt den besonderen Schub braucht, den die Wochenend-Lebensgefahr mit sich bringt, der sollte auch etwas dafür auslegen. Gerade bei Extremisten sieht der Normalverbraucher am wenigsten ein, dass die Allgemeinheit die Kosten für Freizeitunfälle tragen soll." Medienpolemik? So weit, so gut, so schlecht?

Was ist „Extremsport"? In einer Studie von „Sicher Leben" (Institut für Sicherheit in Haushalt und Freizeit) werden u. a. Paragleiten, Fels- und Eisklettern, Extrembergsteigen, Tauchen, Wildwasserfahren, Mountainbiking, aber auch Boxen und Motorsport als „Abenteuersport" angeführt. Na also, eh klar? Nur scheinbar, behaupte ich. Denn – was ist „extrem"? Ein gut trainierter, geübter und erfahrener Bergsteiger geht bei einer schwierigen Klettertour nicht mehr Risiko ein als ein untrainierter 100-kg-Wanderer, der sich bei einem steilen Hüttenaufstieg übernimmt. Ein geübter Mountainbiker fährt auf einer Forststraße vermutlich sicherer als der Hobbyradler am überfüllten Donauradweg. Und ein disziplinierter Drachenflieger ist in der Luft weniger gefährdet als der aggressive Autorowdy, der sich seinen Wochenend-Schub auf der Straße holt. Wobei Kletterer und Parapilot nur sich selbst gefährden, der Autoraser aber auch andere! Wer nach einer Extraversicherung schreit, sollte also vorher differenzieren. Polemik provoziert außerdem polemische Fragen – z. B. „Wie gesund ist Spitzensport?" Um auf die eingangs zitierte Zeitungsmeldung zurückzukommen: Wie hält es der „Normalverbraucher" mit dem Verletzungsrisiko des Skirennläufers, mit dessen Knieoperationen und monatelangen Reha-Zeiten? Extra-Versicherung? Extrem?

Fußball und Klettern Eine Mikrozensus-Erhebung von 1989 kommt bei den „üblichen" Sportarten zu erstaunlichen Ergebnissen: Beim Pistenskilauf wird das Unfallrisiko mit 1,1% Wahrscheinlichkeit angegeben, beim Fußball mit 4,1% (!), beim Wandern/Klettern mit 0,3%. Und wie hoch sind die Prozentwerte bei den Abenteuersportarten? Felsklettern wird mit 0,1–0,3%, Paragleiten mit 0,5–1,5%, Mountainbiking mit 0,6–1,3% Risiko recherchiert, und selbst Eisklettern kommt mit 2–4% nicht ganz ans Fußballspielen heran! Wobei es in Österreich laut Studie ca. 700.000 Fußballspieler gibt, aber nur ein paar hundert Eiskletterer.

Extraversicherung bei Übergewicht? Noch ein (polemisches?) Argument: Wer den Bergsteiger schärferer Richtung in den Malus schicken will, müsste konsequenterweise auch eine Zusatzversicherung für erhöhtes Unfall-/Krankheitsrisiko bei Motorradfahrern, Alkoholikern, Rauchern, Übergewichtigen, Workaholics, Autofahrern und ... und fordern. Die Waage, die Anzahl der Krügel Bier oder der täglichen Arbeitsstunden als Bemessungsgrundlage für Sozialversicherungsbeiträge? Solche Überlegungen stehen natürlich nicht zur Diskussion, denn sie wären weder gesellschaftspolitisch noch verwaltungstechnisch durchsetzbar. An Absurdität sind sie allerdings nicht allzu weit vom Abenteuer-Malus entfernt!

Akzeptables Risiko Das schon zitierte Institut „Sicher Leben" kommt in seiner Studie übrigens zu einem interessanten Schluss: „Abenteuersportarten können mit akzeptablem Risiko betrieben werden, wie z.B. Felsklettern zeigt. Deren Risiko wird offensichtlich gesellschaftlich akzeptiert und vermehrt gesucht. Dieses Risiko kann durch Regeln, gute Ausrüstung und Ausbildung auf ein durchschnittliches Unfallrisiko herabgesetzt werden" (Ende des Zitates). Rufzeichen!
Zurück zum „Adrenalin-Kick" des Presse-Lamentos über Extremisten. Der eine holt sich den Kick beim Klettern, der andere beim zusätzlichen Schnitzel. Manche finden den Schub (leider) auf der Straße, andere am Bike oder in der Luft oder auch am gefrorenen Wasserfall. Wo ist da der (Risiko-)Unterschied? Vor allem aber: Zu einem perfekten Eiskletterer kann ich mich ausbilden, ausrüsten und trainieren. Diszipliniert Motorrad fahren kann ich lernen und mich dazu zwingen. Über gesundheitsbewusstes Leben kann ich mich informieren und mich dafür (oder dagegen) entscheiden. Und so fort. Wichtig ist nur, wer was wie macht. Aber überall, und nicht nur beim Klettern!

Der Winterraum
Unlösbares Problem auf Schutzhütten?

Vor einigen Wochen ging die Meldung von einem dramatischen Bergunfall durch die Medien. Ein Bergsteiger stürzte beim Versuch, das Tote Gebirge allein zu überqueren, in eine Doline und konnte sich erst am vierten Tag (!) und nach hunderten Versuchen aus seinem Verlies befreien. Völlig erschöpft erreichte er die nicht allzu weit entfernte Pühringerhütte – sie war verschlossen, auch der Winterraum. Der Mann gab nicht auf und schleppte sich endlose Stunden und am Rand des Zusammenbruchs bis zur Ortschaft Gössl am Grundlsee.
Seine Geschichte ist gut ausgegangen – gerade noch. Aber warum gab es auf der Pühringerhütte keinen offenen Winterraum? Trotz eines Grundsatzbeschlusses des Alpenvereins, dass die Winterräume auch ohne Spezialschlüssel zugänglich sein müssen? Das Argument, der früher offene Winterraum sei tagelang als Gratisquartier missbraucht und demoliert worden, hätte dem Einzelgänger das Leben kosten können ...

Vorbild Schweiz Westschweiz, Skitour am 3035 m hohen Arpelistock südlich von Gstaad. Bereits am Beginn der Riesenabfahrt nach Lauenen stürzte eine Teilnehmerin und brach sich den Knöchel. Gemeinsam konnten wir die Verletzte bis zur etwa 800 m tiefer gelegenen Geltenhütte des SAC abtransportieren. Die Hütte war offen und mit einem Notfalltelefon ausgerüstet. Der Rest war einfach – wir konnten die Kantonspolizei anrufen, und am nächsten Morgen kam der Hubschrauber. Im Frühjahr 1994 schleppten wir im Tessin, in der italienischen Schweiz, schwere Weinflaschen auf mehrere (unbewirtschaftete) Hütten, um es an den Abenden gemütlicher zu haben. Wir erlebten Erstaunlich-Erfreuliches. Nicht nur enge Winterräume, sondern große Teile der Hütten waren offen, und – es gab Bier, Wein und Fruchtsaft samt Handkassa und Preisliste! Der ideale Winterraum – ohne Spezialschlüssel zugänglich und mit Notfallpaket und Notfalltelefon (natürlich mit nur einer Wahlmöglichkeit etwa zur Gendarmerie) ausgerüstet – ist in der Schweiz verwirklicht. Warum nur dort?

Problem Einbruch Die Gegenargumente sind bekannt und auch teilweise berechtigt: Einbruch, Vandalismus, chaotisches Zurücklassen nach „Gebrauch". Niemand kann vom Hüttenwirt verlangen, im Winter alle paar Tage nachzuschauen. Aber – ist diese Problematik in der Schweiz anders als bei uns? Sind die ordentlichen Schweizer um so viel disziplinierter? Mag sein, dass die im Durchschnitt längeren westalpinen Hüttenzustiege eine Rolle spielen. Oder dass viele Schweizer Hüttenwirte Angestellte des SAC sind, für die Kontrollgänge auch Dienstverpflichtung sind. Bei uns sind die Wirte Hüttenpächter und arbeiten auf eigenes Risiko. Auch in Österreich gibt es positive Beispiele. Da ist die Dümlerhütte im Warscheneck-Gebiet mit einem vorbildlichen Winterraum. Oder die Fischerhütte am Schneeberg, wo es Getränke gegen „Körberlgeld" und sogar Heizspiralen gegen Münzeinwurf gibt. Wie auch anderswo wird die Fischerhütte allerdings regelmäßig an den Wochenenden vom Bergrettungsdienst kontrolliert. Weitere Beispiele ließen sich sicherlich finden, doch warum sind das in Österreich eher Ausnahmen als die Regel?

Unklare Kompetenz Die Situation ruft geradezu nach einer Lösung, und die scheint mir eher bei den alpinen Vereinen als Besitzer als bei den Hüttenwirten zu liegen. Da ist die offenbar unklare Kompetenz, wer nun für den Winterraum zuständig ist – der Wirt oder der Verein? In einem Gespräch zum Thema mit dem ehemaligen Wirt einer großen AV-Hütte erzählte mir dieser, dass in seinem damaligen Pachtvertrag keine Zeile über den Winterraum zu finden war ...

Und da ist die schon erwähnte Grundsatzentscheidung der alpinen Vereine zu offenen Winterräumen: sehr positiv – doch wo bleibt die Realisierung?

Winterraum und alpine Sicherheit Die Winterräume auf hochalpinen Schutzhütten mögen im „Tourismusland Österreich" kein weltbewegendes, in Einzelfällen jedoch sehr entscheidendes Thema sein. Wer hätte wohl die moralische Verantwortung zu tragen gehabt, wenn es wegen des versperrten Winterraumes auf der Pühringerhütte einen tödlichen Bergunfall gegeben hätte? Muss immer erst ein Unglück passieren, bevor Konsequenzen gezogen werden? Auf einer anderen Hütte im Toten Gebirge wurde nach einem schweren Unfall, bei dem der Verletzte wegen des Zeitverlustes bei der Alarmierung nur um Haaresbreite dem Tod entgangen ist, ein frei zugängliches Notfalltelefon installiert ... Die Argumente mit den Einbrüchen und Vandalen mögen Argumente sein, sollten aber doch nicht der Weisheit letzter Schluss sein. „Zuasperrn" mag eine einfache Lösung sein, geht aber am Problem vorbei. Zu sagen: „Da kann man nix machen", mag eine österreichische Neigung sein, steht aber jedenfalls nicht im Dienste der alpinen Sicherheit. Aber vielleicht ist es mir auch nur entgangen, dass die Bergsteiger in der Schweiz bessere Menschen sind?

Seil oder nicht Seil?
Das ist hier die Frage

Bei kaum einem anderen Thema klaffen Theorie und Praxis, gängige Lehrmeinung und Realität der Ausübung so weit auseinander wie bei der Skitour im vergletscherten Hochgebirge. Hier das (im Prinzip richtige) Dogma „am Gletscher grundsätzlich mit Seil", dort so gut wie alle Skibergsteiger, die das Seil bestenfalls im Rucksack mitführen. Wer hat denn vom Similaun in den Ötztalern, vom Großvenediger, vom Monte Rosa oder vom Montblanc oder ... oder ... jemals auch nur eine Seilschaft abfahren gesehen??? Sind alle Skibergsteiger Hasardeure? Was ist „richtig"? Gibt's überhaupt die „wahre Lehre", die auch Chancen auf praktikable Durchführung bietet?

Beispiel Bernina In der Bernina-Gruppe stürzte ein Schweizer Skibergsteiger kurz unterhalb des La-Sella-Gipfels kopfüber in eine vergleichsweise winzige, kaum 30 cm breite Gletscherspalte. Er hatte die sichtbare, aber von Neuschnee zugewehte Spalte für eine alte Skispur gehalten und war absichtlich darauf zugefahren! In etwa drei Metern Tiefe blieb er in der V-Spalte hilflos eingeklemmt stecken. Sein Begleiter konnte ihm nicht helfen, da der Gestürzte das Seil im Rucksack hatte, und rief um Hilfe. Zum Glück waren wir bereits in Rufweite und konnten den Schweizer, schon etwas unterkühlt, aber unverletzt, aus seinem eisigen Gefängnis befreien. Diese kleine Geschichte soll dokumentieren, dass unser Thema wie so viele Dinge im Leben zwei Seiten, zwei Antworten hat, die beide richtig sein können.

„Fundis" kontra „Realos"? Die „Fundamentalisten" als Verfechter der wahren Lehre (am Gletscher grundsätzlich angeseilt) haben recht, denn mit dem Seil verbunden, hätten die beiden Schweizer keine fremde Hilfe gebraucht. Angesichts der kleinen Gletscherspalte hätte auch keinerlei Mitreißgefahr bestanden. „Realisten", die das Seil zumindest auf relativ harmlosen Gletschern für entbehrlich halten, haben aber auch recht, wenn sie auf die offenbar fehlende Erfahrung der beiden Skibergsteiger hinweisen. Wie kann man auch eine verdeckte Spalte für eine Skispur halten! Einem erfahrenen Bergsteiger mit Verständnis für Gletscherdynamik und Blick für Spaltengefahr könnte so etwas nicht passieren ...

Einerseits – andererseits Selbst berufene Fachleute machen um dieses heikle Thema meist einen weiten Bogen. Es wird häufig Wasser gepredigt, aber Wein getrunken, wie ein früherer Freund einmal treffend formuliert hat. Einerseits bedeutet Spaltensturz immer Lebensgefahr. Auch mit Ski, auch im späten Winter, wenn die Gletscherspalten am ehesten stabil verschneit und verfestigt sind, passieren immer wieder folgenschwere Spaltenstürze. Wer kein Risiko eingehen will, muss sich folgerichtig grundsätzlich am Gletscher anseilen, auch bei der Abfahrt! Andererseits … wer jemals übungshalber oder im Ernstfall am Seil Ski gefahren ist, würde wohl das Skibergsteigen im vergletscherten Hochgebirge sofort aufgeben, wenn es ohne Seil nicht möglich wäre. Mit viel eigener Erfahrung oder mit Bergführerbegleitung, mit Vorsicht, Gefühl und Selbstdisziplin, mit richtiger Routenwahl, auch durch die gute Gewichtsverteilung auf Ski und wegen der Geschwindigkeit bei der Abfahrt lässt sich das Risiko minimieren. Aber nie ganz ausschließen – siehe oben!

Keine Faustregeln Patentrezepte und Faustregeln gibt es nicht – höchstens die, dass es keine Faustregel gibt. Das Plädoyer der Vorsichtigen und der „Fundis" muss zwangsläufig lauten: Es gibt keine sichere und vernünftige Alternative zum Seil! Und auch die Quälerei bei der Abfahrt darf kein Argument gegen das Seil sein. Allerdings würden dann die Gletscher-Skitouristen noch schneller verschwinden als die Gletscher selbst … Die Praktiker, die „Realos", die (meistens) auf das Anseilen verzichten, zählen auf die erwähnten Faktoren, die das Risiko herabsetzen, und nehmen ein (geringes?) Restrisiko in Kauf. Denn wer jede Unsicherheit in den Bergen ausschalten will, müsste konsequent zu Hause bleiben. Die (realistische) Praxis heißt dann allerdings, dass auch in Zukunft Spaltenstürze passieren werden …

Mit Augenmaß Tatsache ist, dass so gut wie alle Skialpinisten fast immer auf das Anseilen verzichten, somit restrisikobereit sind. Ich übrigens auch. Meine skialpinistische Vergangenheit wird wohl bei 99% unangeseilt liegen … Hasardeur? Aber Hand aufs Herz – wie oft bist du schon ernsthaft am Seil abgefahren? Die einzig richtige Antwort, die wahre Lehre gibt es nicht. Neben (eher schwammigen) Aussagen wie „das Können ist des Dürfens Maß" fällt auch mir nur das berühmte „gesunde Mittelmaß" als wahrscheinlich beste Lösung ein: „Sichere" Gletscherrouten ohne Seil, aber mit erfahrenem Augenmaß fahren und bei kritischen Passagen bei Aufstieg und Abfahrt konsequent anseilen! Dass ein Seil zumindest im Rucksack sein muss und dass die Spaltenbergung aus dem Effeff zu beherrschen ist, sollte sowieso außerhalb jeder Diskussion stehen …

Der alte Mann

und die Haken

So gut wie alle Sportkletterer haben sie schon benutzt, erleichtert aufatmend oder gedankenlos das Seil einklinkend. Vielen Kletterern ist der „Bühlerhaken", jene Oase der Sicherheit im steilen Gemäuer, ein hochwillkommener Begriff. Die wenigsten aber verbinden mit dem Wort Bühler jenen Menschen, der dahintersteckt. Hinter dem Bühlerhaken stehen ein zeitlos wirkender alter Mann und eine junge/alte Idee: Oskar Bühler, heuer 85 Jahre alt geworden, und die Idee des Sicherheitshakens. Kürzlich habe ich Oskar Bühler persönlich kennengelernt. Oskar B. ist einer der drei Gewinner des „Oscars für alpine Sicherheit", des Dietmar-Eybl-Preises 1996. Wie er auf die Idee mit dem Bühlerhaken gekommen ist, will ich von ihm wissen. Er hat es wohl schon hundert Mal erzählt: „Es war im Frankenjura. Ich hänge an einem Haken, der von unten nach oben geschlagen ist. Ich weiß genau – irgendwann geht der raus. Unter mir ein Baumstumpf. Und ich denk mir: Kannst drauffallen mit dem Kreuz, kannst querschnittgelähmt sein, kannst hin sein. Und dann bin ich keinen heldenhaften Bergsteigertod gestorben, sondern ich war ein Idiot. Der Gedanke hat mich einige Monate lang verfolgt, denn jeder hat sich an dem Haken hinaufgezerrt. Ich habe dann ein Loch gebohrt und einen Ringhaken mit Zement festgemacht."

Kampf dem Schrott Diese Geschichte wäre keine besondere Geschichte, hätte sie sich nicht im Jahr 1959 abgespielt. Wer damals, in der Hoch-Zeit des technischen Kletterns, als „richtiger" Bergsteiger gelten wollte, musste sich „mit Seil und Haken" (und mit Trittleitern) möglichst überhängende Direttissimas hinaufarbeiten. Es war die Zeit der eisernen Helden der Berge, man hatte den „Tod im Nacken", auch im Klettergarten. Offenbar war vor Oskar Bühler noch nie jemand auf die Idee gekommen, einen Haken zu zementieren. Bald hing er Wochenende für Wochenende in den heimatlichen Felswänden des Frankenjura, um alte, fragwürdige und still vor sich hin rostende Haken durch sichere Bohrhaken zu ersetzen. Je mehr alten Schrott der gelernte Maurer und studierte Brückenbauingenieur herausschlug, desto mehr kam er vor 35 Jahren zu jener Erkenntnis, die heute der Maschinenbauingenieur und alpine Sicherheitsguru Pit Schubert zum Gesetz erhebt: Es ist in der Praxis nicht möglich, die Belastbarkeit eines alten Hakens festzustellen!

Alpine Revolution Den ersten Haken von 1959 aus verzinktem Baustahl folgten ab Mitte der Sechzigerjahre die Bühlerhaken in ihrer heutigen Form.

Bühler verwendete nun nichtrostenden, kaltbiegbaren Edelstahl und anstelle normalen Zements einen Schnellbinder. Mit diesem modernen Klebehaken löste er sowohl das Problem der Korrosion als auch das der Erosion. Sämtliche Verbesserungen bis heute beruhen auf Bühlers Haken, die er bescheiden „Silberlinge" und nicht etwa nach seinem Namen nennt ... 1960 bedeutete Oskar Bühlers Konsequenz eine alpine Revolution und natürlich wurde er heftig angegriffen. Seine Sicherheitshaken würden die „Ethik" und Sportlichkeit des Kletterns verwässern. Kletterklubs „erklärten ihm den Hakenkrieg", und in einigen Klettergebieten und sogar Alpenrouten wurden Bühlerhaken abgesägt. O. B. verteidigte sich, es sei keine „Sportlichkeit", sondern der größte Blödsinn, beim Klettern mit dem Leben Lotterie zu spielen. Pro-und-kontra-Argumente, die heutigen Kletterern ziemlich bekannt vorkommen dürften ...

Sieg im „Hakenkrieg" Und was ist aus dem „Hakenkrieg" geworden? „Gegen meine Begeisterung und felsenfeste Überzeugung, etwas für die Sicherheit zu tun, ist letztlich niemand angekommen", meint Bühler heute. Der heute 85-Jährige sprüht immer noch vor Temperament, spricht mit einem sympathischen Schuss Selbstironie und wirbt für gegenseitige Toleranz – gerade unter Kletterern.

Bühler sei Dank Der Frankenjura wird als europäische Wiege des Freikletterns bezeichnet, auch deshalb, weil hier eine Generation junger Kletterer optimale und sichere Trainingsbedingungen vorfand. Und vielleicht wäre die Geschichte des Sportkletterns ohne Oskar Bühler überhaupt anders gelaufen? Die Idee des Rotpunkt-Kletterns, in den Siebzigerjahren im Frankenjura entstanden, und die unglaubliche Steigerung der Kletterschwierigkeiten wären ohne sichere Haken kaum denkbar. Denn wer will an der Sturzgrenze experimentieren, wenn ihm die „Sense" über die Schulter schaut?
Der Bohrhakenk(r)ampf, pro und kontra Klebehaken, das Sanieren von Kletterrouten im Mittel- und Hochgebirge sind heute wieder aktuelle Themen wie zu Bühlers Zeiten. Jeder kann dazu stehen, wie er will. Aber dann muss auch das reale Bild eines abgestürzten Kletterers am Wandfuß der abstrakten Theorie von der „sportlichen Kletterethik" gegenübergestellt werden. Und da sag ich dann: Bühler sei Dank! Und sage das als einer, der alpinistisch im „eisernen Heldenzeitalter" aufgewachsen ist und noch weiß, was „Moral" bedeutet hat.

Unfall in der „Todeszone"
Was passiert, wenn was passiert?

Anfang Juli und noch weit entfernt von der Todeszone, schien zumindest eines zu „passieren": Im Augustheft von LAND DER BERGE würde es keine „griffige" Kolumne geben. Kein Thema, keine Zeit zum Nachdenken, Chaos vor dem Abflug mit meiner Gruppe nach Peru, der Redaktionsschluss in zu weiter Ferne, um kreativen Druck zu erzeugen, und überhaupt und außerdem ... Später ließ mich dann die Cordillera Blanca das schlechte Gewissen des unproduktiven Kolumnisten vergessen ... Doch der Arm eines Chefredakteurs ist länger und listiger, als der Schreiber glaubt ...

Das Fax mit dem Manuskript von Stefan Gatts Story über die Rettung am Cho Oyu erreicht mich Ende Juli in Huaraz. Herr F. meint darin honigsüß, ob die „Sitten auf 8000 m" nicht doch ein Thema wären und so? Und der letzte Termin ... etc. etc. Die „Flucht" zum Huascaran ist misslungen.

Tatsachen Zunächst die Binsenwahrheit: Jeder Unfall in 7000 m Höhe ist ungleich dramatischer als ein ähnlicher in den Alpen. Ein Beinbruch an der Wildspitze ist zwar ein Problem (und sehr schmerzhaft), führt jedoch angesichts höchst effizienter Bergrettungsdienste zum Glück nur mehr selten zur akuten Katastrophe.

Im Himalaya oder in den Anden sehen die Aussichten im Fall des Falles dagegen ganz anders aus. In 7400 m Höhe am Cho Oyu oder auch auf „nur" 5800 m am Huascaran bedeuten auch leichtere Verletzungen als Knöchelbrüche akute Lebensgefahr. Von Ausnahmen abgesehen gibt es in den „Weltbergen" kaum gut organisierte Rettungsdienste und ab 5000 m Höhe so gut wie keine Helikopter. Dazu kommen die körperlichen und psychischen Belastungen der großen Höhe, des extremen Klimas und der relativen Einsamkeit. Am Cho Oyu, am Aconcagua und auch auf so manchem „Trekking-Fünftausender" ist im Notfall die Kameradenhilfe die beste und oft einzige Rettung.

Bekannte Tatsachen, die von seriösen Bergreiseveranstaltern weder verschwiegen noch dramatisiert werden, mit denen sich aber auch alle auseinandersetzen mögen, die sich Bergziele jenseits der 5000er setzen.

„Schwarzes" Szenario Bei einem Unfall in der sogenannten Todeszone kann aber noch viel mehr passieren, wenn was passiert. Versuchen wir, den Bericht von Stefan Gatt inhaltlich „umzudrehen" – rein hypothetisch natürlich. Was wäre am Cho Oyu geschehen, wenn sich einige Teilnehmer geweigert hätten, wegen der (lebensrettenden) Bergung von Franz eventuell auf den Gipfel zu verzichten? Wenn jemand bei der Rettungsaktion nicht mitgetan hätte, weil er „schließlich einen Haufen Geld und Zeit für einen Achttausender geopfert hat", und zwar für den Gipfel? Oder wenn Teile des Teams beschlossen hätten, zuerst noch rasch den Berg zu versuchen und dann erst Hilfe zu bringen?

Nur für Thrillerautoren? Undenkbar oder doch vorstellbar? Nur zynisches Gedankenspiel oder doch theoretisch mögliche Realität? Stoff für alpine Thrillerautoren, Science-Fiction im Himalaya?
Nein, ausgeschlossen, weil unmenschlich! Und mir fällt auf die Schnelle zum Glück auch kein derartiger „Fall für den Staatsanwalt" ein. Aber vielleicht auf den zweiten Blick, bei etwas emotionsloserem Nachdenken? Angeblich tritt alles Denkmögliche irgendwann auch tatsächlich ein …
Da ist die Geschichte jener Karakorum-Expedition, bei der sich ein berühmter Engländer beim Abstieg von einem schwierigen Siebentausender den Knöchel gebrochen hat. Mithilfe seines Kletterpartners konnte er sich nach tagelangen Strapazen vom Berg retten, kroch auf Händen und Füßen über den Gletscher bis ins Basislager – um festzustellen, dass es kein Lager mehr gab! Die übrige Mannschaft hatte die beiden schon aufgegeben und die Expedition abgebrochen. Offenbar ohne genaue Suchaktion … Die Geschichte liegt Jahre zurück, passt auch nicht ganz. Trotzdem.

Zivilcourage In den Medien ist immer wieder zu lesen und zu hören, dass die „zivile" Bereitschaft, anderen Menschen in Bedrängnis direkt zu helfen, zurückgeht. Dass „man" angeblich lieber wegschaut, als eingreift und hilft. Dass die Zivilcourage sinkt und der Egoismus steigt. Ich weiß nicht, wie viel Wahrheit in solchen Meldungen steckt. Aber ich hoffe, dass sich daraus keine Parallelen zum Egoismus „in der Todeszone" ableiten lassen. Auch keine theoretischen Parallelen.

Angst am Berg

Überwindung, Lustgewinn oder Fluchtsignal?

Das Phänomen „Angst" ist mehr als bloß ein unangenehmes Gefühl. Psychologen deuten die Angst als universelles Warnsystem, als verhaltenssteuernden Instinkt jedes Menschen. Hautnah ist das Thema Angst auch für Bergsteiger. Angst vor dem Absturz, vor dem nahenden Gewitter, vor Lawinengefahr – jeder Alpinist, Kletterer, Bergwanderer kennt die lähmende Furcht am Berg. Wenn aber Angst ein Fluchtsignal bei Gefahr ist, ist es dann nicht ein Widerspruch, freiwillig in die „gefährlichen" Berge zu gehen, wo Angstsituationen zweifellos häufiger zu erwarten sind als beim Joggen oder beim Tennis?
Zyniker werden hier nicht nur von widersprüchlichem, sondern sogar von abnormalem Verhalten sprechen.

Der innere Zweikampf Ulrich Aufmuth stellt in seinem Buch „Zur Psychologie des Bergsteigens" fest, dass Bergsteiger oft gerade von jenen Bergen und Gipfeln am meisten fasziniert sind, die besonders schwierig, gefährlich, „furchteinflößend" sind. Nichtbergsteiger – und das ist die große Mehrheit – stehen solchem Verhalten meist verständnislos gegenüber, verkörpern eher die normale menschliche Reaktion: „Von Unternehmungen, die von vornherein mit Risiken und Ängsten verbunden sein können, lass ich doch die Finger."
Warum also, fragt nicht nur Aufmuth, gehen manche Menschen, z. B. wir Bergsteiger, mit Begeisterung auf Risiko- und Angstsituationen zu?
Reinhold Messner gibt in „Der gläserne Horizont" seine persönliche Antwort: „Ich will das Gefühl haben, stärker als meine Angst zu sein. Deshalb begebe ich mich immer wieder in Situationen, in denen ich ihr begegne, um sie zu überwinden." Messner macht seine Angst zu Lust, indem er den „Feigling" in sich mit seinem „mutigen Ich" besiegt.

Ängstliche Kletterer Vordergründig scheint diese bewusste Angstüberwindung ein Charakterzug von besonders mutigen Menschen zu sein. Psychoexperten und einschlägige Untersuchungen kommen aber zu erstaunlich gegenteiligen Ansichten. Im Juli dieses Jahres fand in Puchberg am Schneeberg das Symposium „Psyche & Berg" statt, worüber in diesem Heft an anderer Stelle berichtet wird. Dort ist als Ergebnis einer Untersuchung nachzulesen, dass Kletterer (in diesem Fall Klettersteigbegeher) von Natur aus ängstlicher seien als Wanderer.

... allein mir fehlt der Glaube Obwohl niemand Geringerer als Viktor Frankl eine schlüssige Antwort auf dieses Paradoxon versucht („Wer ist stärker, ich oder der Schweinehund in mir?"), muss ich gestehen, dass ich beim Lesen des Berichtes die Botschaft wohl hörte, mir aber der Glaube fehlte. Als psychologischer Laie dachte ich (wieder einmal) über die Gründe meiner eigenen Bergleidenschaft nach. Ich fragte mich zum x-ten Mal, warum ich als 19-Jähriger nach dem Todessturz meines Seilpartners das extreme Klettern nicht aufgegeben habe, obwohl mich dieser Unfall damals zutiefst erschüttert hat. Warum ich – sehr viel später – die Seracmauer in der Ostwand des K 2 trotz Angst und Stress unbedingt erklettern wollte. Und warum ich nach meinem Lawinenunfall vor fünf Jahren, den ich nur mit unglaublichem Glück überleben konnte, weiterhin und mit gleicher Begeisterung Skitouren unternehme. Und so weiter.

„Todesangst als Lebenselixier"? Warum also? Nur um stärker zu sein als meine Angst? Um den bewussten inneren Zweikampf gegen mein „ängstliches Ich" zu gewinnen? Nur um meinen – als „Kletterer" hohen – Pegel an Persönlichkeitsangst zu kompensieren? Brauche ich die Angst als Lebenselixier? Auf die Gefahr hin, als Psychobanause zu gelten (der ich vermutlich auch bin), behaupte ich ketzerisch: Nein.
Natürlich habe ich auch Angst in den Bergen, in manchen Situationen sogar große Angst. So wie jeder andere Bergsteiger auch.

Trotz Angst in die Berge Aber nach kritischem Besuch meines inneren Feiglings meine ich doch, dass ich nicht wegen, sondern trotz meiner Angst in die Berge gegangen bin und weiter gehen möchte. Dass nicht ein unbewusster Zwang zur Angstbewältigung mein Hauptmotiv fürs Bergsteigen ist, sondern eine ganze Palette von anderen Gründen oder – von mir aus – auch Zwängen. Denn da gibt's doch auch noch andere Antworten auf die berühmte Frage nach dem „Warum?", auch ohne das banale „Weil's mich freut" hervorkramen zu müssen. Aber das ist eine andere Geschichte ...
Ich habe mir – weil ziemlich untherapierbar – eine ganz persönliche Gleichung zurechtgelegt: Wenn eines (hoffentlich fernen) Tages die Angstgefühle größer werden als die erlebte Freude, dann   ja dann, Koblmüller, wird es Zeit, mit dem Bergsport aufzuhören.
Übrigens vermute ich, dass das nicht nur meine persönliche Gleichung ist ...

Höhenkrank

Die unglaubliche Geschichte vom Dhaulagiri-Trekking

Eigentlich sollte man meinen, dass heutzutage jeder Trekkingveranstalter über Höhenmedizin, Höhenkrankheit, Akklimatisation usw. aus dem Effeff Bescheid weiß. Schließlich heißt es im Himalaya fast immer „Trekking = Höhe". Und natürlich hat man die richtige Taktik voll im Griff und die Notfallausrüstung selbstverständlich dabei ... Sollte man meinen. Die folgende Geschichte von der Dhaulagiri-Runde ist nicht nur unglaublich, sondern (leider) auch wahr. Die Umrundung des Achttausenders Dhaulagiri ist eine der ganz großen und zugleich schönsten Trekkingrouten Nepals. Allerdings auch eine der anspruchsvollsten, da mit French Col und Dhampus-Pass zwei weit über 5000 m hohe Pässe überschritten werden müssen. Gerade bei dieser Route kommt es immer wieder zu Problemen mit der Höhe, weil die Versuchung anscheinend groß ist, aus der tief gelegenen Urwaldregion zu rasch mit zu geringer Höhenanpassung zum Fuß des Dhaulagiri und zu den Pässen aufzusteigen.

Zwei blieben zurück Bei der heurigen Dhaulagiri-Expedition erreichte unser Team, aus dem Kali Gandaki-Tal und über die Pässe kommend, am 12. Oktober endlich den Mayangdi-Gletscher am Fuß des Weißen Berges. Wie erwartet war das Basislager in 4700 m Höhe stark „bevölkert" – neben mehreren Expeditionsteams lagerte auch eine große, privat organisierte Trekkinggruppe aus Tirol. Am frühen Morgen des nächsten Tages brachen die Trekker zum French Col auf, ließen jedoch zwei „nicht ganz fitte" Teilnehmer im Basislager zurück. Selbst noch gemütlich im Schlafsack liegend, wurde ich Ohrenzeuge der lässigen Anweisungen des Tiroler Gruppenleiters, einfach die Route nach Pokhara zurückzugehen. „Wir treffen uns also in Kathmandu ..." Eine Stunde später war die Situation nicht mehr lässig. Beinahe hätten sie sich nie mehr getroffen ...

Das Höhenlungenödem Die Tirolerin, nennen wir sie hier „Maria", war schwer höhenkrank in ihrem Zelt zurückgelassen worden, und auch ihr Begleiter hatte Probleme mit der Höhe. Maria hatte bereits um halb sechs Uhr früh, lange vor dem Abmarsch der Gruppe, mehr als 39° Fieber (!) und jetzt deutliche Symptome eines Höhenlungenödems. Man muss nicht Mediziner sein, um zu wissen, dass ein Lungenödem in dieser Höhe binnen kurzer Zeit lebensbedrohend werden kann. Gemeinsam mit der Schweizer Expedition konnten wir Marias Zustand mit Medikamenten so weit verbessern, dass wir die (schwache) Hoffnung hatten, sie würde vielleicht doch den Abstieg aus eigener Kraft schaffen.

Außerdem hatten die Schweizer den Dhaulagiri gerade aufgegeben, wollten ebenfalls die Trekkingroute bergab nach Pokhara gehen und könnten später Hilfe bringen. Also halfen wir den beiden beim Zusammenpacken und gaben ihnen ein Funkgerät für den Notfall mit. Nach einer Stunde verschwanden sie, quälend langsam gehend, mit ihrem Träger zwischen den weißen Eishügeln des Gletschers. Eine weitere Stunde später kam der befürchtete Notruf per Funk: „Maria kann nicht mehr gehen!"

Rasch packten wir Medikamente, Sauerstoff und die hyperbare Kammer zusammen und Michael und einer unserer Sherpas eilten gletscherabwärts. Um es vorwegzunehmen – die Sache ist dank unseres Kompressionssackes noch einmal gut gegangen. Maria hat sich nach mehrmaliger Behandlung in der hyperbaren Kammer ziemlich rasch erholt und konnte schließlich doch die entscheidenden Höhenmeter in tiefere Regionen absteigen.

Der hyperbare „Zaubersack" Das Prinzip des aufblasbaren Rettungssackes ist verblüffend einfach und auch bei schweren Formen von Höhenkrankheit sehr wirksam. Der oder die Erkrankte wird in den Rettungssack gelegt, der dann luftdicht verschlossen wird. Mit einer speziellen Handpumpe wird der Kammerinnendruck bis auf eine simulierte Seehöhe von etwa 2000 m gesteigert. Eine ebenso geniale wie einfache Erfindung, zumal in ganz schweren Fällen auch ein Abtransport des Kranken im Rettungssack möglich ist. Der hyperbare „Zaubersack" ist derzeit vermutlich das beste Rettungsmittel bei Höhenkrankheit und vor allem für medizinische Laien dem Einsatz von künstlichem Sauerstoff überlegen. Vorausgesetzt, man hat entweder den einen oder den anderen dabei.

Fahrlässig Zurück an den Fuß des Dhaulagiri. Nicht nur ich habe mich dort gefragt, was sich der verantwortliche Trekkingleiter eigentlich gedacht haben mag. Nichts? Hatte er ein Blackout? Oder hat er sich auf „die anderen" im Basislager verlassen, die es schon richten werden? Hat er die Höhe oder den Zustand von „Maria" unterschätzt? Weiß er nicht, dass … etc. etc.?? In einem kurzen (freundlichen) Gespräch mit dem Gruppenchef am Vortag des Geschehens hatte ich übrigens nicht den Eindruck, dass es sich um einen Anfänger handelt …
„Eigentlich sollte man meinen, dass heutzutage …" Gar nix sollte man meinen, heutzutage. Außer dass es sich bei dieser Geschichte schlicht um Fahrlässigkeit gehandelt hat.

Ballon kontra Lawine

ABS: Oben bleiben ist alles

Als ich kürzlich einen Bergführerkollegen um seine Meinung zum ABS-Ballon befragte und dabei erwähnte, im nächsten LAND DER BERGE darüber „griffig sein zu müssen", meinte er nach kurzem Nachdenken: „Sehr schwierig – möchte ich nicht schreiben müssen!" Und eine große Alpinzeitschrift formulierte schon vor einem Jahr, dass „Lawinenexperten derzeit unter Druck stehen". Nicht wegen einer Häufung von Unfällen, sondern wegen des neuen Lawinen-Airbags ...

Dabei ist die Wirksamkeit des ABS-Lawinenrettungsballons mittlerweile gesichert: Der Luftsack funktioniert auch in der Praxis, wie mehrere Lawinenunfälle beweisen, bei denen ABS-Träger von Lawinen erfasst, mitgerissen und fast ausnahmslos nicht oder nur teilweise verschüttet wurden. Spannend wäre aber eine Antwort auf die Frage, ob sich das neue Rettungsgerät bei der Masse der Skibergsteiger in Zukunft durchsetzen wird.

Wie ein Korken im Wasser Die Funktion des „avalanche-balloon-systems" besteht darin, das Volumen des Skifahrers so stark zu vergrößern, dass seine Gesamtdichte geringer wird als die Dichte des Schnees. Dazu werden 150 Liter Umgebungsluft von einer Stickstoffpatrone innerhalb von zwei Sekunden in den Ballon gepresst. Ergebnis: Ein 100 kg schwerer Mensch bleibt mit 150 Litern zusätzlichem Volumen auch in trockenem Lockerschnee an der Schneeoberfläche! Die Formel „Oben bleiben = Überleben" ist bestechend.

Lawinengefahr wird immer Lebensgefahr bedeuten. Oberste Priorität beim Kampf gegen den Lawinentod hat natürlich die Vermeidung des Lawinenabgangs selbst (Ausbildung, Vorbereitung, defensive Haltung etc.). Eine effiziente Kameradenhilfe (VS-Gerät, Schaufel, Sonde) ist nach wie vor selbstverständlich und kann bei einer Verschüttung lebensrettend sein. Logischerweise ist aber ein Rettungssystem, das die Verschüttung verhindert, einem System zum Suchen überlegen. Aber nur dann, wenn es nicht nur einwandfrei funktioniert, sondern auch praktikabel ist und „angenommen" wird. Genau hier hakt die (teilweise berechtigte) Kritik ein.

Kritik und Kontras Das Funktionieren des Lawinenballons ist heute in der Praxis erwiesen, außer bei „Dachlawinen" von weit oben und in Stauräumen, wo eine Verschüttung auch mit Ballon möglich ist. Aber einige Fakten könnten eine weite Verbreitung des ABS-Ballons verhindern. Zunächst einmal wird der hohe Preis (je nach Modell ATS 14.000,– bis 16.000,–) seiner Ausbreitung zur Routine-Ausrüstung deutliche Grenzen setzen. ABS ist damit rund sechsmal teurer als ein modernes VS-Gerät. Dazu kommen das hohe Zusatzgewicht der ABS-Einheit (effektiv 2,3 kg) sowie die komplizierte Handhabung und das beschränkte Packvolumen des Spezialrucksacks. Die Spekulation, dass ABS die Risikobereitschaft erhöhen könnte, steht zwar im Raum, doch wurden ähnliche Diskussionen schon beim VS-Gerät geführt. Außerdem – niemand will moderne Sicherheitssysteme beim Auto (4x4 oder Airbag) verhindern, obwohl auch dort angeblich riskanter gefahren wird.

ABS und die Zukunft Viele Sicherheitsexperten halten sich in dieser Frage „bedeckt". Der Internationale Verband der Bergführerverbände (IVBV) nimmt 1996 skeptisch bis ablehnend zum ABS Stellung, „obwohl ABS interessant scheint". Positiver reagiert der ÖAV, der den Lawinen-Airbag als „klar zu empfehlen" einstuft (M. Larcher, H. Köchler, R. Renzler). Also was jetzt?
Am ehesten wird sich der ABS beim Variantenskilauf, bei „Ski plus" etc. durchsetzen. Hier spielt das Gewicht wenig Rolle und dem hohen Preis kann mit Mietangeboten begegnet werden. Wenig Chancen sehe ich beim „echten" Skibergsteigen. Wenn das größte ABS-Modell fast 5 kg netto wiegt, hört sich selbst beim stämmigsten Bergsteiger mit hoher „Schlepptoleranz" der Spaß auf. Ein berühmter steirischer Bergführer und Lawinenfachmann, der sich als „Gewichtsfanatiker" bezeichnet, würde eher auf Skitouren verzichten, als 2 kg Zusatzgewicht in Kauf zu nehmen …
Letztendlich wird eine mögliche (oder unmögliche) Verbreitung des ABS von zwei Faktoren bestimmt werden: Gelingt es dem Hersteller, das Gerät weiter zu verkleinern, zu „erleichtern" und dann vielleicht durch höhere Stückzahlen billiger zu produzieren? Und zweitens wird es davon abhängen, wie viel uns Skifahrern die Verringerung des Restrisikos wert ist. Sind ATS 15.000,– und 2,3 kg zu viel? Wie schaut's mit ATS 10.000,– und 1,5 kg aus? Wenn ich daran denke, wie lange das VS gebraucht hat, um flächendeckend zu werden, sehe ich schwarz für den ABS. Da strapaziere ich den Vergleich mit der Gurtdisziplin beim Auto erst gar nicht …

Halbe-halbe am Berg
Wo bleibt die alpinistische Emanzipation?

Wenn diese Ausgabe von LAND DER BERGE erscheint, wird das Frauenvolksbegehren gerade ein paar Tage zurückliegen und das mediale Erdbeben „Halbe-halbe im Haushalt" wird weiter an Schärfe verloren haben. Als Bergsteiger und (trotzdem) interessierten gesellschaftspolitischen Beobachter hat sich mir aber die querverbindende Frage aufgedrängt: Frauen sind nicht nur in der Politik, in der Wirtschaft, an den Stammtischen und in den Vereinslokalen unterrepräsentiert, sondern auch am Berg. Warum?

Schauplatz Ennstaler Alpen, Skitour auf die Stadelfeldschneid. Ich bin als Bergführer mit einer „gemischten" Gruppe unterwegs, in der sich also auch einige Damen befinden. Ganz normaler Alltag also, sollte frau und man meinen. Das Wetter ist mäßig, nebelverhangene Gesäuseberge, null Sicht. Wir steigen im großen Kar zwischen unsichtbaren Felswänden aufwärts, als wir von oben Stimmen hören. Plötzlich reißt der Nebel auf und wir können die Stimmen auch sehen – vier Skifahrer, die vom Gipfel kommen und uns aus 100 m Entfernung beobachten. „Unsere" Frauen sind offenbar klar als solche erkennbar, denn Wind und Schall im Felskessel tragen uns fassungslose Gesprächsfetzen in kernigem, obersteirischem Dialekt zu: „... schau, wos do kummt. Hö Teifi, schau, Weiba, ois dabei ... Weiba!!!" Und bevor wir uns noch vom eigenen Staunen erholen können, schließt sich der Vorhang des Nebels wieder und wir hören nur mehr rauschende Stahlkanten und sehen schemenhafte Gestalten vorbeiflitzen ...

Eine Fata Morgana aus dem vorigen Jahrhundert? Nein, eine wahre Geschichte vor einigen Jahren. Seit damals weiß ich, dass Frauen in den Bergen exotische Wesen sein müssen.

Widerstand der Bergmänner? Von solchen und ähnlichen Begegnungen und Kommentaren könnte wohl nicht nur ich noch mehr erzählen (zum Glück hat aber diese Kolumne nur eine Seite). Spiegeln nun solche verschrobene Geschichten bloß die Tatsache wider, dass deutlich weniger Frauen in die Berge gehen und deshalb bergsteigende Weiblichkeiten Raritäten sind? Oder betrachten manche Männer die Berge immer noch als maskuline Spielwiese, in der Frauen nichts zu suchen haben? Fühlt man sich in einer Gesellschaft wohler, in der alle im Stehen pinkeln? Und: Gehen Frauen weniger in die Berge, weil „sie's weniger freut", oder lässt „man" sie nicht? Manche Bergrettungsdienste weigern sich bis heute standhaft, Frauen in ihre Reihen aufzunehmen, auch dort, wo sich alpinistisch hervorragende Damen vehement bewerben. Dabei wäre in den Bergen nicht einmal der Einbau von zusätzlichen Toiletten erforderlich, wie bei den Wiener Philharmonikern! Also wollen „die Männer" doch lieber „unter sich" sein, oder?

Will „frau" weniger Berg? Ein Blick auf die Berg- und Skiführer in Österreich lässt allerdings auch den anderen Schluss zu: Wenn von rund 1300 Bergführern kümmerliche fünf oder sechs weiblichen Geschlechts sind, so kann das nicht allein an der schwierigen Ausbildung oder nur an männlich-chauvinistischen Tendenzen der Bergführerausbildung liegen. Das liegt hauptsächlich an der winzigen Zahl von Frauen, die sich ernsthaft für „den Bergführer" interessiert. Das Problem, dass „Frauen besser sein müssen als Männer, um Gleiches zu erreichen", sollte heutzutage kein grundsätzliches Hindernis mehr sein. Zwischen einer Spitzenalpinistin wie Lynn Hill und einem männlichen Durchschnittsbergsteiger liegen ebensolche (alpinistische) Welten wie bei einem umgekehrten Vergleich. Mittlerweile ist es ein „alter Hut", dass Frauen in jeder Sparte des Bergsports „gleich gut" sein können wie Männer, an der Hallenwand ebenso wie am Achttausender – wenn sie wollen und die entsprechende Motivation bringen. Und die Zeiten, in denen an „frau" gedacht und dabei vom „Tod des Alpinismus" gefaselt wurde, sind ja wohl vorbei, oder, meine Herren?

Selbst ist die Frau Wenn der Grund für die geringere Zahl von bergsteigenden Frauen also nicht im Können liegt und höchstens teilweise im Widerstand mancher böser „Chauvis" oder am gesellschaftlichen Umfeld, muss es auch beim Wollen hapern. Und jetzt kommt endlich der „Macho im Feministen" zu Wort: Halbe-halbe in den Bergen liegt zum Großteil an euch selbst, meine Damen. Denn skibergsteigen und klettern müsst ihr selbst! Das sollte aber in einer Zeit der „Powerfrauen" und sogar Soldatinnen (!) kein Thema sein. Oder doch? Meine optimistische Gleichung lautet: Wenn 50:50 erreicht sein wird, werden Frauen beim Bergrettungsdienst längst selbstverständlich sein und es wird auch mehr Bergführerinnen geben. Fassungslos auf ein paar „Weiba" glotzende Hammel wird es zwar auch noch geben, aber es wird trotzdem in den Bergen lustiger, bunter, sympathischer und weniger verkrampft sein, charmanter und, ja, auch spannender!

PS: Vielleicht hätten wir Männer beim Frauenvolksbegehren einen 12. Punkt fordern sollen: die Quotenregelung am Berg! Halbe-halbe also.

40 Jahre Broad Peak

9. Juni 1957: Achttausender im Alpenstil

Die Fünfzigerjahre unseres Jahrhunderts waren das Jahrzehnt der Achttausender, der endgültigen „Eroberung des dritten Poles". Zwölf der vierzehn Gipfel mit über 8000 m Höhe wurden zwischen 1950 (Annapurna) und 1958 (Hidden Peak) erstmals bestiegen und auch die Erfolge am Dhaulagiri und Shisha Pangma gelangen nur wenige Jahre später – 1960 und 1964. Fast alle dieser erfolgreichen Expeditionen waren wahre Großunternehmungen mit vielen Teilnehmern, hohem Materialaufwand samt künstlichem Sauerstoff und mit voller Unterstützung durch einheimische Sherpa, Hunza oder Balti als Hochträger. Fast alle ...

Denn da gab es schon 1954 die „österreichische Idee" der Kleinexpedition am Cho Oyu durch Herbert Tichy. Und drei Jahre später gingen Hermann Buhl, Kurt Diemberger, Markus Schmuck und Fritz Wintersteller noch einen Schritt weiter und „erfanden" am Broad Peak im Karakorum den „Alpenstil im Himalaya": kleines Team, wenig Material und Verzicht auf Hochträger ab Basislager.

Die Vision Hermann Buhl war bei seinem Traum vom „Breiten Berg" sowohl von seinem eigenen einzigartigen Gipfelalleingang 1953 am Nanga Parbat inspiriert als auch von Tichys Minimannschaft am Cho Oyu. Der Tiroler und seine drei Salzburger Kameraden zogen aus diesen Erfahrungen den damals höchst ungewöhnlichen Schluss, dass es möglich sein müsste, einen Achttausender auf ähnliche Art zu besteigen wie in den Alpen etwa den Montblanc. Dieser Plan mag heute angesichts eines permanenten „Belagerungszustandes" der Weltberge, in einer Zeit der großen Wände, Überschreitungen, Skibefahrungen, Winter-, Solo- und Schnellbesteigungen im Himalaya wenig spektakulär anmuten. 1957 aber war der Versuch eines Achttausenders „by fair means" geradezu revolutionär. Schließlich war vor 40 Jahren auch im Himalaya „alles anders". Eine Achttausender-Expedition dauerte nicht Wochen, sondern Monate, ein gutes Hochlagerzelt wog das Zwei- bis Dreifache eines modernen, den noch nicht erfundenen Kunststoffbergschuhen begegnete man mit übergroßen Lederschuhen und deren schlechter Wärmedämmung mit Zeitungspapier. Die riesige italienische K 2-Expedition 1954 bestand aus 12 Bergsteigern, deren 600 Anmarschträger am Baltorogletscher wohl wie eine kleine Armee gewirkt haben: 16 Tonnen Gepäck, 5000 m Fixseile, neun Hochlager, monatelange Belagerung, zahlreiche Balti-Hochträger, schließlich zwei Gipfelsieger. Drei Jahre später der Gegenpol am Broad Peak: Vierermannschaft, 68 Anmarschträger bis zum Basislager, keine Hochträger, keine Sauerstoffgeräte, kaum Fixseile, alle vier am Gipfel!

Der Erfolg Am 13. Mai 1957 beginnen Buhl, Diemberger, Schmuck und Wintersteller ihren Aufstieg über den Westsporn des Broad Peak und mit dem Aufbau von drei Hochlagern. Trotz einiger Schlechtwettertage errichten sie bereits zwei Wochen später das höchste Lager in rund 7000 m Höhe und starten am 29. Mai zum ersten Gipfelversuch. Nach endlosem Aufstieg glauben sie sich gegen 6 Uhr abends am Ziel, quälen sich in über 8000 m Höhe die letzten Schritte zum „Gipfel" hinauf. Doch zu ihrer grenzenlosen Enttäuschung stehen sie im Licht der Abendsonne nur am Vorgipfel. Ein langer, flacher Grat führt weit, zu weit hinüber zum höchsten Punkt. 15 Meter, vielleicht 25 Meter nur ist der Hauptgipfel höher, aber es ist zu spät, der Gipfel bleibt an diesem Tag unerreicht, sie steigen ab. 20 Meter haben gefehlt … Wegen dieser 20 Meter steigen sie nach einigen Erholungstagen im Basislager wieder auf – ein beeindruckendes Beispiel für die Motivation zur „Eroberung des Unnützen". Am 9. Juni erreichen alle vier den Gipfel des Broad Peak, und dieses Mal sind sie wirklich oben, 8047 m hoch. Hermann Buhl steht auf seinem zweiten Achttausender, aber auch auf seinem letzten Gipfel. 18 Tage später stürzt er beim Versuch, den Siebentausender Chogolisa zu besteigen, mit einer Wechte ab und bleibt verschollen. Kurt Diemberger wird nach seinem Erfolg am Dhaulagiri 1960 der einzige lebende Mensch sein, der zwei Achttausender erstbestiegen hat …

Die historische Leistung Buhl, Diemberger, Schmuck und Wintersteller haben 1957 die Vision vom alpinen Stil im Himalaya weitgehend realisiert, auch wenn ihr „Westalpenstil" noch nicht ganz perfekt war. Sie waren (freiwillig) am Berg auf sich allein gestellt, haben den Gipfel ohne Fremdhilfe und mit einem Minimum an Hilfsmitteln erreicht, bauten aber noch eine Hochlagerkette im klassischen Stil auf. „Der erste Achttausenderaufstieg, der dem nahekommt, was wir heute Alpenstil nennen", meint denn auch Reinhold Messner und spricht von „semialpin".

Sei's drum, perfekt oder „semi" oder annähernd – der Broad Peak 1957 war und bleibt eine Glanzleistung in der Himalayageschichte. Das Viererteam hat jenen Schritt noch über Herbert Tichys legendäre Kleinexpedition am Cho Oyu hinaus gewagt, der damals für einige Jahre als letzter galt.

Leicht – leichter – am leichtesten
Moderne Bergausrüstung am Weg zum Nullgewicht?

Vor Kurzem hatte ich am Mustagh Ata in China einen Albtraum. Wir waren vom Gipfel ins Lager auf 6800 m zurückgekommen und freudig in die Schlafsäcke gekrochen. Spiel, Satz und Sieg. Andertags wollten wir alle Lager in einem Zug abbauen – schließlich waren wir „light" ausgerüstet. In dieser Nacht schlug das Unterbewusstsein zu, die Angst des Bergsteigers vor dem Rucksack: Ich träume von bleischweren Eisschrauben und von einer großen gelben Kuppel mit dem Gewicht eines Bierzeltes. Die Ski sind schwer wie Baumstämme und sehen auch so aus. Jemand sagt Sisyphus zu mir. Wir werden ewig wieder aufsteigen müssen. Schweres Atmen, kastengroße Rucksäcke, eine riesige Schlafsackqualle, ich ersticke ... erwache endlich. Welche Erleichterung! Das Keuchen ist nur der Sturm, der um die stabile Hülle unseres 3-kg-Zeltes fegt und ich liege in federleichten Daunen auf meiner Ultralight-Matte ...
Natürlich haben wir dann die Lager in einem abgebaut. Vier Zelte, die Schlafsäcke, Steigeisen, Kocher, Daunenjacken und Abfall, Restverpflegung etc. ergaben natürlich schwere Rucksäcke, verdammt schwere sogar. Aber vor 20 Jahren hätte dieses Zeug mindestens 1½ Zementsäcke gewogen und wir hätten ein zweites Mal heraufsteigen müssen. Ein Halleluja an die Bergsportindustrie und an die Ingenieure und Erfinder neuer Materialien – unsere Gelenke, Wirbelsäulen und Schultern sagen Dank.

Das Schwere Wer von der mittleren und älteren Generation von Höhenbergsteigern erinnert sich nicht an die Ungetüme damaliger Expeditionsschuhe? Ledergiganten mit dreifach genähter Sohle und Doppelinnenschuhen von mindestens 4–5 kg Gewicht. Pro Stück, behauptet mein gequältes Gedächtnis und denkt doch irgendwie liebevoll an die „Böcke" aus den Sechzigerjahren. Aber nur weil es längst die halb so schweren und trotzdem wärmeren Schalenschuhe mit Thermo-Innenschuhen gibt. Ein Hermann Buhl hatte 1953 am Nanga Parbat vermutlich dreimal mehr als ein moderner Achttausendermensch zu schleppen, wenn er sich ein Hochlagerzelt auf den Segeltuchrucksack schnallte. Und viele Tourenskifahrer erinnern sich noch an den legendären „Futura extrem" der Siebzigerjahre, ein im Vergleich zum heutigen Ski geradezu bleischweres Modell. Und wenn dieser dann noch mit einer massigen Bindung bestückt war ... damit hätte auch der Kammerlander etliche Stunden länger für den Everest gebraucht!

Das Leichte Die Vergleiche lassen sich fortsetzen. Titan-Eisschraube statt „Eisenbohrer", Steigeisen aus Aluminium kontra Stahlzacker, Leichtseil anstelle vom Perlonstrick, Leichthelm statt Schwerhelm. Und natürlich ist auch die Bekleidung „light", von der Unterwäsche bis zum Goretex-Anzug. Österreichs führender Fachhändler Sport Eybl liefert dazu ein interessantes Beispiel: In einem „Sparpaket für Bergsteiger" ist folgende Ausrüstung zu einem Gesamtgewicht von weniger als 7 kg (!) aufsummiert: Goretex-Anzug, Rucksack (40 l), Einfachseil (40 m), Hüft- und Brustgurt, Steigeisen, Pickel, 2 Eisschrauben, Biwaksack, Trinkflasche, Höhenmesser und Lampe. Leichtgewichte, von denen wir vor 20 Jahren nicht einmal geträumt haben ... Abgesehen von Leuten mit besonderer Leidensfähigkeit wird es kaum Alpinisten geben, die den Trend zum Leichten nicht genießen. Ein bekannter Alpinjournalist meinte zum Thema lakonisch: „Schwaa bin i söba!" Der Genuss wird aber nur dann ohne Reue sein, wenn der „leichte Bergsteiger" die leichte Ausrüstung entsprechend differenziert einsetzt. Ein leichter Anorak ist für eine Wanderung im Toten Gebirge optimal, am Dhaulagiri sind damit eher blaue Wunder angesagt. Mit dem nicht einmal 30 dag „schweren" Alu-Pickel wirst du in einer steilen Blankeisflanke jämmerlich herumhacken, aber bei einer einfachen Gletschertour oder am Cotopaxi sein „Fast-null-Gewicht" genießen. Und mit Alu-Steigeisen am gefrorenen Wasserfall wirst du im senkrechten Eis nicht einmal „abheben" – zum Glück.

Leichter als Luft? Gibt es Anlass zur Hoffnung, dass die Ausrüstung eines Tages die Schwerkraft der Erde überwinden wird? Kommt der selbsttragende Rucksack? Wird bald das sturmstabile Zweipersonenzelt mit 0,5 kg Gewicht angeboten? (Der „Faulspecht" in mir flüstert erfreut: „... da brauchst dann nicht mehr Kondition trainieren.")
Der Bergspecht aber ist sicher: Leicht hin, schwer her – Naturgesetze lassen sich auch am Berg nicht überwinden. Und daher wird auch in Zukunft der Bergsteiger wichtiger sein als die Bergausrüstung, und selbst der leichteste Rucksack wird alpinistisches Können, Ausdauer, Mut, Motivation, Erfahrung und wie die Qualifikationen alle heißen nicht ersetzen können.
Und außerdem – selbst wenn die Utopie von „Ausrüstung leichter als Luft" möglich wäre: Wollen wir die erträgliche Leichtigkeit des Rucksacks gegen eine dann vielleicht unerträgliche Leichtigkeit überhaupt eintauschen?

Vom (un)sicheren Heimkommen
Bilanz eines Unfallsommers

Vor einigen Wochen erzählte mir Franz, Bergführer und Freund aus Salzburg, drei wahre Geschichten vom Großglockner, die er im Sommer innerhalb weniger Tage hautnah erlebt hatte.

Am 3. August stürzte eine japanische Zweierseilschaft beim Abstieg vom Kleinglockner tödlich ab. Einer der beiden Japaner rutschte – vermutlich wegen angestollter Steigeisen – aus und glitt ohne Reaktion auf den Wandabbruch unterhalb zu. Sekunden später wurde der „sichernde" Zweite vom Seilzug in hohem Bogen in die Tiefe gerissen – er hatte trotz der vorhandenen Metallstangen keine Selbstsicherung angebracht!

Einige Tage später begegnete Franz, wieder in Gipfelnähe, einer Fünferseilschaft, deren skurrile Anseilmethode schriftlich nicht zu erklären ist. Die Experten erreichten „sicher" den Gipfel. Und eine Woche vorher wurde eine Dreierseilschaft am Stüdlgrat geborgen, die mit einem 15 (fünfzehn!) Meter langen Halbseil angeseilt war ...

Noch eine Geschichte vom Glockner, diesmal nicht vom Franz. Im Juli passierte einem allein gehenden (und daher nicht angeseilten) Bergführer ein haarsträubender Beinaheunfall. Der Bergführer wartete in der Glocknerscharte und sah einer „Alpinistin" zu, die auf allen Vieren über den ausgesetzten Schneegrat auf ihn zukroch. Kurz vor ihm rutschte sie aus und versuchte, den Sturz mit einem blitzschnellen Reflexgriff nach den Beinen des verblüfften Bergführers zu verhindern. Da dieser „Fixpunkt" aber nicht „griffig" genug war, beschleunigten beide in die Steilrinne nach Süden. Zum Glück konnte er seinen Sturz gerade noch vor dem Steilabbruch abfangen. Ufff ...

Der Sturz der fixen Lady wurde von ihrem Seilpartner gehalten ...

Hinter den vielen Bergunfällen dieses Sommers stehen viele traurige Geschichten und brutale Tatsachen. Die sieben Toten an der Königspitze, innerhalb einer Stunde in zwei Seilschaften abgestürzt. Die zwölf Bergtoten an einem Wochenende im Montblanc-Gebiet. Schon Anfang August schrieb die Süddeutsche Zeitung von 100 Todesopfern in den Alpen ... 100 zu viel.

Was war los in den Bergen? Gibt es Gründe für die von den Medien behauptete „dramatische Häufung von Bergunfällen"?

Natürlich gibt's die Ursachen. Der viele Schnee vom Frühsommer, die Lawinengefahr, das schlechte Wetter. An den wenigen schönen Tagen sind die Bergsteiger ausgeschwärmt wie Lemminge. Und natürlich die „üblichen" Gründe: Selbst-

LAND DER BERGE | 1997

überschätzung und Unterschätzen der „Spielwiese Berg". Fehlendes Können und das Ausrutschen am Grat. Keine Ahnung von Seiltechnik und der naive Glaube an die trügerische Sicherheit der Seilschaft. Zu wenig Kondition und der Herzinfarkt des Mittfünfzigers. Und manchmal auch das berühmte „Restrisiko", Schicksal oder Pech, ohne menschliche Fehler.
Aber alle diese Gründe befriedigen nicht die „Sucht nach der einfachen Erklärung, die tief im Menschen sitzt", schreibt Dieter Lenhardt in der „Presse". Denn zu viele Ursachen machen die Antwort auf die Frage, was „schuld" ist, zu relativ.
Dabei ist die einfache Erklärung einfach logisch. Sie liegt in der steigenden Anzahl von Menschen, die in die Berge gehen. Und weil Bergsport „in" ist und „voll im Trend" liegt, sind auch immer mehr Ahnungslose (um einen harmlosen Ausdruck zu gebrauchen) „outdoor" dabei. Mancher „Extremsportler" glaubt, nach einem Bungee-Jump könne doch eine Bergbesteigung kein Problem sein. Und weil „climbing" chic und der Glockner der höchste ist ... siehe Franz!
Die „Fit for fun"-Medien (aber nicht nur diese) spielen da „voll mit". Da gab's kürzlich jene Beilage „fit & young" im seriösen „Standard", die sich auch dem Bergsport widmete. „Steil macht high" heißt es da, man „sichert die Seilschaft" und fotomontiert die Karikatur eines Blondinenwitzes in Straßenschuhen und kurzer Lederhose an die steile Felswand. Und in der „Kronen Zeitung" hatte Swanee Hunt, Glocknerbesteigerin und US-Botschafterin, ihr „Gletschereisen nicht fest genug eingehakt". Do schau her!
Angesichts solcher Zeitgeister müssen Warnrufe der Bergretter und -führer nach mehr Gefahrenbewusstsein und besserer Ausbildung natürlich im Leeren verhallen. Mahnende Zeigefinger oder gute Ratschläge sind aber ohnehin keine geeigneten Mittel gegen den Tod am Berg. Heute nicht und gestern auch nicht. Als 1885 der erste touristische Bergunfall im Gesäuse passierte – zwei Wiener waren am Reichenstein tödlich abgestürzt –, verhinderten weder ein Erlass des Innenministeriums von 1888 „zur thunlichsten Verminderung von Bergunfällen" noch die Ermahnungen Emil Zsigmondys, „Star" der damaligen Bergsteigerszene, das spätere Hochschnellen der alpinen Unfälle ...
Bleibt realistischerweise nur noch die (schwache) Hoffnung, dass der Bergsommer 97 ein trauriger Zufall, ein negativer Rekordsommer war. Die Hoffnung auf besseres Wetter, weniger Steinschlag – und auf bessere Bergsteiger und weniger Dummköpfe am Berg.

Kommerz in der Todeszone
Die provozierte Höhenkrankheit

Nach den Katastrophen am Everest im Mai 1996 und '97 sind kommerzielle Expeditionen ins Kreuzfeuer der öffentlichen Kritik geraten. „Der Spiegel" schrieb markig von „der Rache der Göttinmutter" und für Boulevardpresse, Fernsehen und anspruchsvolle Magazine wie „Life" war der kommerzielle Höhentourismus plötzlich ein Thema. An jenem schwarzen 10. Mai 1996 hatten elf Bergsteiger ihr Leben in der Gipfelregion des Mount Everest verloren, fünf davon Teilnehmer zweier „organisierter" Gruppen aus den USA und Neuseeland. Und heuer forderte Chomolungma wieder acht Todesopfer ...

Pauschalurteile Vor allem die tragischen Ereignisse 1996 riefen kompetente Kritiker ebenso wie selbst ernannte „Experten" auf den Plan. Die Veranstalter suggerierten mit ihren Angeboten Gipfelerfolg und eine Sicherheit, die auf einem Achttausender nicht möglich sei, hieß es. Und kein Bergführer der Welt könne dort Verantwortung für seine Kunden übernehmen. Alpinistische Eiferer sprachen dem kommerziellen Höhenbergsteigen überhaupt jede Existenzberechtigung ab und verdammten in einem Aufwaschen alles zwischen leichtem Trekking und 8848 Metern.
Aber soooo einfach abzukanzeln ist das Thema auch wieder nicht und Pauschalurteile reizen zum Widerspruch. Zum Ersten passen nicht alle Veranstalter in den gleichen Topf und neben gewissen schwarzen gibt es auch weiße Schafe. Zwar sind Werbesprüche à la „100% Everest Success" oder „Summit Guaranteed", wie sie speziell in Amerika geklopft werden, gefährlicher Unfug (Scott Fisher und Rob Hall setzten sich mit ihren 100% selbst unter tödlichen Erfolgszwang), aber welcher einigermaßen kompetente Aspirant für einen Sieben- oder Achttausender fällt im alpinistisch aufgeklärten Europa darauf herein?

Eigenverantwortung Bei der zugegeben schwierigen Auswahl potenzieller Teilnehmer helfen sich die meisten Veranstalter mit Tourenberichten und persönlichen Gesprächen, einige auch mit dem Angebot von Vorbereitungskursen. Doch schon beim Trekkingpeak und erst recht beim Huascaran oder Shisha Pangma sind Eigenverantwortung und kritische Selbsteinschätzung gefragt. Und die „westlichen Leistungsmenschen, die den höchsten Berg der Erde als Bühne zur Selbstdarstellung sehen und teilweise nicht viel mehr als die Sprossenwand eines Fitnessstudios erklommen haben" – Zitat „Spiegel" vom 9. 9. 96

—, dürften als Everest-Anwärter in unseren Breiten eher ins Reich der Fabel gehören. Der nächste Einwand: Bergführen im klassischen Sinn sei auf den ganz großen Bergen nicht machbar, denn in der „Todeszone" könne auch der beste Bergführer keine Sicherheit bieten. Stimmt. Allerdings wird dies von seriösen Veranstaltern auch nicht behauptet. Mit gutem Grund und nicht zum „Abseilen" werden die Bergführer eher als Expeditionsmanager bezeichnet, die vor allem für Know-how, Logistik und höhere Erfolgschancen stehen. Zum Thema Risiko sollte ohnehin jedem ernsthaften Höhenbergsteiger klar sein, dass das Sicherheitsnetz am technisch „leichten" Broad Peak sehr viel löchriger ist als in den Alpen.

Was heißt Berechtigung? Heute ist rund die Hälfte aller Expeditionen in hohe Gebirge kommerziell. Der Weg dorthin war fließend, vom professionell angebotenen Trekkinggipfel der 60er-Jahre bis zum Achttausender heute. Vielen Bergsteigern und Gruppen fehlen die Partner oder die Zeit und oft auch die Lust, eine eigene Expedition auf die Beine zu stellen. Sie „buchen" daher ihr Wunschziel bei einem Profi, mögen da noch so viele Kritiker die Berechtigung des „Geschäfts am Berg" verneinen.
Apropos „Berechtigung" – wer entscheidet hier ob und was und überhaupt, wer ist die moralische oder alpinistische Instanz?
Wer organisierten Bergbesteigungen die „Erlaubnis" abspricht, verhält sich wie der elitäre Trekker im Everest-Gebiet, der die vielen anderen Touristen dort „abschaffen" will. Dem Ideal einer Expedition, dem kleinen, fern der überfüllten Normalweg-Basislager agierenden Team bleiben – Kommerz hin oder her – nicht nur im Himalaya genügend Ziele für die nächsten 100 Jahre übrig. Denn am Fuß der Cho-Oyu-Südwand werden kreative Individualisten allein sein, während derselbe Berg auf der tibetischen Seite von Massen belagert wird.
Vermutlich wird ohnehin niemand erwartet haben, dass der „Bergspecht" mit den negativ-kritischen Wölfen heulen wird. Meine kleine Lanze für den „Kommerz in der Todeszone" mag vielleicht nicht ganz objektiv sein, o. k. Aber selbst die einseitigste Schwarzmalerei wird kommerzielle Berge nicht verhindern. Wichtiger ist wohl das Bemühen, „es" möglichst verantwortungsvoll und seriös – kurz – besser zu machen.

Eisfallklettern

Heiße Entwicklung eines kalten Sports

„Klettern, wo vor Wochen noch die Wasser rieselten – an kristallenen Säulen, auf schimmernden Vorhängen, durch glasige Rinnen. Eis ist ein ganz besonderer Stoff. Und manche Bergsteiger sind verrückt danach ..."
Diese lyrischen Zeilen schreibt ein ins Eis verliebter Kletterer in einer deutschen Bergsteigerzeitschrift. Keine alpine Zeitschrift, kaum eine Tageszeitung geht seit ein, zwei Jahren am Thema Eisklettern und an den medial eindrucksvollen Fotos vorbei. „Heiß auf Eis" hieß es im LAND DER BERGE, „Neuer Trendsport für Alpinfreaks" in den OÖ Nachrichten, „Holiday on Ice" im Salomonmagazin Exist.
Ist Eisfallklettern die neue Trendsportart? Ziel für Adrenalinsüchtige? Oder bloß eine faszinierende Spielart des alpinen Abenteuers? Wie dem auch sei – so neu, wie es manche Titelzeilen suggerieren, ist das Klettern an gefrorenen Wasserfällen mitnichten. Der erste Eisfall, der aus sportlichen Motiven erklettert wurde, war vermutlich der Gaislochsteig auf der Rax, der schon ab der Jahrhundertwende (1901!) im Winter regelmäßig bestiegen wurde. Und für Erich Vanis war die Begegnung mit dem „steilen Eis" 1946 richtungweisend für seine alpinistische Entwicklung.

Schotten, Amerikaner, Wiener Das „richtige" Eisklettern aber kam vom Norden Europas in die Alpen. Schottische Bergsteiger begannen in den 50er-Jahren die winterlich vereisten Felsrinnen und „Gullys" am Ben Nevis zu erklettern, wobei auch senkrechte Passagen an haarsträubend dünner Eisauflage bewältigt wurden. Dabei stellte sich heraus, dass die klassischen Eisgeräte für diese Art des Kletterns ungeeignet waren. Der Engländer John Cunningham und der Amerikaner Yvon Chouinard entwickelten kurze Eispickel mit stark abfallender Haue bzw. radialer Spitzenkrümmung und ermöglichten damit erst die revolutionäre Ankerwirkung der neuen Handgeräte. Diese Neukonstruktionen lösten vor allem in den unkonventionellen USA einen Aufschwung des Steileiskletterns aus. Und ab 1977 stürzte sich der „Wiener Kreis" um James Skone, Erich Lackner, Walter Siebert, Felix Kromer u. a. mit der schottisch-nordamerikanischen Eistechnik auf die „frozen waterfalls" der Rax und des Gasteiner Tales. Auch der Autor dieser Kolumne verbündete sich damals mit den Wienern – das Ergebnis waren etliche spektakuläre Erstbegehungen von großen und kleinen Eisfällen, die heute zu den „Klassikern" und längst nicht mehr zu den schwierigsten Eiskletterein des Tales zählen. Die martialischen Namen, die wir den Eisfällen damals gegeben haben, sollten wohl auch den aufregenden Charakter der „neuen" alpinistischen Disziplin dokumentieren: Glaspalast, Weißer Hai, Excalibur, Adrenalin und so weiter.

Bessere Ausrüstung Die Entwicklung ging weiter. Immer steilere Eissäulen, immer dünneres Eis, mit Felspassagen, immer bessere Eiskletterer. Wo liegen die Grenzen? Bei der Ausrüstung jedenfalls nicht – die wird besser, spezieller, ausgefeilter. Moderne Steileisgeräte haben mit den biederen Eisbeilen, Steigeisen und Eishaken von früher nicht einmal die Namen gemeinsam. „Quasar", „Rambo" oder „the machine" heißen die Mordinstrumente, die für klassisches Bergsteigen ebenso ungeeignet sind wie der „Führerpickel" fürs Eisfallklettern. Eine Regel allerdings ist gleichgeblieben: Der Helm ist Pflicht und gehört auf den Kopf.

Risiko Eisfallklettern ist und bleibt eine Risikosportart, schreibt Hans Zlöbl im neuen Topo-Führer „Wasserfallklettern im Salzburger Land" und hat recht. Von den zahlreichen, von diversen Schickimicki-Medien hochstilisierten „Extremsportarten" wie bungee-jumping, house-running oder ice-biking unterscheidet sich das Eisklettern (Pardon, ice-climbing) … na ja, grundsätzlich. Die alte Bergsteigerregel „nicht stürzen" gilt hier wie eh und je und objektive Gefahren wie Lawinen und Eisschlag verstärken den schon vom Ambiente der Jahreszeit vorgegebenen ernsten Charakter. Trotzdem – mit Herz, Verstand und Vorsicht lässt sich die Gefahr auf das berühmte Restrisiko einschränken.
Eisklettern ist aber auch hier nicht nur Bizepsgiganten mit eisernen Nerven vorbehalten. Denn nicht jeder Wasserfall ist senkrecht, und für „Normalverbraucher", zu denen sich der Autor längst auch zählt, gibt es gemütlichere Rinnen und gestuftes Gelände, um die Faszination ähnlich erleben zu können wie die Profis.
Zum Massensport wird es das Eisklettern aber nie bringen: zu ernst, zu kalt, zu unbequem. Es wird trotz medialer Beachtung ein Sport für eine Handvoll Individualisten bleiben, die sich für ein paar Stunden konzentriert in ihre eisige Welt versenken. In eine Welt aus Kristallsäulen, glasigen Rinnen und blaugrünen Eiskaskaden.

In eisige Höhen
Jon Krakauers Bestseller vom Everest

Im Vormonsun 1996 nahm der amerikanische Journalist Jon Krakauer an einer Expedition zum Mount Everest teil, um über das kommerzielle Bergsteigen an den höchsten Bergen der Welt hautnah zu berichten. Aber diese Expedition endete in der schlimmsten Katastrophe, die sich am Everest jemals ereignet hatte.

Krakauers erschütternder Tatsachenbericht vom „Drama am Mount Everest" (Untertitel) wurde in Nordamerika mit mehr als 600.000 verkauften Exemplaren auf Anhieb ein Bestseller. Und auch in Österreich und Deutschland war „In eisige Höhen" monatelang Spitzenreiter im Bereich Sachbuch. Nach einer massiven Vermarktung kannten Millionen von Menschen schon lange vor Erscheinen des Buches die tragischen Ereignisse und waren von Details wie dem letzten Handygespräch des in 8750 Metern Höhe sterbenden Rob Hall mit seiner Frau erschüttert und gleichzeitig fasziniert. Und Jon Krakauer war auch als Bergsteiger eine der tragenden Figuren der Tragödie. Das Ergebnis: ein Bestseller über einen Berg und zwölf Tote.

Die Tragödie Am 10. Mai 1996, kurz nach Mitternacht, traten insgesamt 33 Bergsteiger (!) vom Südsattel (8000 m) ihren Weg zum höchsten Punkt der Welt an. Als Krakauer am frühen Nachmittag mit einigen Bergführern und Sherpas als erster „Kunde" die Höhe 8848 m erreichte, kämpften tiefer unten noch immer 20 Bergsteiger verbissen um den Gipfel, zum Teil längst jenseits des Zeitlimits, das für eine sichere Rückkehr zum Südsattel gereicht hätte. Niemand realisierte die gefährliche Schlechtwetterfront, die den Everest beinahe schon erreicht hatte.

Sechs Stunden später und 900 Meter tiefer rettete sich Krakauer mit letzter Kraft aus der eisigen Kälte in sein Zelt. Er war in Sicherheit, doch oben auf dem Berg saßen 19 Männer und Frauen im Sturm fest und kämpften eine ganze Nacht lang verzweifelt um ihr Leben. Fünf von ihnen sollten den Kampf verlieren, ein sechster schwerste Erfrierungen erleiden. Unter den Toten auch die beiden Expeditionsleiter der kommerziellen Gruppen, Rob Hall aus Neuseeland und der US-Amerikaner Scott Fisher.

Zur gleichen Zeit starben am Nordostgrat an der tibetischen Seite des Berges drei indische Bergsteiger. Vier Mitglieder anderer Gruppen verunglückten bereits vor dem 10. und 11. Mai bzw. einige Tage später.

LAND DER BERGE | 1998

Das Buch Jon Krakauer schildert minutiös jenes Geflecht aus Ehrgeiz, Risiko- und Opferbereitschaft, Fehlverhalten und Naturgewalten, das in die Katastrophe führte. Er berichtet vom technischen Aufwand mit Satellitentelefon und Faxanschluss und beschreibt die quälenden Auswirkungen der Todeszone. Das Buch führt den Leser aber auch mitten in ein Paradoxon des modernen Alpinismus: Der höchste Berg der Welt ist zum Ziel mancher „Gipfelstürmer" geworden, die dort trotz alpinistischer Disqualifikation den ultimativen Kick suchen und bereit sind, bis zu 70.000 US-Dollar dafür zu bezahlen. Begleitet werden sie von Bergführern und Sherpas, die den riskanten Job haben, ihre Kunden auf den Gipfel zu bringen. Und manchmal, auch aus Konkurrenzgründen, zu viel riskieren …

Die Kritik Zunächst die (wenigen) Negativa: Da ist einmal die schlampige Übersetzung aus dem Amerikanischen bei alpinistischen Fachausdrücken. Bergsteiger deutscher Sprache zucken bei Ausdrücken wie „Gletscherkruste, Metallknagge (für Steigklemme) oder Fell des Gletschers" gequält zusammen. Der von alpinen Traditionen wenig belastete Autor öffnet dem europäischen Leser zwar einen anderen und interessanten Blickwinkel auf den Everest, doch sind die überkritischen Selbstvorwürfe Krakauers zu einigen seiner eigenen Fehler fast schon zu „amerikanisch". Und seine verbissene Recherche, wer wann wo wen in welchem Zustand traf und was er tun oder nicht tun hätte sollen, wirkt eher verwirrend.
Trotzdem ist die wahre und gnadenlose Geschichte vom Everest 96 eines der besten und ehrlichsten Alpinbücher der letzten Jahre. Ich habe es „in eisigen Höhen" (am Shisha Pangma) verschlungen und später noch zwei- und dreimal gelesen. Das Buch liest sich spannend wie ein (guter) Kriminalroman, aber diese Story ist authentisch. Und trotz kritischer Töne über die Auswüchse des Kommerzes an den Achttausendern und zu so mancher rätselhafter Irrationalität des Bergsteigens überhaupt, verfällt Krakauer in keine Schwarz-Weiß-Malerei. Der Stil ist fesselnd, sein Bericht kommt kritisch, aber sensibel und menschlich, die Sprache drastisch und direkt: „Mit der erforderlichen Entschlossenheit kommt heutzutage jeder Vollidiot auf diesen Berg hinauf", lässt er Rob Hall sagen. „Das Kunststück ist aber, lebend wieder hinunterzukommen."
Genau das gelang Hall nach seiner fünften Everestbesteigung leider nicht mehr.

MounTain Bike

Fahrvergnügen (?) abseits von Straße und Gesetz

Es gab Zeiten, da konnte es dem arglos durch die Tiefen österreichischer Wälder strampelnden Mountainbiker passieren, plötzlich „ins Rohr" zu starren. Und zwar in den Lauf der „Silberbüchse" des ortsansässigen oder weithergereisten Jagdpächters, der leider sogar zu Recht die Weiterfahrt verwehrte.

Diese Zeiten sind zum Glück vorbei, aber für konsequent gesetzestreue Bürger ist das Geländeradfahren, die „richtige" Benützung des Mountainbikes, nach wie vor zumindest theoretisch illegal. Du darfst das Bergrad zwar (ver)kaufen, doch auf die Straße lässt man dich nur mit fix montierter, mindestens 300 g schwerer Beleuchtungsanlage. (Wozu hat man gerade 3,15 g Gesamtgewicht durch den Einbau von speziellen Titanschrauben gespart?) Und im Gelände könnte die Angst vor johlenden (?) Radlern das ohnehin dicht gedrängte Wild noch weiter zusammenrücken lassen. Vom Verschleiß der schönen Forstautobahnen gar nicht zu reden.

MTB gegen Tourismusflaute Eine Lösung der Misere heißt Touristenflaute. Seit immer mehr Orte auch in der Hochsaison eher als Geisterstädte denn als „Mega-event-high-life-cities" vermarktet werden könnten, setzen findige Tourismusmanager mehr und mehr auch aufs Mountainbike. Wie Schneerosen im Frühling sprießen da und dort sogenannte „Mountainbike-Strecken" aus dem Boden, die dem suchenden Hobbybiker vermehrt einigermaßen legale Tourenmöglichkeiten versprechen. Bei so mancher Planung müssen allerdings wahre Schreibtischsportler am Werk sein ...

Frust statt Lust Am Schauplatz Spital am Semmering wurde am 6. 9. 98 eine MTB-Strecke eröffnet. Schon das Studieren der die Route beschreibenden Tafel weckt leichten Frust, ist da doch „Teile der Strecke sind für den motorisierten Verkehr freigegeben" zu lesen. Aber was soll's, ein paar Autos werden uns schon nicht die Luft aus den Wadln lassen. Der Frust steigert sich, als uns bereits in den ersten 10 Minuten auf der Forststraße 11 Autos überholen bzw. entgegenkommen. Bei der Abzweigung ins Gelände kommt Hoffnung auf, doch 7 Minuten und 25 Höhenmeter später landen wir erneut auf jener „Autobahn". Es folgen weitere 55 Minuten hustender und fluchender Fahrt bergauf zur Friedrichshütte, in ständiger Angst, von einem Hobbyrennfahrer unfreiwilligen

Von Edi und Michi Koblmüller · LAND DER BERGE | 1998

Schub zu erhalten oder auf die Hörner genommen zu werden. Letzteres ist gefährlicher, denn einige Bergabflitzer scheinen leicht „im Öl" von einer „Tankstelle" allererster Skihüttenqualität zu kommen. Oben angekommen, zählen wir 108 Fahrzeuge am Parkplatz besagter „Ski"-Hütte und immerhin 6 Mountainbikes.

Die in der Hütte aufliegende Streckenbeschreibung befiehlt den generellen Nachrang von Radfahrern und bei Gegenverkehr vor den 8 Kehren und bei Weiderosten und Schranken (insgesamt 4) abzusteigen (!). Auf die Idee, die Autofahrer ebenfalls von der „Mountainbike-Strecke" zu informieren, ist offenbar niemand gekommen. Viel Fahrvergnügen bleibt da nicht bei 8,5 km Streckenlänge und 12 „gefährlichen Hindernissen"! Fazit: Eine uninteressante Strecke ohne Pfiff nach der Devise: „Haum woin ma ane, oba kostn deafs nix!" Nicht einmal einen guten Gedanken.

Derlei Beispiele gibt es im Osten Österreichs noch mehr. Fade Strecken, auf denen nicht nur die geplagten Beine einschlafen. Oder auch das genaue Gegenteil davon, offenbar theoretisch aus der Karte herausgelesene Routen, die so anspruchsvoll sind, dass sie nur echte MTB-Cracks verdauen können. Der Hobbyradler befindet sich auf solchen Strecken oft mehr am Boden als im Sattel, geht doch die Partie über Stock und Stein direttissima eine (schwarze) Piste hinunter und fast ebenso anspruchsvoll wieder steil bergauf. Am Ötscher zum Beispiel wurde eine Downhill-Strecke „erschaffen", auf der man weniger fahren, sondern sich nur „dastessen" kann, wie ein (guter) Biker dazu gemeint hat.

Positive Entwicklung Zum Glück gibt es auch wirklich gute Strecken und Ideen, sodass Österreich heute nicht mehr das „Mountainbike-Albanien" wie noch vor einigen Jahren ist. So beschreiben die „ALManache" viele Zufahrtswege zu den österreichischen Almen als mountainbiketauglich. Und positive Beispiele etwa im Wald- und Mostviertel zeigen, dass sich Probleme bei Einsatz von Mühe und gutem Willen durchaus lösen lassen.

Die Zukunft wird zeigen, ob sich auch in Österreich die Interessen von Grundbesitzern, Jägern, Fremdenverkehrslegionären und bewegungshungrigen Sportlern besser unter einen Zahnkranz bringen lassen. Die Zeit drängt, denn andere Regionen wie Gardasee oder Garmisch schlagen längst kräftig Kapital aus den umweltfreundlich rollenden Radlern.

Bergfilm

Der Weg ist das Ziel

Im März fand in Leonding bei Linz das Bergfilmereignis des Jahres statt. Sepp Friedhuber, Heinz Zak und Sport Eybl holten einige der besten Outdoor-Filme vom „Banff – Festival of Mountain Films" nach Oberösterreich: 7 (fast) durchwegs begeisternde Kurzfilme über extremen modernen Bergsport. Der Höhepunkt aber folgte erst nach dem Vorspiel, war vom Thema weder „in" noch „outdoor", sondern handelte von einer veralteten (?) Spielart des Bergsteigens ...
Schon der Eröffnungsfilm zieht die weit über 1000 Zuseher in der überfüllten Halle in den Bann. In „Progression" demonstrieren ein Skifahrer und ein Snowboarder 10 Minuten lang die extremen Grenzbereiche bei Steilabfahrten in den Bergen Alaskas. Artistik auf zwei Latten und einem Brett, schneller als die von ihnen ausgelösten Lawinen, unglaubliche Bilder, die durch die Frontalaufnahmen aus Helikopterblickwinkel noch atemberaubender wirken. Der Kletterfilm „No Limits" setzt mit den fließenden Bewegungen des Darstellers einen Kontrapunkt zu den rasenden Geschwindigkeiten der Steilwandfahrer. Nach dem eher schwachen Gleitschirmfilm begeistern „Icelandia" und vor allem „Kajak Islandia" mit Eisklettern extrem und Kajak noch extremer, beide Filme gedreht in Island. Unglaublich, denkt der Alpinist beim Mitschwimmen über 20 m hohe Wasserfälle laut, bevor er sich wenig später wieder vor seinem eigenen Element fürchten darf: „Ode to the Avelanche" ist eine faszinierendschreckliche Darstellung der Naturgewalt Lawine, die gerade wenige Tage vorher in Tirol zur grausamen Realität geworden war.

Der Film von der Nordwand Der Abend wäre auch nach den ersten eineinhalb Stunden ein Erfolg gewesen. Doch zum Bergfilmereignis des Jahres fehlt noch das Hauptgericht, das nach der Pause 50 Minuten lang jedes Sättigungsgefühl verschwinden lässt: Gerhard Baurs großartiger und vielfach preisgekrönter Kletterfilm „Grandes Jorasses-Nordwand – Der Weg ist das Ziel".
Man weiß sofort – ein Film der anderen Art. Anderes Tempo, andere Zeit, anderes Bergsteigen. No fun, but risk anstelle von no risk, no fun.
Die Nordwand der Grandes Jorasses im Montblanc-Massiv zählt zu Beginn der 30er-Jahre neben Matterhorn- und Eiger-Nordwand zu den ganz großen Wandproblemen der Alpen. Die Elite der damaligen Extrembergsteiger setzt jahrelang ihr Leben aufs Spiel, um die Ersten zu sein. 1931 reißt eine Lawine die beiden

Münchner Brehm und Rittler aus der Wand. 1934 kämpfen italienische, französische, deutsche und österreichische Seilschaften vergeblich um die Erstbegehung. Die beiden Deutschen Haringer und Peters geben erst wenige Seillängen vor dem Gipfel auf, werden vom Schneesturm zum Rückzug gezwungen. Haringer stürzt tödlich ab, Peters erreicht nach vier Tagen zu Tode erschöpft den Wandfuß.

Doch bereits ein Jahr später kehrt Rudolf Peters mit seinem Freund Martin Meier nach Chamonix zurück und kann dieses Mal die Grandes Jorasses-Nordwand erobern.

Die heroische Zeit Der unglaublich realistisch, vielfach am Originalschauplatz und mit der damaligen vorsintflutlichen Ausrüstung gedrehte Jorasses-Film lässt hautnah empfinden, mit welcher „heroischen" Motivation und mit welchem todesverachtenden Mut in der Zeit des Eroberungsalpinismus um im Grunde nebensächliche Ziele gekämpft wurde. Sepp Friedhuber hat bei der Ankündigung des Films ein Bonmot von Anderl Heckmair zitiert, einem der Erstbegeher der Eigerwand: „An so manchem Wochenende ist schon einmal einer von uns abgestürzt. Die Bergung hat dann bis Montag gedauert und beim Begräbnis am Donnerstag haben wir uns die Tour für Sonntag ausgemacht."

Auch wenn Aussprüche wie dieser nachdenklich stimmen und heute zumindest Kopfschütteln hervorrufen mögen – einer meiner Freunde hat nach dem Film treffend gemeint: „A Waunsinn. Oba ohne de Einstellung kummst nirgends auffe!" Stimmt, zumindest wenn du mit „nirgends" eine Grandes Jorasses-Nordwand oder – vielleicht zeitgemäßer und aktueller – den Dhaulagiri oder K 2 meinst. In den Alpen gibt's nichts mehr zu erobern und der Eroberungsalpinismus hat sich in den Himalaya zurückgezogen.

Der einschlägig belastete Besucher vor allem höhermittleren Alters (im Vergleich zu heute waren ja die 60er-Jahre auch noch heroisch) hat sich gefragt, ob die beiden gegensätzlichen Hälften des Abends – gewollt oder ungewollt – nicht auch den Wandel der Zeit und der Generationen zum Ausdruck gebracht haben. No risk, no fun anstelle von no fun, but risk. Der Weg ist da und dort das Ziel. Wo liegt dann der Unterschied?

Mallory & Irvine 1924
Rätsel vom Mount Everest

Kürzlich ließen Medienberichte nicht nur die alpinistische Weltöffentlichkeit aufhorchen: Der Körper von George Mallory wurde fast genau 75 Jahre nach seinem spurlosen Verschwinden am Everest gefunden. Neue Nahrung für alte Spekulationen.

Am 1. Mai 1999 fanden zwei Mitglieder der amerikanischen „Mallory & Irvine Research Expedition" an der Nordseite des Mt. Everest in 8250 m Höhe die Leiche von George Mallory. Kleidungsreste, Uhr, Höhenmesser, Gletscherbrille identifizierten den Toten als einen der beiden britischen Bergsteiger, die am 8. Juni 1924 etwa 300 m unterhalb des Everest-Gipfels zum letzten Mal gesehen wurden. Sind Mallory und Andrew Irvine erst nach einer Gipfelbesteigung erfroren, abgestürzt, den Höhentod gestorben, oder geschah das Unglück beim Aufstieg? Auch die Amerikaner haben 75 Jahre danach eines der größten Rätsel des Himalayabergsteigens nicht lösen können: Das wichtigste Beweisstück, Mallorys Kamera, wurde nicht gefunden. Denn hätten Mallory und Irvine an jenem 8. Juni 1924 den Gipfel erreicht, hätten sie zweifellos fotografiert. Und nach Ansicht von Experten könnten auch 75 Jahre später noch brauchbare Bilder entwickelt werden, falls das Kameragehäuse dicht geblieben wäre ...

Die Tragödie von 1924 Nach 1921 und 1922 versuchten die Engländer 1924 zum dritten Mal den Mount Everest von Tibet aus zu erobern. Am 8. Juni starteten Mallory und sein junger Begleiter von Camp VI in 8160 m Höhe zum „final fight". Um die Mittagszeit entdeckte der zum Camp VI nachsteigende Noel Odell durch eine Wolkenlücke zwei Gestalten, die sich an einem der beiden „steps" (steile Felsstufen am Nordostgrat) aufwärtsbewegten. Augenblicke später schlossen sich die Wolken. Mallory und Irvine verschwanden.

Odell konnte später nicht mehr eindeutig sagen, an welchem der „steps" er die beiden gesehen hatte. Wenn Mallory und Irvine den schwierigen „second step" (der heute mit Haken und Seilen gesichert ist) überwunden hätten, hätten sie nicht nur eine alpinistische Glanzleistung geschafft und mindestens 8600 m Höhe erreicht, sondern der technisch relativ einfache Weiterweg zum Gipfel wäre offen vor ihnen gelegen!

Was ist damals geschehen? Kam der Tod vor oder nach dem Gipfel? Hätte die Zeit gereicht, das rettende Lager VI zu erreichen? War es möglich, mit der primitiven Ausrüstung und den schweren Sauerstoffgeräten die zweite Stufe zu überwinden? Die Meinungen der Bergsteiger und Historiker sind geteilt. Noel Odell glaubte an den Gipfel, Everest-Kenner wie Reinhold Messner schließen eine Gipfelchance aus. Aber Messner räumt ein, dass die beiden die zweite Stufe auch umgangen haben könnten.

Im Gefolge der chinesischen Everest-Expeditionen 1960 und 1975 tauchten mysteriöse Gerüchte auf. Erst 1982 wurde bekannt, dass bei der umstrittenen Besteigung 1960 angeblich zwei Sauerstoffflaschen und ein Stück Seil oberhalb (!) des „second step" gefunden wurden. Zwischen 1924 und 1960 können aber nur Mallory und Irvine die zweite Stufe überwunden haben.

1975 wurde vom chinesischen Bergsteiger Wang Hung-boa in über 8000 m Höhe ein Toter gefunden. Eine Entdeckung, die jedoch von offizieller Seite dementiert wurde. Doch Wang erzählte vier Jahre später einer japanischen Everest-Expedition von seinem Fund und sprach ausdrücklich von „Englishman 8100 m". Einige Zeit später bestätigte ein anderer Chinese die Entdeckung und sprach mit vorgehaltener Hand sogar von einer gefundenen Kamera.

Spekulationen, Gerüchte, Geschichten? Mag sein. Aber die Geheimniskrämerei der Chinesen könnte einleuchtende Gründe haben. Denn im Fall eines Gipfelerfolges von Mallory & Irvine wäre die chinesische Erstbesteigung von Norden, 1975, keine Erstbesteigung gewesen ...

Everest – erster Achttausender? Die Amerikaner haben 1999 den toten George Mallory gefunden, nicht aber die Lösung des Rätsels. Vielleicht wird man eines Tages auch Andrew Irvine finden, vielleicht sogar ihre Kameras. Doch unabhängig vom Ausgang der endlosen Geschichte sind die Leistungen und Tragödien von Mallory & Co. in den 20er-Jahren längst zur Legende geworden. Ein (möglicher?) Beweis aber würde die Himalaya-Geschichte umstoßen. Ein Everesterfolg 26 Jahre vor der ersten sicheren Besteigung eines Achttausenders (Annapurna), mit einer Ausrüstung, über die man heute nicht einmal lächeln würde! Der Mythos dreier Jahrzehnte „vergeblichen Ringens um den dritten Pol" wäre mit Mallory 1924 gestorben.

Waren Edmund Hillary und Tensing Norgay 1953 nur die Zweiten? Unwahrscheinlich vielleicht. Aber unmöglich sicher nicht.

75 Jahre Hermann Buhl

Porträt einer Bergsteiger-Legende

Im September würde der berühmteste österreichische Bergsteiger 75 Jahre alt, hätte er nicht an der Chogolisa jene fatalen Schritte auf die Wechte getan, die ihn 1957 in den Tod riss.

Hermann Buhl war 33 Jahre alt, als er aus dem Leben verschwand. Keine andere Persönlichkeit hat in der zweiten Hälfte unseres Jahrhunderts Generationen von Bergsteigern mehr fasziniert. Als 18- oder 19-Jähriger konnte ich damals ganze Passagen aus dem damaligen Bestseller „Achttausend drüber und drunter" zitieren – und kann das heute noch. Buhl war für die damals Jungen und Alten das Bergsteiger-Genie und Kletterphänomen, Vorbild und Held des klassischen Extremalpinismus der 50er- bis 70er-Jahre. Aber er hatte auch Neider und zog unsachliche Kritiker geradezu an, mit denen der gefeierte Star oft nicht fertig wurde. Buhl war nicht nur strahlender Sieger, er war auch tragischer, romantischer, zerbrechlicher „Held".

Sein Leben Hermann Buhl wird am 21. September 1924 in Innsbruck geboren. Der erste Teil seines Lebens liest sich wie ein kitschiges, trauriges Märchen. Der frühe Tod der Mutter, Waisenhaus, grausame Kindheit und Jugend. Irgendwie entdeckt der 14-jährige Hermann das Klettern und steigert sein Können innerhalb weniger Jahre bis zum damals magischen VI. Schwierigkeitsgrad. Zu Beginn der 50er-Jahre wird er „der Buhl", beginnt durch schwierigste Westalpentouren, Allein- und Winterbegehungen nicht nur in Österreich aufhorchen zu lassen. Er klettert mit radikaler Besessenheit fast alle großen Routen der Alpen schneller, besser, eleganter als seine Vorgänger und Kameraden, verlangt von sich und seinen Partnern oft mehr als das Letzte. Seine Solobegehung der Piz Badile-Nordostwand und die Durchsteigung der Eiger-Nordwand 1952, bei der er im Wettersturz eine Neunerseilschaft aus verzweifelter Lage durch die vereisten Ausstiegsrisse zurück ins Leben führt, machen Hermann Buhl europaweit bekannt.

Licht und Schatten am Nanga Parbat 1951 heiratet Hermann Buhl seine „Generl" aus der Berchtesgadener Ramsau, wird bis 1956 Vater dreier Töchter. Die Familie hemmt seinen alpinistischen Ehrgeiz keineswegs. Trotz Existenznot wird Buhl Profibergsteiger, in einer Zeit, in der niemand daran dachte, seinen Lebensunterhalt durch bergsteigerische Spitzenleistungen zu verdienen. 1953 bekommt er seine große Chance – er wird zur deutsch-österreichischen Nanga Parbat-Expedition eingeladen. Und Buhl nützt die Chance. Seine Erstbesteigung des „Deutschen Schicksalsberges", sein zweitägiger Alleingang, die Nacht ohne Biwakausrüstung sind legendär und machen Hermann Buhl mit einem Schlag weltberühmt.

Doch der Solosieg am Nanga Parbat bringt auch Schattenseiten. Der Streit mit Expeditionsleiter Herrligkoffer, Neid, Missgunst und Anfeindungen, auch durch einen Teil seiner Expeditionspartner, stempeln den Einzelgänger Hermann Buhl zum Außenseiter, machen ihn noch verletzlicher, egoistischer und am Berg noch kompromissloser. Der Sozialwissenschaftler Ulrich Aufmuth zeichnet ein düsteres Lebensbild vom Hermann Buhl jener Tage: „… war innerlich einsam. Er lebte nur für seinen Erfolg, der ihn jedoch in keiner Weise satt machte …"

Die Vision: Broad Peak Buhl überwindet die Folgen seiner schweren Erfrierungen am Nanga Parbat und schafft wieder große Alpenwände, vor allem auch Alleingänge. Vier Jahre nach dem Nanga Parbat kehrt er mit einem Viererteam in den Himalaya zurück. Am 9. Juni 1957 gelingt Buhl zusammen mit Markus Schmuck, Fritz Wintersteller und Kurt Diemberger die Vision vom Alpenstil im Himalaya: Die Erstbesteigung des 8047 m hohen Broad Peak im Karakorum bleibt eine historische Glanzleistung. Buhl steht auf seinem zweiten Achttausender, aber auch auf seinem letzten Gipfel. 18 Tage später versucht er mit Kurt Diemberger die 7654 m hohe Chogolisa in noch kühnerem, genialem Stil zu besteigen: in drei Tagen, zu zweit, in einem Zug. Rückzug aus 7300 m im Schlechtwetter, einige Sekunden keine Sicht, ein paar Schritte geradeaus, die Wechte …

Fragen nach dem „Was wäre, wenn Buhl nicht abgestürzt wäre?" zu stellen, sind müßig. Hermann Buhl war am Ende seines Lebens der Bergsteiger des klassischen Alpinismus, war seiner Zeit um Jahrzehnte voraus, war futuristisch am Berg, hat das Bergsteigen der folgenden 30 Jahre geprägt – schreiben Reinhold Messner und Horst Höfler sinngemäß in ihrem Buch „Kompromißlos nach oben". Buhl war der logische Vorgänger von Messner, hätte dessen Ideen vielleicht teilweise vorweggenommen (?). Die zukunftsweisende Kreativität für Messners Innovationen am Berg hätte er zweifellos gehabt.

Stattdessen wurde er am 27. Juni 1957 zur Legende.

Berge – Filme – Abenteuer
Porträts der Bergfilmfestivals Graz und Salzburg

Beide haben die Worte Berg, Film und Abenteuer im Titel. Beide werben im November um ein annähernd gleiches Zielpublikum. Beide Bergfilmfestivals in Graz und Salzburg haben vieles gemeinsam, aber auch manche Verschiedenheit.

Das Gemeinsame dominiert: 1998 wurden Graz und Salzburg von je 6500 Besuchern regelrecht gestürmt. Beide Veranstaltungen sind internationale Bergfilm„events" und wollen die Faszination Film mit der Faszination Berg verbinden. Aber: Graz sieht sich als Bergfilmfestival klassischer Prägung mit Jury, Filmbewertung und Auszeichnungen, während sich Salzburg als alpines Publikumsfest definiert. Graz betont die Aktualität seiner Filme und will kein „statisches Bergkino" sein. Salzburg kontert mit dem bewussten Verzicht auf Prämierung und Vergabe von „Mini-Oscars".

Graz und Robert Schauer Das „Internationale Berg & Abenteuer Filmfestival Graz" findet heuer zum 11. Mal statt und ist untrennbar mit Robert Schauer verbunden. Robert ist einer der erfolgreichsten Alpinisten Österreichs, selbst Filmemacher und Kameramann und Initiator des Grazer Festivals. Auslöser dafür waren die spannenden Kletterfilme junger Franzosen, die in den 70er-Jahren in den Kaffeehäusern von Chamonix gezeigt wurden. Dabei kam ihm die Idee, dieses Genre zu einem Wettbewerb nach Graz einzuladen und die besten Filme zu prämieren. Auch der Gedanke, den legendären Grazer Alpinismus-Kongress wiederzubeleben, mag eine Rolle gespielt haben.

1986 konnte das „Einmannteam" Robert das erste Bergfilmfestival organisieren, zu dem damals schon bekannte Bergfilmer wie Fulvio Mariani/Schweiz oder Jean Afanassieff/Frankreich Filme einschickten. Graz wurde zum österreichischen Mekka für alpinistische Cineasten und wird heute in einem Atemzug mit berühmten Festivals wie Banff (Kanada) und Les Diablerets (Schweiz) genannt. Fast alle, die beim Bergfilm Rang und Namen haben, sind schon nach Graz gepilgert: Wanda Rutkiewicz, Gerhard Baur, das ORF-LdB-Team, Leo und Matt Dickinson u.v.a.

Da Aktualität das wesentliche Kriterium ist, werden nur Filme der letzten drei Jahre gezeigt bzw. prämiert, unter denen so manche Uraufführung und sogar Weltpremiere zu finden waren. Insgesamt wurden bisher mehr als 800 Filme eingereicht!

LAND DER BERGE | 1999

1999 bewertet die Jury die zum Bewerb zugelassenen Filme in fünf Kategorien (Alpine Dokumentation, Klettern, Abenteuer, Natur & Umwelt, Ethnologische Themen) und vergibt sieben Preise: den „Grand Prix Graz" für den besten Film, je eine „Kamera Alpin in Gold" für die Sieger der fünf Kategorien und den Sonderpreis der Jury. Als Stargäste sind heuer u. a. Catherine Destivelle und Erhard Loretan angesagt.

Salzburg und „Das KINO" „Abenteuer Berg – Abenteuer Film" nennt sich das Bergfilmfestival Salzburg–Trient heuer zum 6. Mal – ein Begriff, der direkt mit dem Filmkulturzentrum „Das KINO" in der Salzburger Innenstadt verbunden ist. Wie der Name schon sagt, arbeitet man mit Trient, dem bedeutendsten europäischen Bergfilmfestival, zusammen. Nachdem „Das KINO" schon 1985 und 1986 eine Auswahl von Filmen aus Trento präsentiert hatte, erfand eine cineastische Seilschaft (Michael Bilic, Renate Wurm, Petra Kofler und Thomas Neuhold) ab 1994 das Bergfilmfest für Salzburg. Der Ausdruck „Fest" zeigt die Richtung: „Abenteuer Berg – Abenteuer Film" sollte ein alpinistischer Familientreff und zugleich ein Diskussionsforum und Ort für (Dia-)Vorträge werden. Gelungen! Die Mischung aus klassischem Bergsteigen und Sportklettern, Expeditionen, Kultur und Natur erweist sich als höchst publikumswirksam. Auch in Salzburg liest sich die Prominenz wie ein alpines Who's who: Norman Dyhrenfurth und Kurt Diemberger, der kletternde Schriftsteller Malte Roeper oder Heinz Zak, um eine ganz kurze Auswahl zu treffen.
Begann man 1994 mit sieben Festivaltagen, so verlängert „Das KINO"-Team heuer auf zwölf Tage, um ein noch größeres Feuerwerk von „laufenden Bildern" abzubrennen. Die illustren Gäste im November 99 lassen Insider aufhorchen: Sir Chris Bonington, berühmtester bergsteigender Brite, die „Huber-Buam" oder Robert Jasper und andere werden sich die Türklinken in die Hand geben.

Quo vadis Extrem(berg)sport?
Es ist extrem schick, extrem zu sein!

„Sie sind die letzten Abenteurer der Alpen – springen über Gletscherspalten und Felsen, preschen über ungespurte Hänge und fürchten weder Tod noch Lawinen. Free-Skiing findet – zum Schrecken der Bergwacht – immer mehr hartgesottene Anhänger."

Diese Textpassage muss man sich auf der Zunge zergehen lassen. Leider ist sie nicht von mir, sondern einer Reportage über die neue Extremsportart „Free-Skiing" in Chamonix entnommen. Zu lesen in den „News" einer ansonsten seriösen skandinavischen Sportbekleidungsfirma, wo auch noch andere Leckerbissen zu finden sind, à la „… steil und gefährlich muss es sein", oder „Chamonix ist ein Irrenhaus für Skifahrer". Nach Lektüre des Artikels bekommt man Lust, letztere Bemerkung in „… News ist ein irres Blatt für Schreiberlinge" umzuformulieren.

Na gut, Papier ist geduldig und Chamonix wird die Irren und die Bergwacht den Schreck überstehen … Mich hat der Artikel angeregt, über den Begriff „extrem" im Zusammenhang mit Berg und Sport nachzudenken.

Was heißt extrem? Laut Duden „äußerst" oder „radikal". Früher war das einfach – ein Extrembergsteiger erkletterte äußerst schwierige Wände und ein Extremsportler betrieb seinen Sport radikal. Doch das ist dem Zeitgeist zu einfach. Extremsportler sind in den Medien nicht mehr Bergsteiger (welch verzopftes Wort!), sondern ice- oder freeclimber. Vor allem aber bungee-jumper, free-skier oder sky-diver. Ein junger Linzer mauserte sich kürzlich zum Extremsportler, als er innerhalb von x Minuten x-mal das Stiegenhaus eines x-stöckigen Hochhauses bezwang. Solche hamsterartigen Leistungen rücken in die Nähe des 56 (?) m langen Mohnstrudels vom ominösen „Buch der Rekorde". Um Medienwirkung zu erzielen, genügt ein Sieg beim „Race Across America" nicht mehr – Achttausender müssen her. Schlagzeilen machen aber nicht etwa extrem schwierige, neue Routen im Himalaya – diese alten Hüte hatten wir ja schon. Die Huber-Buam und ihre Latok-Wand locken trotz 8. Grad in 7000 m Höhe kaum einen Journalisten hinterm PC hervor. Für die zählt eher der Rekord, in 24 Stunden soundsooft den Traunstein bestiegen zu haben, als Extrem(berg)sport. Und die Absicht eines (im Radsport außergewöhnlichen) Extremsportlers, im Jahr 2000 dem Everest per Mountainbike aufs Dach zu steigen, verursachte sofort beachtliches Rauschen im Zeitungswald.

Everest mit MTB Die Vorstellung, mit dem MTB auf der Schulter durch den Khumbu-Eisbruch zu klettern, sich im Western für Werbeaufnahmen kurz aufs stehende Rad zu setzen und dann durch die Lhotse-Flanke – den Fixseilen entlang, Rad am Rucksack – zum Südsattel aufzusteigen, regt meine altmodische Fantasie an. Wie macht er's am Hillary Step? Ein wenig sperrig, das Ding. Bleibt das MTB als Gipfelkreuz auf 8848 m oben? Oder fährt er die Route Rad am Rücken wieder ab? Allen Respekt vor der physischen Leistung – aber wäre ein handlicher Stein im anstelle des superleichten Rades am Rucksack nicht ebenso ... Na ja, das bringt's wohl nicht – und wo blieben dann Sponsoren und Journalisten?
Man hat's schon schwer heute. Alles schon gemacht, was den Boulevard auf den Plan rufen könnte. Wenn schon das (großartige!) Unternehmen eines jungen Schweden, mit dem Rad von Europa bis ins Basislager zu fahren (da kann man teilweise wirklich fahren) und dann den Everest zu besteigen, nur mittelmäßiges Medienecho hervorgerufen hat ...

Haderers Cartoon Die Mediengeilheit scheint kaum Grenzen zu kennen. Da brüstete sich ein makabrer Amerikaner, als erster Mensch mit Beinprothese (!) den Everest bestiegen zu haben. Sogar das Everest-Volk macht mit. Vor Jahresfrist erregte ein Sherpa weltweites Aufsehen (?), als er am höchsten Punkt der Welt für 24 Stunden Aufenthalt nahm. Freiwillig, wohlgemerkt!
Ganz unbergsportlich fällt mein suchendes Auge auf einen Cartoon von Gerhard Haderer. Zu sehen ist ein Extremsportler mit deutlich eingedepschter Kopfpartie, auf dessen T-Shirt groß der Ausruf „yeah, I did it!" prangt. Kopf- und Fußzeile der Zeichnung: bungee-jumping / free-climbing / ghost-driving / head-against-the-wall-crashing / without-no-bungee-from-the-2nd-floor-jumping ...
Schade, dass ich nicht zeichnen kann. Das 24-Stunden-Biwak am Everest mit MTB und Beinprothese wär' was für den Haderer!
Dem würde vielleicht auch noch einfallen, die erste Everest-Besteigung im Handstand zu zeichnen. Oder vielleicht noch delikater: das erste echte Tête-à-Tête am Gipfel eines 8000ers, fotografiert von einem Zeitgeist von „Fit for Fun". Darauf warten wir noch. Aber es kommt. Denn es ist extrem schick, extrem zu sein!

Airbag gegen Lawine
Die neue Generation der ABS-Rucksäcke

Vor genau drei Jahren war an dieser Stelle die „griffige" Prognose zu lesen, dass sich die ABS-Rucksäcke nur dann durchsetzen werden, wenn Gewicht und Preis deutlich reduziert werden können. Beide Forderungen sind heute zumindest teilrealisiert.

Vor drei Jahren kostete ein ABS-Rucksack zwischen 14.000 und 16.000 Schilling, wog an die 5 kg und überzeugte nicht gerade durch einfache Handhabung und Packvolumen. Heute liegt der Preis bei einem Drittel von früher, das Gesamtgewicht bei etwa 3,5 kg und das System ist technisch deutlich verbessert. Die früher ziemlich komplizierte Handhabung und Wartung, der schlechte Rucksacksitz und das beschränkte Packvolumen gehören weitgehend der Vergangenheit an. Die Funktionssicherheit des ABS-Systems war zwar vor Jahren schon prinzipiell anerkannt, wurde aber in Details durch die seitlich integrierten Doppelairbags samt abnehmbarem Auslösegriff noch erhöht.

Oben bleiben = Überleben Die Funktionsweise des ABS („avalanche balloon system") besteht darin, das Volumen des Skifahrers in der Lawine so stark zu vergrößern, dass seine Gesamtdichte geringer wird als die Dichte des Schnees. Dazu werden durch Zug des Auslösegriffes 2 mal 75 Liter Umgebungsluft von einer Stickstoffpatrone innerhalb von 2 Sekunden in die Airbags gepresst. Ein 100 kg schwerer Mensch „schwimmt" mit 150 Litern zusätzlichem Volumen als „Schwimmweste" auch in trockenem Lockerschnee an der Oberfläche der Lawine. Die Formel „Oben bleiben = Überleben" ist das entscheidende Argument für den ABS. Denn der Lawinenairbag ist derzeit das einzige System, das die lebensbedrohende Verschüttung verhindern kann – die einzige Chance für eine „offensive" Rettung! Nichtverschüttete überleben den Lawinenabgang fast immer, wogegen ein Großteil aller Verschütteten mit verschlossenen Atemwegen aus mehr als einem Meter Tiefe nicht mehr lebend geborgen werden kann.

Sowohl-als-auch Auch die bisherige Statistik spricht trotz hoher Dunkelziffer für sich: Bei etwa 30 bekannt gewordenen Lawinenunfällen wurden ca. 40 mit ABS-Rucksäcken ausgerüstete Personen nicht verschüttet und haben alle überlebt! Trotz dieser positiven Zahlen ist auch dieses System nicht unfehlbar. Bei der größten Lawinenkatastrophe des heurigen Winters in der Silvretta hätten die zehn Todesopfer nach Meinung von Fachleuten und Rettern auch mit ABS kaum Überlebenschancen gehabt. Die 14-köpfige Skitourengruppe wurde im Talgrund nahe der Jamtalhütte bei sehr schlechtem Wetter von einer nahezu unsichtbar von oben kommenden „Dachlawine" überrascht und fast ohne Fließstrecke zugeschüttet. Es ist zumindest zweifelhaft, ob angesichts der nicht vorhandenen Vorwarnzeit eine Auslösung des ABS noch möglich gewesen wäre. Alle elf Verschütteten konnten zwar innerhalb relativ kurzer Zeit mit VS-Geräten geortet werden, doch kam für zehn von ihnen die Hilfe zu spät.

Das furchtbare Unglück zeigte leider auch die Grenzen der Wirksamkeit jedes Lawinenrettungsgerätes auf und entzieht etwaigen Spekulationen: „Entweder ABS oder VS-Gerät", die Basis. Das „offensive" Rettungssystem (ABS) kann das „defensive" (VS-Gerät, Schaufel, Sonde) grundsätzlich nicht ersetzen – es muss „sowohl-als-auch" heißen. Und – Lawinengefahr bedeutet immer Lebensgefahr, deren Restrisiko durch keine Ausrüstung abgewendet werden kann. Die Binsenweisheit kann gar nicht oft genug getrommelt werden: Oberste Priorität bleibt die Vermeidung des Lawinenabganges durch Ausbildung, Wissen, defensives Verhalten etc. Keine Ausrüstung erlaubt im Umkehrschluss eine höhere Risikobereitschaft!

Umdenken! Im winterlichen Hochgebirge werden wir wohl oder übel mit einem nicht vermeidbaren Restrisiko leben müssen. Mit der neuen Generation des ABS-Systems kann aber das Risiko verringert werden, sofern – wie Günter Sturm im DAV-Panorama kürzlich geschrieben hat – wir zu einem Umdenken bereit sind: weg von der passiven Rolle des verschütteten Lawinenopfers, hin zur aktiven Selbstrettung durch entsprechendes Verhalten und optimale Ausrüstung. In direkter Linie von der Lawinenvermeidung über den Stopp der Verschüttung zur Kameradenrettung.

Eine flächendeckende Verbreitung des ABS-Systems wird wohl trotz konzertierter Werbung durch Hersteller, Alpinvereine und Sporthandel und trotz deutlich steigender Käuferzahlen ein frommer Wunsch bleiben. Aber jedes potenzielle Lawinenopfer, das mithilfe des Airbags nicht verschüttet wird und überleben kann, ist ein Argument. Jedes Stück Sicherheit sollte jedem die 5000 Schilling und die 3,5 kg Zusatzgewicht wert sein – no na, eigentlich eh klar???
Wirklich klar?

Massentourismus
Realität oder Legende?

Mitte April fand anlässlich der Alpinismus-Ausstellung im Salzburger Altenmarkt das internationale Symposium „Bergtourismus – Fluch oder Segen?" statt. Bei den Vorträgen und Diskussionen kamen überraschende Fakten zur Sprache.
Themen des Symposiums waren die sozioökonomischen Auswirkungen des Bergtourismus auf drei verschiedene Bergregionen: Everest-Gebiet, Mt. Kenya und Großglockner/Nationalpark Hohe Tauern. Überraschendstes Ergebnis beim Themenblock Großglockner war der von einigen Experten festgestellte Rückgang des Tourismus in der engeren Glocknerregion, was bei so manchem Zuhörer ungläubiges Staunen hervorrief.

Rückläufiger Bergtourismus Die (statistischen) Fakten sprechen aber eine deutliche Sprache. So haben die Übernachtungen in den drei Glocknergemeinden Fusch, Heiligenblut und Kals zwischen 1979 und 1998 um 28 % abgenommen. Auf der Großglockner-Hochalpenstraße fand die Maximalbefahrung 1962 (!) mit 360.000 Fahrzeugen statt und nicht etwa 1999 (nur mehr 284.000 Autos)!
Und wer glaubte, dass zumindest die „extremen Glocknertouristen" in Scharen zunehmen, wurde eines Besseren belehrt. Sowohl die Besucherzahlen der Adlersruhe – Österreichs höchstgelegene Schutzhütte – als auch die Gipfelbesteigungen des Großglockners sind in den letzten Jahren rückläufig. Was den Bergsteiger, der in der Glocknerscharte verzweifelt im Stau Dutzender Gleichgesinnter steckt, aber nur theoretisch trösten kann. Sein praktisches Problem, vor dem drohenden Gewitter rechtzeitig vom Gipfel wieder herunterzukommen, können keine Statistiken lösen ...

Nationalpark: positive Visionen Umsatzhörige Tourismus-Technokraten sind angesichts der Stagnation schnell mit Schuldzuweisungen zur Hand. Tatsächlich ist das Glocknergebiet durch harte naturschutzrechtliche Festlegungen und in jüngerer Zeit durch den Nationalpark Hohe Tauern von einem „echten" Massentourismus à la französischer Retortenorte oder Nordtiroler Wintersportzentren wie Ischgl verschont geblieben. Zum Glück, denn deren fragwürdigen Zielsetzungen mit Mega-Events, Animation, Fun und lächerlichem Abenteuerklischee liegt kurzfristiges Profitdenken zugrunde.

Dabei hätte der Herr Aloys aus Ischgl mit den frühen technischen Projekten der 30er-Jahre seine helle Freude gehabt. Da gab es das geplante Sommerskigebiet im Bereich der Pasterze zwischen Johannisberg, Hohe Riffl und Bärenkopf. Oder die Seilbahnprojekte von der Franz-Josefs-Höhe bzw. von Heiligenblut auf die Adlersruhe samt Tunnelplänen und Fußgängerstollen zum Gipfel – projektiert für 400 Personen in 75 Minuten!

Damals verhinderten das Veto des Grundbesitzers Alpenverein, des amtlichen Naturschutzes und sicher auch fehlende Finanzmittel die technische Totalerschließung. Heute bringt der Nationalpark Hohe Tauern positive Visionen ein: ökologisch sanfte Beiträge zu einem nachhaltigen Bergtourismus, von dem auch die einheimische Bevölkerung langfristig profitiert. Auch wenn die Glocknergemeinden derzeit auf kurzfristige Gewinnmaximierungen verzichten müssen. Die Motive für die Besteigung des höchsten aller österreichischen Gipfel liegen zwischen alpinem Mythos und „Sportgerät" für Leistungsmenschen. Seine 3798 m Höhe und die nicht unbeträchtlichen Schwierigkeiten machen den Großglockner zum alpinistischen Topziel und – weil oft unterschätzt – leider auch zum Schauplatz häufiger Alpinunfälle. Neben den Schlagzeilen „Drama am Großglockner" oder „Tödlicher Leichtsinn" sind dann in den Medien oft auch Meldungen wie „Stau am Glockner" oder gar „Verkehrsinfarkt am Berg" zu finden, womit aber nicht die Straße, sondern der Gipfelgrat gemeint ist. Denn Statistik hin, touristischer Rückgang her – an schönen Wochenenden ist der Massenandrang auf den Gipfel eine Tatsache.

Keine Lösungen in Sicht Die regelmäßig wiederkehrenden Forderungen nach Kontingentierung, Platzkarten, Bergsteigerlizenz bis zur Sperre des Glocknergipfels mögen radikale Denkansätze sein, realistisch umsetzbar sind sie nicht. Denn das Problem versteckt sich weniger im Berg als vielmehr in seinen Besteigern. Muss es wirklich der Glockner am Schönwetter-Wochenende im Juli sein? Ist der Berg keine drei Urlaubstage wert, um ihm an Wochentagen vielleicht ohne Stau aufs Dach zu steigen? Hat man wirklich keine Zeit für Vorbereitungstouren oder eine fundierte Ausbildung?

Ich sehe da schwarz. Selbstbeschränkung ist keine menschliche Stärke. Also: weiter auf in den (Stau)Kampf, alpine Gladiatoren! Andere Berge sind nicht in Mode, nicht so hoch, zu leicht, nicht herzeigbar. Und einsamer.

Der stille Untergang des alpinen Kletterns

Wo sind sie geblieben, die einst klingenden Namen der alpinen 30er- bis 70er-Jahre? In Erzählungen an abendlichen Hüttentischen kommen Dachl-Nordwand, Civetta-Nordwestwand oder Frêney-Pfeiler nicht mehr vor ... Dass in den Gesäusewänden kaum mehr Kletterer zu finden sind, ist ein alter Hut. In letzter Zeit verschwinden die alpinen Akteure aber auch aus den Kletterarenen der Dolomiten, obwohl einige davon klettergartenähnlichen Charakter hätten. Und jüngsten Erzählungen zufolge soll sogar in den „alpinen" Steilwänden des Colodri in Arco/Gardasee nix mehr los sein – auch in der „Renata Rossi" sind Seilschaften selten geworden ...

Sportklettern oder Normalwege Abgesehen vom Bergwandern besteht Bergsport heute nur mehr aus Sportklettern und „Normalwegbergsteigen". Wobei Zweiteres keineswegs abwertend gemeint ist. Die Bergsteiger suchen die leichten Wege und meiden das alpinistische Abenteuer extremer Routen. Und Klettern heißt heute nahezu ausschließlich Sportklettern, zunehmend auch „indoor" an künstlichen Kletterwänden. Hochgebirge ist für viele Sportkletterer ein Fremdwort geworden.

Die alpinen Kletterer dagegen, früher auch „Extremkletterer" genannt, sind heute als alpine Saurier vom Aussterben bedroht und stehen auf der Roten Liste. Erhebt sich die Frage nach dem Warum? Die Gründe für den stillen Untergang der markantesten Disziplin des Alpinismus sind vermutlich ebenso vielschichtig wie die einstigen Motive, sich freiwillig in adrenalinverdächtige Raufereien mit Fels und Eis zu stürzen und sich der Gefahr von Wetterumschlag und Steinschlag in der Hochgebirgswüste auszusetzen.

Sportklettern ist anders. Weniger mühsam – die Klettergebiete sind schnell erreichbar, und bevor der Regen kommt, sitzt du schon im Wirtshaus. Sehr sicher – denn die Routen sind eingebohrt, Abstürze nur bei fundamentalen Sicherungsfehlern möglich. Und – Sportklettern ist messbar, ist auch Wettkampf, bei dem der und die Beste ohne Wenn und Aber definierbar sind.

Aber diese Vordergründe allein sind es nicht. Das Verschwinden des Schwierigkeitsalpinismus hat auch und vor allem gesellschaftliche Ursachen. Wir leben angeblich in einer Freizeitgesellschaft. Freizeit muss Spaß machen, muss lustbetont sein. Fit & Fun eben. Und – Saurier sei ehrlich: War das Biwak im Wettersturz in irgendeiner wilden Nordwand lustig? Die vereisten Risse, die abgebrochenen Haken, die Angst im Nacken, all die K(r)ämpfe – hatten die auch nur im Entferntesten mit Spaß zu tun? Klettern heißt heute climbing, ist in, ist trendy. Das soziale Prestige findet die kletterbegeisterte new generation im 8. bis 11. Schwierigkeitsgrad, im durchtrainierten nackten Oberkörper, in bunten Hotpants und engen Tops. Warum auch nicht?

Die lässige Erwähnung, am letzten Wochenende im Gesäuse die Dachl-Verschneidung gemacht zu haben, bringt keine Anerkennung und provoziert höchstens die Frage nach der Schwierigkeit („Ist das ein Achter?"). Und selbst der alpinistisch Versierte kennt am Großglockner gerade noch die Pallavicini-Rinne, hat aber sicher noch nie etwas von einer Welzenbach-Route gehört. Na und?

Auch die (Normalweg-)Bergsteiger haben keine Motivation mehr, sich schwierige Alpenwände als Ziel zu setzen. Wozu auch? Die gesuchten Emotionen – das Gefühl, oben zu sein, die Befriedigung, es geschafft zu haben, oder das Erlebnis der überwältigenden Hochgebirgsnatur – finden sie auch am neuen Dachstein-Klettersteig und brauchen dazu keine wilde Südwandroute.

So schaut's aus, heute. Und morgen?

Mögliche Renaissance? Reinhold Messner hat in den 70er-Jahren vergeblich um den „Drachen, der nicht sterben darf", gekämpft. Der Drache ist tot und den paar nostalgischen „Ehemaligen" steht es ja frei, ihr ganz persönliches Abenteuer weiterhin in den großen Wänden zu suchen. Aber vielleicht ist Messners Drache nur scheintot? Vielleicht steigt das Alpinklettern wie der Phönix aus der Asche und kehrt wie der ausgestorben geglaubte Luchs zurück? Obwohl alles dagegenspricht, glaube ich an eine Renaissance. Ohne Wunschdenken, denn für alpinistische Klassiker wird eine neue Entwicklung keine Konsequenzen haben. Irgendwann werden Fun fad, Sport zu wenig und Akrobatik am Einfingerloch nicht mehr „in" sein. Irgendwie wird eine nächste Generation den schwierigen „Alpinismus mit großem A" wieder- oder neu entdecken. Vielleicht unter anderen Vorzeichen, an die wir jetzt noch nicht denken.

PS: Motiviert von der Einsamkeit in der Sella fahre ich jetzt in die Dolomiten. Sobald diese Kolumne (endlich) fertig ist. Nostalgiehalber und ohne Blick auf irgendeine alpine Zukunft.

„Magic Mountains" – die Alpen als Disneyland?

Skifahren und Bergwandern sind längst Schnee von gestern, meinen moderne Tourismusmanager. Die Vision der „Vordenker": Erlebnisparadiese in den Alpen – jeder Berg ein Großspielzeug für Vergnügungssüchtige.
So ähnlich lauteten die Botschaften im „Freizeit-Kurier" und in einer ORF-Sendung vor einigen Monaten zum Thema „Die Erlebnisgesellschaft". Solche Visionen sind allerdings nur mehr in den Alpen Visionen. In Amerika (wo denn sonst) hat längst der Aufbruch in eine neue Gründerzeit begonnen. Und die künstlichen Erlebniswelten, Ferien- und Funparks haben auch Japan und Europa erreicht. Euro-Disney bei Paris ist nicht mehr allein. In Deutschland gibt es schon mehr als 60 Erlebniswelten, von der Dschungelbar, in der an 365 Tagen Weihnachten herrscht, bis zur „Snow-World" im Ruhrgebiet, in deren Riesenhalle bei konstanten -5° ganzjährig Skifahren möglich ist. Kosten von 210 Millionen Schilling und 400.000 Besucher pro Jahr werden kolportiert. Kein Wunder, dass Tourismus-Vordenker begehrliche Blicke auch auf den japanischen „Oceandome" (Fassungsvermögen 6000 Menschen!) werfen und glaubwürdig (?) auf die alpine Zukunft projizieren.

Kathedralen der Freizeit Die Zukunft hat auch in Österreich schon begonnen. Projekte wie der Stronach'sche Weltkugel-Erlebnispark südlich von Wien, die größte Achterbahn der Welt (25 km Länge, 25 Loopings, 46 Schrauben) in den Bergen bei Ischgl oder der Plan, einen Teil des Paznauntales zu einer gigantischen Allwetter-Funhalle zu überdachen, brauchen keinen Vergleich mit anderen Kathedralen der Freizeitindustrie zu scheuen. Die Argumente für solche gigantomanische Vorhaben sind angeblich von der Sorge um den alpinen Fremdenverkehr getragen und lesen sich griffig.
Natur pur, normale Berge und Skipisten allein machen keinen Sinn mehr. Moderner Tourismus könne Katastrophen und Kriege überstehen, nicht aber Langeweile. Was wir brauchen, sei 24-stündiges Entertainment, Sport, Spiel und Spaß. Der Gast von morgen sei „Funatiker", der das totale Glück suche, all inclusive, gleichzeitig und sofort. Es gehe um die Mobilisierung von Adrenalin und dem Glückshormon Endorphin, um Thrill, Erregung, Tabubruch.

Scheinabenteuer Na gut. Die Welt ist ein Narrenhaus, sagen die Weisen. Zum Glück sind Weltkugel, Achterbahn und Paznaunhalle bisher (?) Projekte geblieben. Zum Glück gibt's kompetente Kritiker, die außer mit Umweltschutz auch mit der Lebensqualität der Bevölkerung argumentieren und von „kulturellen Tschernobyl"-Plänen sprechen. Und – die Amüsierstrategen übersehen bei aller Wortgewalt ein paar Fragezeichen: Können Instanturlaube (der Vergleich mit Pulverkaffee drängt sich auf) und Scheinabenteuer in alpinen Gaudiparks wirklich die Glückshormone herbeizaubern? Ist vorfabriziertes Abenteuer ohne Einsatz und Risiko nicht ein Widerspruch in sich und wird auf Dauer genau das, was die Trendsetter fürchten, nämlich langweilig? Werden Erlebniskonsum, organisierte Fröhlichkeit und nachgebaute Natur nicht mehr Leuten beim Hals heraushängen, als den Drehern an der Eventspirale lieb ist?

Weil die Leute vielleicht und hoffentlich nicht so blöd sind, wie die erregungssüchtigen Macher glauben. Und weil doch mehr Menschen „die Freiheit suchen, zu gehen, wohin sie selbst wollen".

„Desert Festival" in der Sahara Während einer Sahara-Durchquerung kamen wir rein zufällig am 31. Dezember 1999 zu den Mandara-Seen im Süden Libyens. Die Mandara-Seen sind eines der faszinierendsten Phänomene der Sahara – blaue Salzwasserspiegel mitten im gelben Sandmeer. Hatten wir bei der Fahrt durch den Dünengürtel schon misstrauisch die zahllosen Reifenspuren beäugt, so übertraf die Realität jede Vorstellung: Statt der erwarteten paar Dutzend Saharafahrer umlagerten ein paar hundert Touristen, zig schwere LKW, Generatoren, mannshohe Boxentürme, Bühne samt Lichtorgel und eine Zeltstadt den Um el Ma, den schönsten der Seen. Die belgische Entertainmentfirma Adventures, Outdoor & Action hatte die glänzende Idee, zur angeblichen Jahrtausendwende ein „Year 2000 Desert Festival" mitten in der Sahara zu veranstalten. Auch wenn der Besucherandrang weit hinter den Erwartungen zurückblieb – gegen die brüllende Technomusik hatte die tönende Stille der Wüste keine Chance …

Was diese Geschichte mit Alpendisney zu tun hat? Mir kam gerade ein versöhnlicher Gedanke: Wenn erst einmal ein paar „Desertworlds" mit Sandgebläse, Kamelen und Palmenoasen gebaut sind, überkuppelt und steril natürlich, werden Spektakel wie jenes in der Libyschen Wüste nicht mehr stattfinden. Oder vielleicht doch? Gerade deshalb?

Illusion Sicherheit
oder Die Ohnmacht beim Restrisiko

Nach der Katastrophe am Kitzsteinhorn rückten das jüngste Lawinenunglück von Obergurgl und die gerichtliche Aufarbeitung der Tragödie vom Jamtal die Themen Sicherheit und Risiko erneut in den Mittelpunkt.

Aus den tragischen Ereignissen in Kaprun, im Ötztal und in der Silvretta lassen sich bei nüchterner Betrachtung drei verschiedene Szenarien zum Thema Bergtourismus und Sicherheit ableiten.

Die Opfer von Kaprun waren ohnmächtig einer offenbar nicht unfehlbaren Technik ausgeliefert. Die Ski- und Snowboardfahrer trifft keinerlei Mitverantwortung – wer den weißen Sport im gesicherten (?!) Skiraum ausüben will, kann auf Seilbahnen nicht verzichten. Dass Seilbahnen das weltweit sicherste Massenverkehrsmittel sind, kann den Opfern vom Kitzsteinhorn nicht mehr helfen. Und die Behauptung von Experten, dass moderne Technik ohne menschliches Versagen zu 100% funktioniert, mag wie Hohn klingen, führt aber unmittelbar zur Schnittstelle Mensch zwischen Risiko und Unfall.

Schwachstelle Mensch Der Lawinenunfall im Gletscherskigebiet Obergurgl vom 19. November kostete drei Skifahrern das Leben. Eine elfköpfige deutsche Skifahrergruppe hatte trotz hoher Lawinengefahr (Gefahrenstufe 3 oder sogar 4) die Absperrungen ignoriert, war geschlossen in einen Tiefschneehang eingefahren und hatte ein großes Schneebrett ausgelöst. Von den Verschütteten – die Variantenfahrer waren weder mit VS-Geräten noch mit ABS-Rucksäcken ausgerüstet – konnten drei nur mehr tot geborgen werden.

Das allem Anschein nach grob fahrlässige Verhalten dieser Gruppe ist ein Beispiel dafür, dass der „moderne Freizeitmensch" vom Berg überfordert ist, dass ihm Verständnis und Gefahrenbewusstsein für die Hochgebirgsnatur weitgehend abhandengekommen sind.

Beim Lawinenunglück in der Silvretta Ende Dezember 1999 stießen dagegen auch Bergexperten an die Grenzen der menschlichen Beurteilungsfähigkeit. Nur 200 m von der Jamtalhütte entfernt wurden 14 Skitouristen einer großen, von drei österreichischen Bergführern geleiteten DAV-Gruppe verschüttet – 9 Tote! Bei der Gerichtsverhandlung Mitte November wurden die drei Bergführer in erster Instanz freigesprochen, da „der Lawinenabgang nicht vorhersehbar und die Hangquerung kurz vor der Hütte noch zu verantworten gewesen sei". Dass selbst drei erfahrene Berg- und Skiführer dieses tragische Lawinenunglück nicht verhindern konnten, beweist, dass Irren menschlich und eine Garantie absoluter Sicherheit unmöglich ist.

Verdrängen, delegieren Die moderne Freizeitgesellschaft hat das Risiko weitgehend verdrängt und ist daran gewöhnt, zum Teil auch gezwungen, Verantwortung in den Bergen zu delegieren: abseits der Pisten oftmals an den Bergführer, in den Skigebieten an die allgegenwärtige Technik. Aber technische Anlagen werden von Menschen bedient und auch Bergführer sind trotz hochqualifizierter Ausbildung und Erfahrung nur Menschen. Erst Katastrophen bringen uns schmerzlich zu Bewusstsein, dass es Massentourismus auf der Piste und Skitouren im freien Gelände ohne Restrisiko nicht gibt und wohl auch nie geben wird.

Kein Patentrezept Im ORF-Magazin „betrifft" diskutierte kürzlich eine hochkarätige Runde von Fachleuten zum Thema Tourismus und Sicherheit. Vom Bergführer bis zum Seilbahntechniker, vom Extrembergsteiger bis zum Snowboard-Weltmeister, vom Psychologen bis zum Kulturwissenschaftler war so ziemlich jede praktische und theoretische Kompetenz vertreten. Am Ende sah man sich mit der konkreten Frage konfrontiert, ob und wie man in Zukunft derartige Unglücksfälle verhindern könne. Als Antworten kamen nahezu ausschließlich altbekannte Argumente und Vorschläge, deren relative Hilflosigkeit deutlich die Ohnmacht gegenüber dem Risiko zum Ausdruck brachte: mehr Ausbildung und Information; mehr Gefahrenbewusstsein und weniger Risikobereitschaft; mehr Naturverständnis und weniger Technikgläubigkeit etc. Abgesehen davon, dass bei einem so komplexen und fast hoffnungslosen Thema keine Wunderlösung zu erwarten ist – Patentrezepte gibt es schlicht und ergreifend (leider) nicht. Letztlich standen die mutigeren Praktiker zum pessimistischen Resümee, dass wir mit einem (möglichst geringen) Restrisiko leben müssen, dass der nächste Lawinenunfall und das nächste technisch-menschliche Versagen unvermeidbar kommen werden.
Martialisch, aber realistisch formuliert: Wenn man akzeptiert, dass es zum Wesen des Alpinsports (und zwischen Extrembergsteiger und Pistenfahrer bestehen nur graduelle Unterschiede) gehört, gegen die Natur „anzutreten", dann müssen wir damit rechnen, das Match manchmal auch zu verlieren.

Vertikales Limit am K 2

Kino an der Grenze zum Erträglichen

Seit einigen Wochen läuft das neueste Hollywood-Spektakel „Vertical Limit" in den Kinos. Leider hat der Film das Bergsteigen zum Thema. Darüber eine Kolumne zu schreiben, liegt leider am journalistischen Limit.
Leider ist bei „Vertical Limits" alles „leider". Nach den haarsträubenden Werbespots hatte ich Schlimmes erwartet, aber noch Hoffnung. Doch der Film ist schlimmer als schlimm: dümmlich, jenseits jeder Realität, saublöd, unbeschreiblich. Schon die Ankündigung im Kinomagazin „Skip" spricht Bände: „... dieser halsbrecherisch inszenierte Höllenritt könnte sogar Reinhold Messner den Angstschweiß auf die Stirn treiben". Armer Reinhold! Erstaunlich, dass in den Medien überhaupt seriöse, wenn auch schlechte Kritiken zu finden waren.

Die Story Los geht's beim Sportklettern im Monument Valley, USA. Vater, Tochter und Sohn hängen nach verwirrenden Massenstürzen zu dritt an einem „friend". Der Vater weiß (?), dass der Klemmkeil nur das Gewicht von zwei Menschen halten wird, und opfert sich mit dem Befehl an den Sohn, sein Seil durchzutrennen. Und der schneidet. Die Geschwister Peter und Annie bleiben traumatisiert am Leben.
Jahre später treffen sie im K 2-Basislager wieder aufeinander – Peter als Fotograf, Annie als Spitzenbergsteigerin im Sold des schwerreichen Amerikaners Elliot, der den K 2 um jeden Preis bezwingen will. Weitere Darsteller sind der Bergführer des Teams, zwei eingerauchte Berghippies, der exzentrische K 2-Veteran Wick, der sich am Ego-Trip und auf der Suche nach seiner verschollenen Frau befindet, ein Colonel der pakistanischen Armee und Lieferant von Nitroglyzerin und eine weitere schöne Frau als kletternder Schutzengel.
Weil Geldsack Elliot seinen Bergführer und Annie trotz Wettersturz zum Gipfelsturm zwingt, kommt es zur Tragödie. Die drei stürzen in 8300 m Höhe in eine Gletscherspalte und damit in eine ausweglose Situation. Doch Peter schreitet mit den Hippies, der Schönen und „old boy" Wick als einzigem erfahrenem Bergprofi zur dramatischen Rettung. Zentrale Themen sind Dexamethason-Spritzen (ein Cortisonpräparat nicht nur für den Höhennotfall) und Nitroglyzerin von den Pakistani zum Sprengen des eisigen Gefängnisses. Es kommt, wie es kommen muss: Während sich der Berg die Bösen holt, kriegen die Guten ihre Chance und opfert sich der Edle, in diesem Fall der Alte. Klaro, dass sich am happy Ende ein neues Pärchen findet – nicht schwer zu erraten, wer mit wem.

LAND DER BERGE | 2001

Mission impossible So weit, so gut – da hätte man ja durchaus einen akzeptablen Film machen können, oder? Leider dokumentierten Regisseur Martin Campbell (den Mann muss man sich merken!) und die Drehbuchautoren gnadenlos ihre Vorstellungen von einer K 2-Expedition und machten die Story ungewollt zum Witz. Und Hollywood, berühmt für effektvolle Kino-Action, dreht völlig durch und sorgt mit irrwitzigen Stunts für visuelle Lachnummern. Da hackt sich ein Retter beim Absturz mit dem Eisbeil gerade noch am Serac fest, dort pendelt Frau frei an einer Hand und hat zusätzlich Mann an der Bandschlinge hängen (wie wär's mit einem einarmigen Klimmzug, Lady? Sind ja nur 150 kg, Frau, Mann und Rüstung). Ein Held hechtet, 7000 m hoch, über einen mindestens 10 m breiten Abgrund und krallt sich mit den Eis(!)geräten an die Fels(!)wand gegenüber. Die Akteure bewegen sich in 8000 m Höhe schnell wie Sprinter und kämpfen gegen Höhe, Lawinen und Nitroglyzerin-Explosionen, deren Flammenwalzen über den K 2 rasen. Hauptproblem ist die zu geringe Menge an Dexamethason, mit dem die Lungenödeme locker weggespritzt (?!) werden könnten. Folge: Mord am Bergführer durch Charakterschwein Elliot. Und über allem schwebt die amerikanisch-westliche Überzeugung, dass es für alles künstliche Krücken gibt: „Dex" für Höhenkrankheit, Nitro für Spaltensturz, Helikopter für alles andere.

Vergebene Chance Bei solchen Bildern drängt sich der Gedanke an eine Persiflage auf. Aber man sucht vergeblich nach sarkastischen Elementarteilchen – da ist nur der blutige Ernst des Holzhammers. Ewig schade, denn das wäre eine echte Chance gewesen!
Gibt's denn gar nichts Positives? Doch! Die großartigen Schneeleoparden-Bilder sind anscheinend authentisch im Himalaya gefilmt und möglicherweise die einzigen „echten" Aufnahmen. Denn der K 2 himself kommt nur als Kulisse vor. Aber Schneeleoparden sind im „Universum" vermutlich noch besser zu sehen. Trotzdem ist es gesund, wenn sich Bergsteiger das vertikale Limit geben. Aber nur in Gesellschaft. Da lacht sich's leichter.

Der junge Koblmüller am Beginn seiner alpinen Karriere (1970)

Edis Schwester Marianne, ebenfalls eine Berg- und Skiführerin

Mit seiner Frau Liesi in den Dolomiten (Neuner, Fanesgruppe, 1994)

Koblmüller mit seinem Sohn Reinhard in der Silvretta (2004)

Edis Sohn Michael, der 1999 am Diran verunglückte

Beim Anbringen einer Gedenktafel für Michael (2006)

Als Seilschaft mit seiner Lebensgefährtin Uli am Predigtstuhl (OÖ, 2014)

Koblmüller war ein perfekter Allrounder: hier am Bonattipfeiler (1969)

Am Sellaturm (1980er-Jahre)

Koblmüller in der Ödsteinkante (Gesäuse)

Koblmüller war einer der Pioniere beim Wasserfalleisklettern (1984) …

... und auf den höchsten Bergen der Welt: Den Cho Oyu bestieg er 1978 im Alpinstil.

Erschöpft nach der gescheiterten K2-Expedition (1989)

Winterexpedition auf den Batura I (1981)

Erfolgreich am Dhaulagiri gemeinsam mit seinem Sohn Michael (1996)

Den Gipfel des Nanga Parbat erreichte Koblmüller 1983.

Jagdlobby gegen Biker
Ziviler Ungehorsam als Möglichkeit?

„Das Verbot des Offroad-Bikens ist einzusehen. Das Verbot, mit dem Fahrrad auf einer Straße zu fahren, wo 3,5 Tonnen erlaubt sind, ist dagegen lächerlich." (Dr. Günther Kräuter/Zitat LdB 2/2001).

Das Verbot ist lächerlich, doch manche Auswirkungen sind für die Betroffenen nicht zum Lachen. Schauplatz Dunkelsteiner Wald, NÖ: Ein illegaler Forststraßen-Biker wird von mehreren Jägern samt Auto und Hund „gestellt" und des Vorderrades beraubt. Er geht – vom Hund gezeichnet – zu Fuß nach Hause und wird in 2. Instanz zu einer Strafe von ATS 3000,– verurteilt. In Kirchbichl (Tirol) hebt ein Altbauer auf „seiner" Straße eine Grube aus, in die zwei Bergradler stürzen: ein Toter, ein Schwerverletzter. Der wahnsinnige MTB-Feind wird zu sechs Monaten Haft verurteilt. Glimpflicher gehen Auseinandersetzungen im Kürnberger Wald bei Linz und im Kärntner Maltatal aus, wo es bei versuchter Gendarmerievorführung bzw. Drohungen mit „einzuschlagenden Zähnen" bleibt. Die wahren (Schauer-)G'schichten aus dem Wald ließen sich fortsetzen ...

Der Trick mit der Haftung Natürlich sind solch militante Reaktionen nur extreme Spitzen im „Krieg" Jäger gegen Radler. Natürlich gibt's auch beschämende Seiten im anderen Lager – rasende Biker, die alles ignorieren, was zivilisierter Benimm wäre. Auch wenn sich beide Seiten normalerweise in Toleranz üben, bleibt unterm Strich trotzdem eine unhaltbare Situation, die noch dazu gesetzlich sanktioniert ist. Denn das Forstgesetz 1975 garantiert zwar das Betreten des Waldes, verbietet aber Radfahren auf Forststraßen. Belasten die Bikes den Forstweg mehr als der schwere Lkw bei der Holzbringung? Natürlich nicht. Hinter den Schildern „Radfahren verboten" stecken ganz andere Gründe: „ewige" (?) Jagdgründe. Ein Wald ist umso mehr wert, je weniger er betreten werden darf. Je einsamer, desto besser die Jagdbedingungen. Und desto höher die Jagdpacht bzw. das elitäre Gefühl, nicht vom „Volk" belästigt zu werden. Klaro?

Da man das der Optik wegen nicht so direkt sagen kann, muss für die Blockade der Wegefreiheit die verzwickte Haftungsfrage herhalten. Der Grundeigentümer sei nämlich fällig, wenn es den Mountainbiker im Schlagloch „aufstellt". Und das kann's ja doch nicht sein.

Ist es auch nicht, wie die Praxis in fast allen Nachbarländern zeigt und wie Gutachten beweisen. Ungehört bleibt auch das Argument, dass der Großteil des österreichischen Forststraßennetzes von der öffentlichen Hand mitfinanziert wurde, dass also die Allgemeinheit für diese Infrastruktur zwar zahlen, sie aber – zumindest per Fahrrad – nicht benutzen darf.

Die gescheiterte Reformation Im November vergangenen Jahres wurde ein hoffnungsvoller Versuch unternommen, die seit Jahren verkrustete Forststraßen-Debatte aufzubrechen. Der SP-Nationalratsabgeordnete Dr. Günther Kräuter brachte einen parlamentarischen Gesetzesantrag für die Freigabe von Forststraßen für Radfahrer ein. Offroad-Biken und Radfahren auf Wanderwegen sollte verboten bleiben und die Haftungsfrage gelöst werden. Vor einigen Wochen wurde dieser parlamentarische Antrag gnadenlos abgeschmettert, interessanterweise ohne jedes Medienecho. Zum Unterschied vom Freizeitsport haben nämlich Jagd und Waldbesitz in Österreich eine „gnadenlos" mächtige Lobby ... „Waun da Jaga net wüll, nutzt des gar nix." Bunte Biker stören grünes Weltbild.
Nun könnte man einwenden, dass die MTB-Möglichkeiten in Österreich mittlerweile größer sind denn je, dass auch bei uns eine zögernde Forstwege-Liberalisierung eingesetzt hat. Mehr freigegebene Kilometer, für die manche Tourismusregionen viele Entgeltschilling an die Bundesforste zahlen. Die Allgemeinheit zahlt also doppelt. Aber abgesehen davon, dass 95% der 140.000 Forststraßenkilometer nach wie vor für Biker gesperrt bleiben, ist das Thema ein prinzipielles. Angesichts der Beton- ... äh, „Natur"-Lobby und der medialen Interesselosigkeit scheint keine Lösung in Sicht zu sein.

„Demo" gegen Lobby Vielleicht sollten die machtlosen Freizeitsportler zum alten (demokratischen) Mittel des zivilen Ungehorsams greifen, um die Öffentlichkeit auf die untragbaren Forststraßensperren aufmerksam zu machen? Mehr Druck nicht nur in die Pedale, sondern auch auf die Wald(Jagd)prinzen, die auch mit anderen legistischen Mitteln (Beispiel: die berüchtigten „befristeten" Sperrgebiete) ganze Täler schließen, und das nicht nur für Radfahrer. Wehret den Anfängen. Eine „Demo" von 2000 bunt gewandeten Bikern (igitt!) in einem der großen Privatreviere würde wohl für entsprechende Medienpräsenz sorgen. Und schlagartig auch für mehr Farbe bei Politikern, Parteien und ... Jägern.

10 griffige Jahre ...
... und kein Thema in Sicht

Eigentlich sollte diese Kolumne längst geschrieben sein.
Eigentlich hätte mir längst ein Thema einfallen sollen.
Eigentlich war vorgestern Redaktionsschluss.
Eigentlich wollte ich zu Pfingsten am Glockner sein ...
Draußen regnet es, Pfingstsonntag, und ich hab' noch immer kein Thema. Verdammte Schreiberei, jedes Mal dasselbe. Wenigstens hat der Wetterbericht diesmal gestimmt, der Gabl hat recht gehabt, zum Glück haben wir die Glocknerumfahrung abgesagt, sogar die Glocknerstraße war gesperrt. Weit und breit kein heiliger Pfingstgeist, der mein träges Gehirn aufmöbelt, mich griffig erleuchtet, mir Ideen einflüstert. Also was jetzt?

Thema „Everest" – nein Mein Blick fällt auf eine Überschrift im „Standard": „Profitträchtiges Dach der Welt. Wer zahlt, erreicht den Gipfel des Mount Everest – bei Bedarf wird er getragen". Blödsinn, so einfach ist das noch immer nicht. Aber vielleicht wär' der Everest ein Thema? Brandaktuell, nach der Himalaya-Saison, nach Sieg und Niederlage, nach Unglück, Publicity und Tod. Der Radrennfahrer, der's tatsächlich geschafft hat, wenn auch ohne MTB natürlich. Die beiden Tiroler, Vater und Sohn, am Gipfel. Gratulation allen! Die Gedanken wandern ... zum Erich, der vom Makalu nicht wiederkommen wird. Vermisst in 8300 m Höhe – warum hat er, verdammt noch mal, nicht umgedreht? Mein Michael, seine Fotos überm Schreibtisch. Warum? Nein, vom Everest oder vom Makalu schreiben will ich jetzt nicht. Nicht schon wieder. Vielleicht sind diese Berge einfach zu hoch.
Was würde wohl Herbert Tichy sagen, wenn er vom Rummel an den Achttausendern wüsste? Erstbesteiger des Cho Oyu, 1954, Eigendefinition „Nichtbergsteiger", einer der sympathischsten, bescheidensten und menschlichsten Schriftsteller der Bergliteratur. Tichy wäre am 1. Juni 89 Jahre alt geworden. Schade, dass er nicht ein Jahr früher auf die Welt gekommen ist.

Thema „10 Jahre GRIFFIG" – nein Sonst fällt mir auch kein Jubiläum ein. Draußen regnet es, und wie immer, wenn ich mühsam die 4600 Zeichen am PC zusammenkratze, ist es irgendwann nach Mitternacht. Wann hab' ich eigentlich damit angefangen? Vor 10 ... Moment, he, genau vor 10 Jahren! Kein Mensch wird glauben, dass mir das eben jetzt eingefallen ist. Ist aber so. Her mit einem

neuen Titel (ursprünglich: „Stellt euch vor, es regnet und mir fällt nichts ein"). Tatsächlich – die Mai/Juni-Ausgabe 1991 war das erste „LAND DER BERGE"-Heft mit der Kolumne, für die der damalige Chefredakteur „Frießi" den komischen Titel „GRIFFIG" erfunden hat. 10 Jahre. Erstaunlich.
Aber die 58 bisherigen Geschichten sind auch kein Thema. Soll ich etwa dramatisch von zerschriebenen Nächten, zerbissenen Bleistiften, zerrissenen Papierbögen oder von zertrümmerten PC-Tastaturen schreiben? Von der ernüchternden Erkenntnis, dass ich als Schreiber schon längst verhungert wäre und vom Wie-kann-man-für-die-paar-Zeilen-nur-so-lang-brauchen? Na, lieber nicht.

Thema „Alpin Orange" – nein Morgen gibt's im Fernsehen „Taxi Orange". Super. In der Zeitschrift „Focus" war kürzlich von den neuesten Trends bei Reality-Shows zu lesen. „Big Brother" und der Container-Voyeurismus sind out, „Adventure-Shows" im Kommen. Angesichts sinkender Zuschauerzahlen geht bei den Produzenten die Quotenangst um. Neue, härtere Ideen, mehr „Äktschn", Bungee und Busen sind gefragt. Die Pfadfinder des Gladiatoren-TV haben Projekte wie „Fear", „Love-Test", „The Hunt" oder einfach „Gestrandet" auf Lager. Na servas.
Dem Alpinisten drängt sich ein Vorschlag auf: wie wär's mit „The Mountain" oder „The Rock"? Eine Everest-Expedition mit TV-Beobachtung rund um die Uhr. Oder die Nanga Parbat-Rupalflanke. Reality-TV in ultimativster Form. Na ja, warum auch nicht. Konkrete Pläne in die Richtung gab's ja schon. Aber das ist eine andere Geschichte.
Pfingstmontag und Regen. Einschläferndes Rauschen. In ein paar Stunden müssen 4600 Zeichen in St. Pölten sein. Müssen?
Ich bin gaaaanz ruhig und entspaaaa…
Vielleicht hätte ich doch über Herbert Tichy schreiben sollen. Warum muss ein Gedenktag rund sein und nicht 89? Jetzt ist es zu spät. Immerhin – für das nächste LdB weiß ich ein Thema.
Das ist eine Drohung.

Das Schweigen der Presse
Mediale Nullreaktion auf alpine Spitzenleistungen

Den bayrischen Brüdern Alex und Thomas Huber gelangen im Sommer der erste alpine „Elfer" in freier Kletterei und die zweite Besteigung des Ogre im Karakorum. Aber (fast) niemand hat's bemerkt.

Der 7285 m hohe Ogre ist – um gleich einen Superlativ anzubringen – einer der schwersten Berge der Welt. Thomas Huber, Iwan Wolf und Urs Stöcker gelang im Juli die zweite Besteigung, nachdem 24 Jahre lang alle Versuche seit der legendären Erstbesteigung durch Chris Bonington und Doug Scott gescheitert waren.

Bruder Alex „arbeitete" zur gleichen Zeit mit wechselnden Partnern wochenlang in der Nordwand der Westlichen Zinne an einer freien Begehung seiner Route „Bellavista". Und er schaffte das Unglaubliche – die Rotpunktbegehung der heute schwierigsten alpinen Freikletterroute, den ersten 11. Grad in einer großen Alpenwand.

Kein Echo – warum? Zwei absolute Spitzenleistungen in zwei unterschiedlichen Disziplinen des modernen Extremalpinismus, die eine Besonderheit gemeinsam haben: Abgesehen vom kleinen Kreis des Fachpublikums interessiert sich „kein Schwein" dafür. Weder der alpine Elfer noch die Ogre-Besteigung schlagen sich in Presseberichten außerhalb alpiner Zeitschriften nieder. Der freie Durchstieg am Riesendach rechts der Schweizerführe, ohne Zwischenbohrhaken und in einer Schwierigkeit, die nur eine Handvoll Sportkletterer im abgesicherten Klettergarten schafft, lockt ebenso wenig Journalisten hinter dem PC hervor wie der Erfolg am Ogre nach 20 gescheiterten Expeditionen seit 1977. Warum gehen alpinistische Meilensteine, die man durchaus in der Nähe von „Sensationen" ansiedeln kann, medial völlig unter? Warum wird zwar von Fallschirmabsprüngen mit Surfbrett an den Beinen geschrieben, nicht aber von echten Pionierleistungen? Warum rauscht(e) der Blätterwald, wenn Thomas Bubendorfer große Alleinbegehungen in Alaska und Südamerika ankündigt (von denen dann nichts mehr zu hören ist), versinkt aber in Funkstille, wenn jemand den 8. Schwierigkeitsgrad in 7000 m Höhe oder den 11. in den Dolomiten vorweist?

Dabei hätte die Story eine ganze Reihe von Superlativen zu bieten, und die Huberbuam wären auch nicht gerade farblos. Sie können reden, sie können schreiben, sie sind medial „herzeigbar". Bei Magazinen und Tageszeitungen sind sie aber mit ihren Storys abgeblitzt – ihre Erfolge des Sommers 2001 gibt es nicht.

Das mediale Dilemma Anscheinend sind die Leistungen des modernen Spitzenkletterns zu abgehoben, zu unverständlich für den Nicht- und Hobbybergsteiger. Wer kann sich schon den 11. Grad im großen Zinnendach vorstellen, wo doch „freeclimbing" für viele dasselbe ist wie soloklettern und der Begriff „rotpunkt" ein Fremdwort? Welcher „Normalmensch", der mit dem Bergsport nichts am Hut hat, kann zwischen Achttausender-Normalweg und Ogre, einem von hunderten 7000ern, differenzieren („der Everest ist doch viel höher")?
Vielleicht ist die Öffentlichkeit aber auch der alpinen „Ikonen" müde geworden. Die jungen Wilden von heute haben es schwer im Vergleich zur Zeit eines Hermann Buhl oder Reinhold Messner. In den 50er-Jahren standen noch alle Achttausender für Erstbesteigungen zur Verfügung; Messners Ideen wie Alleinbesteigungen von 8000ern und Everest ohne künstlichen Sauerstoff waren revolutionär; das Sport- und Freiklettern veränderte die alpine Szene. Heute kräht kein öffentlicher Hahn nach dem 7. Bergsteiger, der alle 14 Achttausender bestiegen hat, und auch für Hans Kammerlander wird die Suche nach neuen Skierstbefahrungsachttausendern eng.
Die mediale Interesselosigkeit liegt auch darin, dass es beim Extrembergsteigen in den Augen der Öffentlichkeit nichts wirklich Neues zu geben scheint. Der 11. Grad in der Zinnenwand ist nur für Experten bahnbrechend und der Ogre – schwierigster Berg hin oder her – kann als 7000er mit 2. Besteigung gar nicht „neu" sein.

Seriöse Träume Wenn Profibergsteiger die Öffentlichkeit suchen, müssen sie neue, realisierbare Visionen finden. Die Hubers – und natürlich auch andere ähnlichen Kalibers – haben ein seriöses Ideenpotenzial, das sie zu Ausnahmealpinisten macht. Und sie haben bisher so manchen Versuchungen des Fit & Fun-Zeitgeistes widerstanden. In seinem Bericht erzählt Thomas von einer (gescheiterten) australischen Basejumper-Expedition, die vom Ogre ihren Lebenssprung wagen wollte (na servas!). Wetten, dass ihnen das große Medienecho sicher gewesen wäre, wenn sich Thomas & Co. vom Gipfel des Ogre per Fallschirm und nicht per Abseilen verabschiedet hätten …

Terror und Trekking

New York und die Angst (?) vor dem Reisen

Was haben eine Kilimandscharo-Besteigung oder ein Trekking in Nepal mit dem Terroranschlag von New York zu tun? Vordergründig nichts, hintergründig zumindest eines: kurze Verunsicherung.
Eine der meistgebrauchten Verallgemeinerungen nach der Katastrophe an den Zwillingstürmen von New York lautete: „Nach dem 11. September wird nichts auf der Welt sein wie vorher". Zum weltweiten Entsetzen über das Unvorstellbare kamen Hiobsbotschaften von allen Seiten. Fluglinien gerieten (wirtschaftlich) ins Trudeln, Börsenkurse wackelten, große Reiseveranstalter sprachen von Stornowellen und Kurzarbeit. Der internationale Reiseverkehr schien zusammenzubrechen, die Angst vor dem Fliegen ging um. Auch Berg- und Trekkingtouristen stellten sich die Frage, ob eine Reise nach Nepal oder Marokko in Zeiten wie diesen noch zu verantworten wäre.

Alles beim Alten? Heute, drei Monate nach New York und zwei nach Beginn des westlichen Feldzuges gegen den Terror in Afghanistan, scheint alles wieder beim Alten zu sein, und auch bei unserem Thema ist der Alltag zurückgekehrt. Fragen nach der Sicherheit in Ostafrika oder Nepal sind out, betreffen fast ausschließlich wieder konkrete Einzelheiten zur Reise, zur notwendigen Ausrüstung oder zu Impfvorschriften. War alles nur kurzfristiger Schock oder hochgespielte Hysterie? Was war Realität vor ein paar Wochen, was hat sich seither geändert, wie ist die Lage heute und morgen?

Geringe Folgen Aus unserer Erfahrung und nach Berichten anderer Outdoor-Reiseveranstalter bzw. „Mitbewerber" (Pineapple, Globetrek) war alles nur halb so bis überhaupt nicht schlimm. Ziele wie die Seidenstraße (mit Anreise über Pakistan), Usbekistan oder Jemen fielen zwar fast komplett aus, doch hielten sich die Stornierungen bei Reisen in nicht direkt betroffene Länder und Kontinente wie Nepal, Tibet, Südamerika oder Afrika in engen Grenzen. Bei rund 150 Anmeldungen für diverse Reisen mit Flügen nach Kathmandu, Casablanca und Arusha hatte „der Bergspecht" im September und Oktober keinen einzigen Stornofall aus Sicherheitsbedenken. Besorgte Fragen zur Durchführbarkeit einer Reise, nach der Sicherheit in den Zielländern oder zu den Flugrouten waren im Vergleich zu den „Stornowellen" bei „normalen" Reisebüros geradezu ein Klacks. Bergsteiger sind zwar vermutlich nicht mutiger als

Badetouristen. Dafür sind sie wohl weniger bereit, ein Wunschziel ohne sehr gravierende Gründe (nach monatelanger Vorbereitung) aufzugeben. Nüchtern betrachtet, ist das Risiko beim Fliegen nicht höher als vor dem 11. September, eine Anthraxgefahr in Bolivien geringer als in einer europäischen Großstadt und die Sicherheitslage in Tunesien oder Ladakh nicht anders als vor drei Monaten.

Abwarten Signifikant war allerdings die zögernde Bereitschaft zu Neubuchungen, aber auch nur bis Mitte/Ende Oktober. Ein verständliches Abwarten, denn schließlich konnte niemand wissen, wie sich die Welt weiterdreht. Ein mögliches Szenario eines kriegerischen Flächenbrandes zwischen islamischer und westlicher Kultur, ein fundamentalistischer Umsturz im atombewaffneten Pakistan oder eine geschlossene radikale Allianz vieler arabischer Staaten gegen die USA und Israel hätten die weltpolitische Lage und nicht nur die Reisesicherheit dramatisch verändern können …
Gerade in den Tagen, an denen ich über das Thema dieser Kolumne nachgedacht habe, hat die Realität wieder einmal die meisten Prognosen überholt. In Afghanistan gibt es nach 20 Jahren Krieg zumindest zarte Hoffnungen auf friedlichere Zeiten – wer weiß, ob Trekking und Bergsteigen im Zentralen und Hohen Hindukusch nicht schon in drei und nicht erst in 20 Jahren möglich sein werden? Ich glaub's zwar nicht, aber man wird ja noch träumen dürfen.

Selbst ist der Mensch Ob die Welt nach dem 11. 9. 2001 tatsächlich anders geworden ist, darf bezweifelt werden, ist aber hier wegen fehlender Kompetenz nicht Thema.
Beim vergleichsweise unbedeutenden Thema der (außeralpinen) Reisen bin ich hingegen hoffnungsvoll überzeugt, dass Sicherheit von selbst beeinflussbaren Faktoren wesentlich mehr abhängt als von der momentanen weltpolitischen Lage oder von der Terrorgefahr. Wer also das Risiko einer Bergreise in den Iran zum Demawand, in den Himalaya oder zum Cotopaxi in Ecuador möglichst niedrig halten möchte, sollte in erster Linie auf die entsprechende körperliche und geistige Vorbereitung, die richtige Taktik in der Höhe, eigenes Können und Erfahrung, gute Ausrüstung usw. usf. setzen.

Selbst ist der Mensch. Gerade in Zeiten wie diesen.

Die auf die Berge rennen

Der neue Trend: Skitourenrallye

Irgendwie war es nie ganz einfach, die Frage „Warum Skitour?" kurz und bündig zu beantworten. Beim Skitouren-Marathon ist das Motiv klar und simpel: Wettkampf, Sport, schneller zu sein als andere.

Die neue Disziplin zeichnete sich schon seit einigen Jahren am Horizont ab: Skitourenrennen. In den italienischen und französischen Alpen schon seit Jahren gang und gäbe, ist der Trend jetzt auch bei uns voll ausgebrochen. Beim zum dritten Mal ausgetragenen „Mountain-Attack" in Saalbach-Hinterglemm gingen 500 Läufer aus 6 Nationen an den Start und bevölkerten 4000 Zuschauer den Start-/Zielraum und die (Pisten-)Rennstrecken am Schattberg, Zwölfer- und Reiterkogel. Im Veranstaltungskalender für den Winter 2002 ist eine lange Liste von Meisterschaften und Cupbewerben zu finden: Austrian Skitouren Cups in Russbach/Gosau und Mauterndorf/Lungau, Weltmeisterschaften in Serre Chevalier (Frankreich), International Open und Asiatische Meisterschaften in Marokko bzw. Indien (!) und European Cups in Italien und Griechenland sind einige Beispiele. Und bei den Olympischen Winterspielen 2006 wird der Skitouren-Marathon erstmals als Vorführwettbewerb präsentiert und hat gute Chancen, als Disziplin bei den Spielen zugelassen zu werden.

Die Zeichen der Zeit 1995 hatten wir als Wettkampf-Banausen und deklarierte Skibergsteiger noch staunend die Augen aufgerissen, als uns bei einer Skitour zum Pic de Neige Cordier im Massif des Écrins (Dauphiné) ein bunter Harlekin überholte (hautenger Rennanzug, linker Oberkörper/rechtes Bein in Rot, rechts/links in Blau, kein Rucksack, eh klar). Unsere neidischen und bewundernden Blicke (wegen des fehlenden Rucksacks und der prächtigen Erscheinung) wichen erst einem befriedigten „Aha", als der Läufer wenig später einfach umdrehte. Der Kerl hatte nur trainiert und seine persönliche Bestzeit von La Grave zum Beginn des Glacier des Agneaux unterboten!

Ein paar Jahre später wusste ich schon Bescheid, als uns vier schnelle Tiroler kurz unter dem Gipfel des Geigers in der Venedigergruppe einholten und vom Skidepot, ohne zu rasten, mit den gepolsterten Skistöcken als Bremse zwischen den Beinen, den gut und gerne 35 bis 40° steilen Hartschneehang gerade hinunterrasten. Wow! „Die trainieren fürs Wildsaurennen."

Apropos „Wildsaurennen": Dieses legendäre Skitourenrennen in den Stubaier Alpen wird schon seit den 70er-Jahren als spektakulärer Staffellauf ausgetragen und beweist, dass die moderne Skirallye im Prinzip nicht neu ist (alles schon mal dagewesen), sondern nur nach Dimension, Zeitgeist und Ausrüstung. Wobei Letztere leicht – leichter – noch leichter sein muss (wie übrigens auch der Sportler selbst). Hinsichtlich „Härte und Brutalität" kann es das Wildsaurennen allemal mit einem Mountain-Attack aufnehmen.

Der (große) Unterschied Die „normale" Skitour mit gemütlichem Aufstieg und genussvoller (?) Abfahrt hat mit einer Wettkampf-Rallye ungefähr so viel zu tun wie ein Spaziergang mit einem Marathon. „Stilles Naturerlebnis, das verschneite Tännlein, Skilauf mit Körper und Seele" – all das fällt beim Rennlauf flach. Keine Zeit, es geht um Zeit. Wer 1200 Aufstiegshöhenmeter in einer unglaublichen Stunde schaffen will, registriert bei Puls 180 weder das verschneite Bäumchen noch baut er Stress ab, und wer für 1000 Hm Abfahrt keine 5 Minuten braucht, würde mit einem verweilenden Blick auf die Winterlandschaft Kopf und Kragen riskieren …
Skitour und Skitour sind zwei verschiedene Hüte, und der eine ist stromlinienförmig: Wettkampf gegen andere und gegen sich selbst. Der Wunsch, sich zu messen, die Suche nach objektiven Leistungskriterien scheinen zutiefst menschliche Eigenschaften zu sein. Warum auch nicht? Welcher Skibergsteiger kennt nicht die Wirtshausgespräche nach der Tour: „… der XY-Kogel? 2½ Stund' hamma braucht, und g'spurt a no. G'rennt samma net." Der Kenner weiß – der XY-Kogel hat 1400 Hm.
Die Skirallye ist zumindest für die, die der Vergleich sicher macht, die Lösung des Dilemmas, das dem Alpinismus immer schon anhaftete: Nie konnte man sagen, wer der (die) Beste, Schnellste, Stärkste ist. Beim Rennsport legt die Zeitmessung gnadenlos bloß, wer der Mountain-Man und wer „dabei" ist. Nix mit unterschwelliger Angabe „g'rennt samma net". Der Sieger ist absoluter Top-Athlet, lupenreiner Wettkampfsportler, Olympiakandidat.
Ähnlich dem Vergleich Sportklettern und Bergsteigen. Nomen est omen.
Jedem das Seine.
Mag sein, dass ich ein bisschen hin- und hergerissen bin. Der „Trend zum Speed" lässt mich aber ernüchternd und augenzwinkernd ahnen, dass ich kein richtiger (Wettkampf-)Sportmensch bin.
Kein Mountain-Man.

Schnorren für den „Expeditionsurlaub"?

„Grußkartenaktionen" mögen – sehr viel früher – akzeptable Methoden gewesen sein, bergsteigerische Topziele im Himalaya zu finanzieren. Heute wirken Spendenaufrufe für „Normalweg-Achttausender" eher peinlich.
Das (wieder mehr als gelungene) Banff-Bergfilmfestival am 23. März in Leonding bei Linz hatte neben spektakulären Filmen auch Seltsames zu bieten: Die mehr als tausend Zuseher wurden öffentlich um eine Grußkartenspende für eine „Expedition" zum Achttausender Shisha Pangma in Tibet gebeten. Geplant ist eine ganz normale Skibesteigung auf der üblichen Route, wie vom Expeditionsleiter mit fast naiver Offenheit betont wurde. Kein Wunder, dass viele der tausend Besucher von der Schnorraktion für den privaten Bergurlaub einiger „Expeditionisten" unangenehm berührt waren ...
Die Besteigung eines „leichten" Achttausenders ist zwar immer noch eine hervorragende Leistung, heutzutage aber kaum mehr als eine außergewöhnliche und extreme Bergreise. Am Cho Oyu, Shisha Pangma oder am Mount Everest sind jährlich hunderte Bergsteiger zu ihren persönlichen Zielen unterwegs. Alle 8000er werden seit Jahren von diversen Veranstaltern kommerziell als „Expeditionen" angeboten und eine kürzlich veröffentlichte Statistik nennt fast inflationäre Besteigungszahlen: Bis Ende 1999 waren auf den oben genannten Achttausendern 1090, 601 bzw. 1173 Menschen erfolgreich! Von „Expeditionen" im eigentlichen Sinn des Wortes kann da wohl nur mehr aus historischen Gründen gesprochen werden (oder weil immer noch kein passenderer Begriff gefunden wurde).
Nun soll hier nicht die Leistung bei der Besteigung eines der großen Weltberge herabgesetzt, sondern nur der alpinistische Stellenwert einer Shisha-Pangma-Besteigung im thematischen Zusammenhang zurechtgerückt werden. In aller Öffentlichkeit fremde, bergbegeisterte Leute um Spenden zur Reduzierung der Eigenkosten eines privaten Bergabenteuers anzugehen, ist in Zeiten wie diesen anachronistisch. Eine Bergreise zum Shisha Pangma kann sich heute fast jeder „Normalbürger" leisten, der seinen Urlaub unbedingt in sieben- bis achttausend Meter Höhe verbringen will – die Finanzierung ist in erster Linie eine Frage des persönlichen Stellenwertes.

Schnorralpinismus gestern ... Vor 50 oder auch noch vor 20 Jahren waren Grußkartenaktionen üblich und allgemein akzeptiert, wenn eine Handvoll

Extrembergsteiger in den Himalaya aufgebrochen ist, um eine schwierige Erstbesteigung im Karakorum, eine neue Route am Makalu oder den alpinen Stil am K 2 zu versuchen. Die Organisation eines „bedeutenden" alpinistischen Zieles war schwieriger, die Kosten in Relation zu heute waren wesentlich höher, Zeitaufwand und Risiko viel größer. Auch wenn es schwerfällt – die Zeiten haben sich geändert, und zwar entscheidend!
Etwas anders gelagert ist das Sponsoring durch Firmen, Vereine oder im Freundeskreis. Wenn es Bergsteigern oder Extremsportlern gelingt, die Firma XY zu überzeugen, dass die 150. Besteigung eines Berges diesen oder jenen Werbeeffekt bringt (was durchaus der Fall sein kann) – o. k. Wenn ein alpiner Verein aus internen Gründen ein bestimmtes Vorhaben einiger Mitglieder für förderungswürdig hält – auch o. k. In solchen Fällen muss es sich ja nicht unbedingt um alpinistische Großtaten handeln.

... und heute Bei diesem zugegeben etwas heiklen Thema geht es keineswegs darum, ein paar oberösterreichische Bergsteiger persönlich anzugreifen, von denen ich einige kenne und schätze. Nix für ungut, liebe Shisha-Besteiger und andere Aktionisten, aber es wäre vielleicht an der Zeit, kritisch über antiquierte Spendenaufrufe und über die Bewertung von alpinistischen Leistungen gestern und heute nachzudenken. Etwa eine Besteigung des (sehr schwierigen) 7000ers Ogre im Karakorum mit dem Normalweg am Shisha Pangma zu vergleichen. Und da gibt's schließlich die vielen anderen, die sich ihre großen Berge selbst finanzieren und bestimmt auch nicht reich sind.
Wenn schon öffentlicher Schnorralpinismus oder Ähnliches: Es gibt auch heute noch neue unkonventionelle Ziele für ambitionierte (Extrem-)bergsteiger mit Ideen. Es gibt immer noch „weiße Flecken" auf den alpinistischen Landkarten, die ja auch geistige Karten sein können. Aber die findet man halt nicht im tibetischen Basislager gemeinsam mit 20 anderen „Expeditionen".
Über die Förderung des „Hinausgehens" zu tatsächlichem oder geistigem „Neuland" könnte man ja von mir aus diskutieren. Und dort wären 10 oder mehr Euro für eine Grußkarte vielleicht auch nicht fehlinvestiert.

Herbert Tichy
Die Gnade des Schreibens

Für fast jeden Bergwanderer, dessen Traumziele auch im Himalaya liegen, ist Herbert Tichy eine Schriftsteller- und Bergsteiger-Legende. Am 1. Juni 2002 wäre der „Anti-Held des Himalaya" 90 Jahre alt geworden.
Zum heiligsten Berg der Welt, Alaska, China ohne Mauern, Land der namenlosen Berge, Cho Oyu – Gnade der Götter, Menschenwege – Götterberge sind einige von Herbert Tichys fast 20 Buchtiteln. Wie kaum ein anderer Österreicher hat Tichy die Erschließung des großartigsten Gebirges der Erde mitgeprägt, jenes „religiösen" Gebirges, dessen Beschreibung über 50 Jahre sein Lebenswerk werden sollte. Tichys Berichte vom Dach der Welt und von seinen Menschen sind einzigartig, erzählt in seinem unverwechselbaren Stil der Stille, Bescheidenheit, fast Demut. Tichy unterspielt die eigene Leistung – mit ihm verlieren die „weißen Flecken" und großen Berge des Himalaya scheinbar ihre „Schrecken" und die Sherpas werden zu Freunden, die der Leser nicht mehr vergisst. Trotz der packenden Abenteuer spürt man in Tichys Büchern eine manchmal fast spöttische Weisheit, die den Autor und seine Erzählungen so ungemein sympathisch macht ...

Leben als Abenteuer Herbert Tichys Biografie liest sich wie ein spannender Roman, und man staunt, wie viel ein Mensch erleben und wie bescheiden er davon erzählen kann. Als 21-jähriger Geologiestudent durchquert er 1933 mit Max Reisch per Motorrad Indien und sieht dort als „Lebenspremiere" den Himalaya. Zwei Jahre später transportiert er eine Puch-250-Maschine in den Westhimalaya nach Kashmir, arbeitet dort an seiner Dissertation und als Skilehrer. Als indischer Pilger verkleidet, wandert er von Indien ins verbotene Tibet zum heiligen Berg Kailash, versucht dabei vergeblich mit primitivster Ausrüstung die Erstbesteigung des 7728 m hohen Gurla Mandata und durchquert mit seinem Motorrad Afghanistan. Tichy lernt sein großes Vorbild Sven Hedin persönlich kennen, der auch das Vorwort zu seinem ersten Buch schreibt: Zum heiligsten Berg der Welt. Als Zeitungskorrespondent wird er im Zweiten Weltkrieg für sieben Jahre nach China verschlagen (Weiße Wolken über gelber Erde). 1953 durchquert er als erster Europäer mit nur vier Sherpas das unbekannte Westnepal und schreibt seinen ersten Bestseller: Land der namenlosen Berge – allein vom Titel der typischste und vielleicht schönste „Tichy".

1954 wird Herbert Tichy, der einmal von sich gesagt hat, er sei „kein Bergsteiger", als Erstbesteiger des Cho Oyu weltberühmt. Mit der kleinsten Mannschaft und der bescheidensten Ausrüstung gelingt ihm die Besteigung des sechsthöchsten Berges der Welt („Gnade der Götter") und erstmals eine Art „alpiner Stil" im Himalaya.

Obwohl Tichy immer wieder in „sein" Asien zurückkehrt, üben auch andere Kontinente eine unwiderstehliche Anziehung auf ihn aus. Reisen von Kapstadt nach Nairobi, nach Indonesien und Pakistan führen ihn rund um die Welt. Seine letzte große Reise unternimmt Tichy 1980 zum Turkanasee (Rudolfsee) in Nordkenya und schreibt sein letztes Buch: See an der Sonne. Am 26. September 1987 stirbt Herbert Tichy im Alter von 75 Jahren in Wien.

Wanderer zwischen den Wolken Tichy gehörte zu jenen, „die noch vom Land lebten und für die immer der Mensch im Mittelpunkt stand", ist in einem der Nachrufe zu lesen. Vielleicht hat er deshalb auch bei seinen Vorträgen eine ähnliche Faszination ausgeübt wie als Autor. Dabei war sein „Equipment" in einer Zeit der Mehrfachprojektion, Überblendung und Breitleinwände sehr kümmerlich: ein altertümlicher Projektor und eine Handvoll alter Dias. Wenn Tichy dann aber mit seiner etwas nuschelnden Stimme zu erzählen begann, wurde es still im Saal. Die Zuhörer befanden sich plötzlich mitten im Himalaya, glaubten den beißenden Geruch von glosendem Yakmist zu riechen und das Lachen von Sherpas zu hören ... Welch ein Gegensatz zu manchen hochtechnischen und doch kalten Diashows moderner Berühmtheiten, deren Vorträgen man ansieht, dass sie von einer Werbeagentur zusammengestellt wurden!

Herbert Tichy, der große Forscher und Erschließer, war auch ein tragischer Mensch. Als er in den späten 70er-Jahren als Reiseleiter einer Trekkinggruppe aus Nepal zurückkehrte, berichtete er entsetzt über die Veränderungen, die über „sein" Khumbu und „sein" Namche Bazar hereingebrochen waren. Sicher war ihm bewusst, dass auch er selbst „schuld" an dieser Entwicklung zum (Massen-)Tourismus und zur Moderne in Nepal war. Wer sonst hätte in Büchern und Vorträgen die Sehnsüchte „zivilisationsgeplagter" Menschen besser wecken können als er, der Wanderer zwischen den Wolken ...

Die Zukunft des Bergsports
Braucht das Thema „Berg" Ethik, Regeln und Werte?

Beim Internationalen Kongress „Future of Mountain Sports" von 6. bis 8. September in Innsbruck sollen erstmals in der Geschichte die ethischen und stilistischen Werte des Bergsports diskutiert und formuliert werden.
Die Vereinten Nationen haben das Jahr 2002 bekanntlich zum „Jahr der Berge" ausgerufen. Weltweit begleiten zahlreiche Veranstaltungen und Aktionen dieses Projekt, das nicht nur den sportlichen Spitzenalpinismus und seine „Spielplätze" oder die weniger leistungsorientierten Bergsteiger, Wanderer und Erholungsuchenden betrifft, sondern viel mehr noch die breite Öffentlichkeit mit der sensiblen Ökologie der Berge, mit Natur- und Umweltschutz, dem weltweiten Bergtourismus, mit der sozialen Verträglichkeit des Bergsteigens, der Problematik der Bergbevölkerung etc. konfrontieren soll.
Eine dieser Veranstaltungen, der eingangs erwähnte Innsbrucker Kongress, hat sich ein ehrgeiziges und einzigartiges Ziel gesetzt: Bergsportprominenz aus aller Welt soll zusammen mit der UIAA, dem internationalen Dachverband der alpinen Verbände, versuchen, eine umfassende Ethik für den Bergsport zu entwickeln. Wobei allein der Begriff „Ethik" skeptische alpine Zeitgenossen auf den Plan rufen könnte, die mit einem sarkastischen „Wos is des?" oder „Wos brauch' ma des?" gleich einmal dagegen sind.

Was heißt „Ethik"? Laut Duden bedeutet das griechisch-lateinische Wort Ethik „die Normen einer Lebensführung, die sich aus der Verantwortung gegenüber anderen ergibt". Unter Ethikdiskussion fallen nicht nur Streitereien unter Spitzenalpinisten über Spielregeln, etwa ob mit Bohrhaken „sanierte" alpine Routen „das Abenteuer töten" oder ob eine Everest-Besteigung mit künstlichem Sauerstoff überhaupt „gilt" usw., sondern auch wesentlich ernstere Fragen der „ethical correctness". Denn im modernen Bergsport sind seit geraumer Zeit Erscheinungen zu beobachten, die nicht mehr mit einem saloppen „Wos brauch' ma des?" vom Tisch zu wischen sind. Ein zunehmendes Maß an Rücksichtslosigkeit und an fehlender Hilfsbereitschaft in den Bergen etwa, oder gewisse radikale Naturschutzinteressen, die mancherorts die freien Zugänge zu den Bergen einzuschränken versuchen.

Breite Themenpalette Die Organisatoren in Innsbruck (ÖAV, DAV, Land Tirol) listen eine ganze Palette von Themen auf, die zum Teil weit über den

Alpinismus im engeren Sinn hinausreichen: vom Abfallproblem in den Weltbergen bis zum Wert der Wildnis, vom Risiko, das in unserer Vollkasko-Gesellschaft beim Bergsport unvermeidlich bleiben wird (und soll), bis zu den alpinistischen Irrwegen des schnellsten, ersten, besten Snowboard- oder MTB- oder Sonstwas-Fahrers auf irgendeinem Himalayaberg, vom alpinen Schwachsinn, den manche Medien verbreiten, bis zum Sinn und Unsinn von Klettersteigen, vom Traum der großen Bergfreiheit bis zur totalen Vermarktung in Richtung Alpendisneyland, vom Tod in den Bergen bis zum Kulturschock durch den Trekking-Tourismus in Dritte-Welt-Ländern …
Über diese möglichen und unmöglichen Themen wird ein Teil der alpinen Crème de la Crème diskutieren. Reinhold Messner natürlich (nicht mehr so radikal wie noch vor 10, 15 Jahren, als er zum Entsetzen vieler Vereinsfunktionäre die Abschaffung von Hütten und markierten Wegen forderte), der vehement eine Wertediskussion fordert, denn „nur damit können wir das Thema Berg neu besetzen". Für Oswald Ölz hat die Welt schon zu viele Regeln und er ahnt Schlimmes. Und viele andere, von Doug Scott und den Huber-Buam bis Catherine Destivelle und Ang Rita Sherpa.

Wichtigstes „Lagerfeuer" 2002 Organisator Robert Renzler meint, dass es nicht darum gehen wird, „alpine 10 Gebote" zu erlassen, sondern zu versuchen, gemeinsam Wege aus moralischen und sportlichen Krisen des Alpinismus zu finden … Allein auf die Meinungen, ob sich der Alpinismus wirklich in einer (Sinn-)krise befindet, darf man gespannt sein.
„Innsbruck wird drei Tage im September der ‚Karnutenwald der alpinen Druiden' sein, schreibt ein alpin versierter Journalist. Das Ergebnis der Diskussionen – vielleicht ein ultimativer Kodex fürs Bergsteigen? – soll in der „Tirol Deklaration" zusammengefasst werden. Unabhängig vom Resultat kann man aber schon jetzt behaupten, dass „Future of Mountain Sports" eines der weltweit wichtigsten „Lagerfeuer" im Jahr der Berge sein wird.

Quo vadis Bergsport? Vielleicht wissen wir es alle nicht, weil wir nicht wissen, wohin diese globale Gesellschaft treibt …

Die Tirol Deklaration
Wegweiser für die Zukunft des Bergsports?

Teile der alpinistischen Weltelite feilten am ersten September-Wochenende in Innsbruck an der Formulierung von grundlegenden Werten für alle Disziplinen des Bergsports: Ergebnisse waren die „Thesen von Innsbruck".
Der hochkarätig besetzte Kongress „Future of Mountain Sports" wird von manchen Beobachtern als Österreichs bedeutendster intellektueller Beitrag zum internationalen Jahr der Berge bezeichnet. Tatsächlich liest sich die Teilnehmerliste wie ein „Who's who" des Alpinismus (von Bonington über Messner bis Zak, streng nach Alphabet), und tatsächlich war das erklärte Ziel ein fast vermessen hohes: Erstmals sollte für den Bergsport eine Wertecharta, ein alpiner Verhaltenskodex oder wie auch immer man die Tirol Deklaration im Untertitel nennen mag, ausgearbeitet werden.

Empfehlungen ... Ein österreichisches Team um Nico Mailänder und Robert Renzler hatte mit dem Entwurf für die Tirol Deklaration ein 18-seitiges Diskussionspapier für ethisch korrektes Handeln beim Bergsport verfasst, das die nach Innsbruck gereisten „alpinen Druiden" nun verbessern und präziser formulieren sollten. Angesichts einer (behaupteten?) moralischen und sportlichen Krise des modernen Alpinismus bietet diese Erklärung Orientierungshilfen für die alpinen Probleme von heute an, ohne „Gesetze" oder starre Regeln aufzustellen. Die viel zitierte Freiheit in den Bergen, die Individualität und Selbstverantwortung der Akteure sollen innerhalb einer definierten Werteskala für die „beste Ausübung" des Bergsports erhalten bleiben. Mit 8 Appellen und 12 Artikeln richtet man sich an alle Bergsteiger jeglicher Disziplin: Vom Gelegenheitswanderer bis zum Sport- und Abenteuerkletterer, vom Trekkingtouristen bis zum extremen Höhenbergsteiger sollte jeder seinen Sport in verantwortlicher Weise betreiben. Schwerpunktthemen der Deklaration sind Sicherheit und Risiko, Fairness bei Berichterstattung und Stilfragen, Schutz von Natur und Landschaft, Respekt und Toleranz gegenüber anderen, und überhaupt mehr Sensibilität für unser „Sportgerät", die Bergwelt.

Von Bergsteigern für Bergsteiger Ist die Tirol Deklaration nun eine Sammlung gut gemeinter Gemeinplätze und Schlagworte, wie einzelne Kritiker meinen? Eine Aufzählung menschlicher Grundwerte und „No-na-Selbstverständlichkeiten"? Natürlich entsprechen auch alpinistische Ethikempfehlungen den Regeln des menschlichen Zusammenlebens, wie sie in bürgerlichen Gesetzbüchern, zehn Geboten oder anderen Moralvorschriften zu finden sind. Aber selbstverständlich hin oder her – einen der wesentlichen positiven Aspekte der Innsbrucker Wertediskussion sehe ich im Ansatz der Bergsteigerszene, selbst für ihr Tun und Lassen in den Bergen kompetente Empfehlungen zu formulieren. Und nicht darauf zu warten, bis andere Institutionen, Bürokratien, Politiker, Lobbys etc. dem Bergsport gesetzliche Vorschriften aufzwingen, die dann wirklich REGELN sein würden. Und das könnte dann der Anfang vom Ende der Freiheit und des Spielerischen in den Bergen sein …

Alpinismus in der Krise? Steckt der moderne Alpinsport tatsächlich in einer Krise, ob nun moralisch, sportlich oder überhaupt? Ich glaube nicht wirklich. Denn Bergsteigen unterliegt wie jedes menschliche Tun einer ununterbrochenen Dynamik, entwickelt sich in diese oder jene Richtung. Bergwandern, Klettern und auch Höhenbergsteigen liegen gesellschaftlich „im Trend", sind zum Breiten- und sogar Massensport geworden. Bergsport heute ist anders als Bergsteigen gestern. Das Alpin- oder Abenteuerklettern ist im Out oder beschränkt sich auf Minderheiten, das Sport- und „Plaisir"klettern explodiert, und auch auf „gängigen" Weltbergen wie Kilimandscharo, Aconcagua oder Cho Oyu und Everest treten sich die Leute auf die Füße. Und – auch der Bergsport ist „brutaler" geworden und seine Protagonisten egoistischer. Ein samt Inhalt gestohlenes Zelt in einem Hochlager am Pik Lenin, unterlassene Hilfeleistung an schwer Höhenkranken auf einem Achttausender, Positionskämpfe am Glockner und auf anderen Modebergen – kein Zweifel, auch wir Bergsteiger sind „härter" und gestresster geworden.

Und weil diese und ähnliche Beobachtungen leider stimmen, erübrigt sich eine Antwort auf eine sarkastisch-zynische Frage zur Ethik am Berg: „Wos brauch i des?!"

Alpine Gesetze und Reglementierungen brauchen wir (hoffentlich) nicht, aber vielleicht ein bisschen Nachdenken und Rückbesinnung auf traditionelle und selbstverständliche Werte.

Eigentlich eh klar, oder?

Ausgesperrt! Präzedenzfall Riedingtal
Deckmantel Wildökologie: neue Gefahr für die Wegefreiheit

Die Jagdlobby hat ein neues Instrument zum Aussperren „nicht jagender Menschen" entdeckt: Mithilfe von „Wildökologischer Raumplanung" und Jagdgesetz sollen in Salamitaktik immer mehr Gebiete für Besucher gesperrt werden.

Der Konflikt ist bekannt: Jagd und Grundbesitz gegen Wanderer, Wildfütterung gegen Skitourenfahrer, Zäune und Betretungsverbote gegen alle. Da sperrt der Großindustrielle Flick nicht nur die Zufahrt in sein Strechenbachtal (Rottenmann, Stmk.), sondern mit überlegt platzierten Wildfütterungen ein ganzes Tourengebiet. Großgrundbesitzer und (noch) 2. NR-Präsident Prinzhorn umzingelt seine 68.000 m² im Wienerwald mit Maschendrahtzaun und lässt den eisernen Vorhang über ein beliebtes Ausflugsgebiet nieder. Argument „Schafweide". Das Stift Kremsmünster sperrt im Herbst aus Jagdgründen de facto ganze Teile des Toten Gebirges. Und so weiter.

17.000 Hektar Schutzgebiet Nun drohen der im Forstgesetz verankerten Wegefreiheit im Bergland neue Einschränkungen, deren Dimension für alpine Vereine Angstthema ist und alle betreffen, vom Schwammerlsucher bis zum Alpinisten. Wobei hinter den ökologischen Schutzbestrebungen oft handfeste Jagdinteressen stecken ...

Im Lungau sollen nach Plänen der Wildökologie langfristig mehr als 17.000 ha (!) „Habitatschutzflächen" (Rückzugsräume für das Wild) mit Betretungsverbot geschaffen werden. In Fusch/Rauris wird über 5000 ha Schutz=Sperrgebiet verhandelt. Im Argental in Vorarlberg wurden 200 ha Wald im Sommer und Herbst (Hirschbrunft!) zum „Schutz" des Schalenwildes vor Schwammerlsuchern (sic!) gesperrt.

Nun soll hier nicht gegen wildökologische Maßnahmen polemisiert werden, die den Schutz bedrohter Tierarten zum Ziel haben. Wohl aber gegen einen „fundamentalistischen" Naturschutz, der Grundbesitzern und Jagdpächtern als Deckmantel dient, um ihre Latifundien besucherfrei zu halten.

Riedingtal – der Hintergrund Brandaktuelles Beispiel ist das jüngst zum Naturpark erklärte Riedingtal in der Gemeinde Zederhaus, wo von der Salzburger Landesregierung – der Naturparkidee widersprechend – ein 200 ha großes Gebiet zum Habitatschutzgebiet mit ganzjährigem Betretungsverbot verordnet werden soll. Ein „Wildtiermanagement" für Rot- und Gamswild sei notwendig, um die Verbiss- und Schälschäden im Wald zu verringern. Rechtsinstrument ist – man lese und staune – nicht das Naturschutz-, sondern das (sehr diskret!) novellierte Landesjagdgesetz! Die wahren Hintergründe: Es geht nicht um den Schutz seltener Tierarten, es geht um Trophäen. Grundbesitzer sind die Österreichischen Bundesforste, die die Jagd zufällig an einen deutschen Großverleger verpachtet haben. Und wohl ebenso zufällig haben die Bundesforste ihre Zustimmung zum Naturpark Riedingtal mit der Realisierung des Habitat„sperr"gebietes verknüpft ...

Naturfreunde und Alpenverein laufen vehement und unisono gegen diesen Kuh-(Hirsch)handel Sturm, der eines der schönsten Skitourengebiete im Lungau sperren würde. Auch Landes-Umweltanwaltschaft und Wirtschaftskammer sind mit fundierten Gutachten dagegen. Die lieben Hirsche und Gamsböcke bedürfen keines Artenschutzes, haben aber zu ihrem individuellen Pech Geweihe und Gehörne „auf". Die exorbitanten Wildschäden sind Folgen des weit überhegten Rot-, Reh- und Gamswildbestandes in Österreichs Bergen. Zufällig drängt sich die Gedankenkette auf: touristenfreies Jagdrevier – höhere Jagdpacht – reicher Jagdpächter.

Politik und Lobby Das Sagen hat natürlich die (Partei-)Politik – wir machen es kurz: LH Schausberger, zuständig für Jagdbelange, ist massiv für das Schutz-/Sperrgebiet, das ohne den einsamen Widerstand seiner Stellvertreterin Gabi Burgstaller längst Realität wäre. Der gelernte Österreicher darf höchstens einmal raten, welche politischen Parteien die Fäden ziehen ...

Das Riedingtal ist ein Präzedenzfall, bei dem es nicht nur um ein paar Skitouren geht – im Hintergrund lauern größere Dimensionen. Es geht um die freie Wahl des Weges, um den Trick, diese per Jagdgesetz auszuhöhlen. Es geht um Dominoeffekt und Salamitaktik, um die Spitze des Eisberges. Es geht – überspitzt formuliert – um die Verhinderung der (neuen?) Feudalherrschaft einiger Grünröcke im alpinen Raum. Der „Kampf ums Riedingtal" steht auf Messers Schneide. Es bleibt nur die Hoffnung auf das „Stehvermögen" der Frau Burgstaller, auf die alpinen Vereine und auf die Öffentlichkeit. Letztere ist die einzig wirkungsvolle Waffe, die Politiker (und Lobbys) respektieren (müssen). „Fällt" Riedingtal, könnte man halb Österreich zur „Habitatschutzzone" erklären ...

50 Jahre Nanga Parbat

Jubiläum im Schatten des Everest

Zwischen den Erstbesteigungen von Mount Everest und Nanga Parbat am 29. Mai und 3. Juli 1953 liegen nur 35 Tage, beim medialen Echo auf die „50 Jahre" aber (bisher?) Welten ...

723 Meter ist der Mt. Everest höher als der Nanga Parbat, doch in den Medien scheint es nur die „Eroberung des dritten Pols" vor 50 Jahren zu geben: mehr als 70 Seiten (!) Everest-Reportagen im GEO, an die 40 Seiten im „Alpin", Everest auf Homepages, in Veranstaltungshallen, in Regional- und Massenblättern, Everest (fast) überall ... Der Berg, seine Erstbesteiger Edmund Hillary und Tenzing Norgay Sherpa, seine Triumphe und Tragödien sind gesellschaftliches Topthema.

Vom Nanga Parbat liest, hört und spricht man wenig, auch nicht in Österreich. Vor 50 Jahren, am Abend des 3. Juli 1953, stand der Innsbrucker Hermann Buhl nach seinem legendären Alleingang als erster Mensch am Gipfel des mit 8125 m neunthöchsten Berges der Welt. Haarscharf war die 6. deutsche Nanga-Parbat-Expedition seit 1932 an einem weiteren Misserfolg vorbeigeschrammt – es bedurfte des Ausnahmebergsteigers Hermann Buhl und seiner nach damaligen Maßstäben kaum wiederholbaren Leistung, um den „deutschen Schicksalsberg" endlich zu besteigen.

Der historische Berg Dabei ist (war?) der Nanga Parbat einer der berühmtesten Berge der Welt. Im deutschen Sprachraum wurde er nach fünf gescheiterten Versuchen und den Tragödien der 30er-Jahre zum Mythos, der jenem des „britischen" Everest zumindest gleichkam. Denn der Berg hat Geschichte und Geschichten: der erste Achttausender, dessen Besteigung versucht wurde – der britische Bergsteiger A. F. Mummery erreichte bereits 1895 (!) in der Diamirflanke eine Höhe von 6100 Metern. Die alpinistische Sensation von Hermann Buhls Alleingang 1953. Die erste echte Solobesteigung eines der „Großen vierzehn" (Reinhold Messner, 1978). Und die höchste Steilwand der Erde ist nicht am höchsten Berg zu finden, sondern am „kleinen Achttausender" Nanga Parbat, wo 1970 wieder Alpingeschichte geschrieben wurde: Mit der Durchsteigung der 5000 m hohen Rupalflanke durch die Brüder Messner (fast zeitgleich zur Annapurna-Südwand von Dougal Haston und Don Whillans) begann im Himalaya die Zeit der großen Wände.

Größere Schwierigkeit, höheres Risiko Auch wenn Vergleiche hinken mögen – hinter der Erstbesteigung des Nanga Parbat steckt zweifellos die größere alpinistische Leistung als hinter jener des Everest. Die britische Expedition von 1953 war generalstabsmäßig vorbereitet, mit 13 Tonnen Gepäck eine Materialschlacht ohnegleichen, hatte mehrere gleichwertige Bergsteigerteams aufzubieten, und Hillary/Tenzing konnten den entscheidenden zweiten Gipfelgang auf einer Kette von 9 Hochlagern bis 8500 m aufbauen, also bis 350 Höhenmeter unterhalb des Gipfels. Sie verwendeten natürlich künstlichen Sauerstoff, was nach heutigem Wissen die größere Höhe zumindest egalisierte.

Im Gegensatz dazu war die deutsche Nanga-Parbat-Expedition 1953 mittelmäßig organisiert und geleitet, in der entscheidenden Phase ein zerstrittenes Team von Individualisten, von denen nur einige an eine Chance der letzten Minute dachten. Das oberste Lager V befand sich auf nur 6950 m, von dem aus Hermann Buhl 1200 Höhenmeter und eine riesige Horizontaldistanz zu bewältigen hatte – eine damals fast unlösbare Aufgabe. Aber Buhl war an jenem 3. Juli der richtige Mann zur richtigen Zeit am richtigen Ort. Ohne künstlichen Sauerstoff, allein, ohne Hochträger, schafft er mit einer unfassbaren Willensleistung auf der historischen Route über den Silbersattel und den klettertechnisch schwierigen NO-Grat den Gipfel. Und kehrt nach einem Biwak in der Todeszone ohne zusätzliche Ausrüstung nach 41-stündiger Odyssee ins Leben zurück.

Großer Berg – kleines Thema? 50 Jahre Mt. Everest werfen lange Schatten auf die 50 Jahre Nanga Parbat. Warum diese mediale Konzentration auf den einen? Ist es nur das Faktum des höchsten Berges der Welt? Vielleicht, wahrscheinlich ist es auch der Zeitgeist, für den nur der Superlativ zählt, nur der/die Erste, Höchste, Schaurigste. Der Everest war gerade in den vergangenen Jahren der Berg mit den furchtbarsten Katastrophen und medial „besten" Geschichten, die jedes Kind kennt. Vom Nanga Parbat wissen viele nicht einmal, dass er in Pakistan liegt. Und Hermann Buhl wäre heuer 79 Jahre alt geworden und ist wohl nur mehr für die ältere Generation ein Begriff.

Auch wenn die Medien Interesse daran haben, dass der Everest „vorne" bleibt, wäre zu hoffen, dass der 3. Juli 1953, der Nanga Parbat und Hermann Buhl nicht in der Versenkung verschwinden.

Vor allem in Österreich.

Trekking in der Krise?
Risiko und Sicherheit in den Bergen der Welt

Die politische Instabilität einer anscheinend aus den Fugen geratenen Welt hat den Fernreisetourismus in eine tiefe Krise gestürzt. Ist auch die „heile (?) Welt der Berge" enger geworden?
Begonnen hat die globale Verunsicherung mit der Katastrophe vom 11. September 2001 und setzte sich fort mit der sattsam bekannten „Achse des Bösen", mit Afghanistan, der Kriegserklärung an den Terror, mit Gewalt und Gegengewalt: die Anschläge in Djerba und Mombasa, der Irakkrieg und seine Folgen, die Maoisten in Nepal, die Entführungen in der algerischen Sahara, die jüngsten Selbstmordattentate von Casablanca – die Liste ließe sich leider fortsetzen. Und seit einigen Monaten setzt die unheimliche Lungenkrankheit SARS noch eins drauf und riegelt ganze Teile Asiens für den Tourismus ab.

Reisewarnungen Das Heft 1/2003 des Magazins „Berge" widmet sich u.a. auch der Frage nach der aktuellen Sicherheit beim weltweiten Trekking und Bergsteigen – lange vor Irakkrieg und SARS. Grundlage der Aussagen waren die Angaben zur Sicherheitslage des deutschen Auswärtigen Amtes vom Oktober 2002. Wer diese Auskünfte als alleinige Entscheidungsbasis nimmt, dem bleibt als Reiseziel fast nur das „Nirgendwohin". Denn das Resumee der „Berge"-Recherche zeichnet ein düsteres Bild: Ob China oder Ladakh, ob Nepal, der Kaukasus, Tanzania oder sogar Ecuador (!) – fast überall wird gewarnt, abgeraten oder zumindest auf mögliche Raubüberfälle hingewiesen (Opfer eines solchen kannst du, wenn du Pech hast, allerdings auch im Wiener Prater werden). Ähnlich sind die Sicherheitshinweise auf der Homepage des österreichischen Außenministeriums (www.bmaa.gv.at). „Echte" Reisewarnungen, die auch einen Stornierungsgrund hergeben, bestehen aber nur für wenige Länder, wie Afghanistan, Irak, Liberia oder Somalia.
Den oben erwähnten Artikel habe ich – leicht fassungslos – im Flugzeug nach Quito gelesen, zum 6. Mal in den kleinen Andenstaat unterwegs. Trotz der Warnungen bleibt Ecuador eines der sichersten Reiseländer, zumindest in Südamerika ...

Gegenbeispiele Für das zentralasiatische Kirgisien gab es im Sommer 2002 wegen „jüngster innenpolitischer Entwicklungen und der Nähe zu Afghanistan" partielle Reisewarnungen von den Außenministerien. Zwei große Veranstalter

sagten daraufhin die Bergreise zum populären Siebentausender Pik Lenin ab, obwohl die einheimischen Bergsteigerverbände im Pamir keinerlei Gefahr sahen. Die Kirgisen hatten recht – wir fühlten uns im Land und am Berg sicherer als auf der Westautobahn und genossen den Vorteil, dass dem Lenin im Jahr der Berge deutlich weniger Bergsteiger aufs Dach stiegen als üblich ...
Weniger einfach bis unmöglich sind andere Ziele zu erreichen: Aus Angst vor SARS ist Tibet für Touristen hermetisch gesperrt, und die Grenzen zum westchinesischen Xinjiang wurden kürzlich von allen Nachbarländern geschlossen, obwohl es dort keinen SARS-Fall gibt. Zum Mustagh Ata, ins Kun Lun-Gebirge, zur Takla Makan-Wüste kommt man nur auf teuren Umwegen. Zum Glück scheint die Lungenkrankeit ihren Höhepunkt überschritten zu haben, sodass die Grenzen Zentralasiens bald wieder offen sein könnten. Hält man sich strikt an die Reisewarnungen für Pakistan und Indien, scheiden auch Westhimalaya und Karakorum aus, obwohl Touristen in Ladakh und im Karakorum trotz Kashmir-Konflikt kaum zu Schaden kommen. Ostafrika soll das nächste Ziel eines Terrorangriffes sein (???) und in Bolivien könnten Wanderer am Weg zu ihren Trekkingzielen an einer Straßenblockade der campesinos scheitern.
Was Wunder, wenn kürzlich im „Standard" zu lesen war, dass das Geschäft mit dem Urlaub um bis zu 60% rückläufig ist.

Krise – ja oder nein? Steckt der Tourismus zu den großen Naturlandschaften der Welt tatsächlich in der Krise? Ja und nein. Ja, wenn man nur die Buchungszahlen vor Augen hat. Nein, wenn man die Situation gelassen und über längere Zeiträume sieht. Der Bergsteiger wird sich – wenn überhaupt – höchstens kurzfristig von seinem Traumziel Kilimandscharo oder Cordillera Blanca verabschieden, und irgendwann wird auch dem Phantom Osama bin Laden die Luft ausgehen.
Persönlich würde ich ohnehin keinen Grund sehen, derzeit nicht nach Ostafrika, Peru oder in den Iran zu fliegen. Nicht weil ich so mutig bin, sondern weil schlicht die Statistik dafür spricht: Ein Verkehrsunfall in Europa ist wahrscheinlicher als eine Geiselnahme in Asien oder von mir aus sogar in Algerien.
Absolute Sicherheit gibt es nicht, auch nicht beim Urlaub im Schrebergarten oder in Balkonien. Und weil die wahren Abenteuer ja doch nicht nur im Kopf sind, würde ich auch in Afghanistan auf Trekkingtour gehen.

Tod an der Kletterwand
Brief an Elisabeth. Ein Bericht.

Am 5. Juli ist meine Frau Elisabeth bei einer Sturzdemonstration an der Indoor-Kletterwand der Rudolfshütte tödlich abgestürzt. Gesichert von mir. Wie, um Himmels willen, konnte das passieren? Warum? Ich muss es erzählen, Dir Liesi, unseren Freunden, mir selbst.

Diese Kolumne sollte kein Platz für private Geschichten sein, ich weiß. Aber kann ich zur Tagesordnung übergehen, als ob nichts geschehen wäre? Kann ich unbefangen über den Eisverlust der Gletscher in jenem heißen Sommer schreiben, in dem ich meinen Lebensmenschen verloren habe? Über das Restrisiko, über die Gefahren der Routine? Ich kann es nicht. Noch nicht. Zuvor muss ich versuchen, unsere zweite Katastrophe innerhalb von vier Jahren irgendwie zu bewältigen, nach dem Tod von Michael im Karakorum.

Und daher schreibe ich hier trotzdem einen Brief. Einen Brief an Liesi, irgendwohin.

Liebe Liesi, hallo Du, Du hast es nicht mehr erfahren, warum Du fast bis zum Boden gestürzt bist. Der Tod kam wie der Blitz, auch wenn sie Dich erst 24 Stunden später für tot erklärt haben. Ich schreibe, um das Unfassbare zu erklären, Dir und unseren vielen Freunden.

Dieser Anfängerkurs auf der Rudolfshütte. Du wolltest ein paar Tage ausspannen, mit mir zusammen sein. Natürlich nicht als Teilnehmerin, wozu auch. Der strömende Regen an jenem Samstag. Der Beschluss, im Trockenen zu üben. Meine Ankündigung der Sturztests und Deine spontanen Worte („I spring a"). Die Brüstung im zweiten Stock, das Eisenrohr oberhalb, über das ich das Seil geworfen habe. Und dann bin ich die Treppe runter, um Dich zu sichern …

In den schrecklichen Stunden und Tagen nach Deinem Tod fand ich keine Erklärung, keine Antwort auf das Wie und Warum, war im Schock nicht fähig zur Analyse. Du hast noch geatmet, als ich der Gendarmerie am Telefon gesagt habe, ich hätte das Seil zu lang bemessen. Erst Tage später, nachdem mir der Franz den Bauplan von der Hütte geschickt hatte, nachdem ich das Modell der Kletterwand stundenlang mit Lineal und Schnur ausgemessen, Sturzfaktor und Fangstoßdehnung berechnet hatte, wusste ich die Antwort. Nein, nicht die Antwort, warum Du früh sterben musstest – darauf wird es nie eine Antwort geben. Ich weiß nur, WIE es geschehen sein muss, kenne jetzt die Fakten.

(Ich sehe Dich lächeln, über mich, über die Logik der Männer, für die Tatsachen so wichtig sind. Du weißt, dass noch so viele Fakten nichts an Deinem Tod ändern. Du lachst, weil Du den Tod nicht gefürchtet hast, und das macht es ein bisschen leichter.)

Ich erzähl's Dir trotzdem. Nein, das Seil habe ich nicht zu lang genommen, der Seildurchhang war korrekt, 1 m, höchstens 1½. Auch die anderen haben das so gesehen. 100 Mal hab ich das gemacht, auf vielen Kursen, 5 oder 10 Mal auch mit Dir. Der Sturz hätte 3 m über dem Boden enden müssen!

Es gibt nur eine Erklärung – bei Dir oben, hinter der Brüstung, hing eine lose Seilschlinge – versteckt, unbemerkt, unsichtbar aus dem spitzen Winkel von unten. Obwohl ich am Seil gezogen habe, um es zu spannen. Bist Du auf dem Seil gesessen, vielleicht mit der Beinschlaufe des Gurts? Rätselhaft, warum Du das Seil nicht gespürt hast. Du warst gut drauf, nicht wahr, vielleicht sogar übermütig. Hast mit den Teilnehmern geblödelt, während ich unten den HMS eingehängt habe. Als alles bereit war, gab ich Dir unser Okay-Zeichen.

Elisabeth. Die Bilder werde ich nie vergessen. Du bist lachend in den Tod gesprungen. Der Aufprall der Beine, das Kippen des Oberkörpers, als sich das Seil wieder straffte. Der Aufschlag mit dem Hinterkopf am Teppichboden.

Hätte ich Deinen Absturz verhindern können? Vielleicht. Wenn ich den Instinkt für Gefahr gehabt hätte (*aber in der Hütte?*). Wenn ich hinaufgerufen hätte, ob … Wenn ich oben ein zweites Mal gecheckt hätte. Bei einem Anfänger hätte ich das getan. Aber bei Dir? Du hattest 40 Jahre Bergerfahrung, hast schon vor mir mit dem Klettern begonnen, warst am Berg selbstständig und vorsichtig, viel defensiver als ich. Ich bin gar nicht auf die Idee gekommen, Dich nochmals zu kontrollieren. Warum hast Du die Seilschlaufe nicht bemerkt? Wenn Du ins Seil gegriffen hättest, wärst Du weniger hart aufgeschlagen. Wenn das Wetter besser gewesen wäre, würdest Du leben. So viele Wenn, Warum, Hätte, Wäre. Liesi – wir haben oft über das verdammte Restrisiko gesprochen, über den menschlichen Faktor. Du, ich, wir alle sind Menschen. Du aber bist ein ganz besonderer Mensch. Das und viel mehr will ich Dir auch noch schreiben, in einem anderen Brief, an die andere Seite des Weges.

Ciao und liebe, traurige Grüße
Dein E.

Die „Pistengeher"
Horror für Liftbetreiber?

Seit einigen Jahren ist – mit deutlichem West-Ost-Gefälle – eine neue Spezies auf heimischen Pisten zu finden: der „Pistentourengeher". Der Konflikt mit Liftgesellschaften und Pistenfahrern ist vorprogrammiert.

Schon vor zwei Jahren griff Rudolf Weiss im LdB das Thema auf und erzählte vom neuen Trend am Beispiel Axamer Lizum: „Der Parkplatz ist vollbesetzt, doch immer noch drängen Autos nach. Die Gendarmerie sperrt die Auffahrt. Es dauert mehrere Stunden, bis sich die Lage normalisiert ..." Die Episode ereignete sich nicht am Ostersonntag, sondern im November 2000, eine Woche vor Betriebsbeginn der Seilbahnen! Nicht Seilbahngäste überschwemmten Parkplatz und Pisten, sondern ausschließlich „Pistengeher".

Ob sich der Trend wirklich zum „Horror für Liftbetreiber" entwickelt, bleibt abzuwarten – das Konfliktpotenzial ist aber gewaltig. Denn nicht nur im Westen haben die Tourengeher die Pisten als Spielwiese entdeckt – auch im Osten wird es Mode, beim ersten herbstlichen Neuschnee zur Skitour auszurücken – auf dem glatten, steinlosen Untergrund der Pisten, wo wenig Schnee ausreicht. Was im Vorwinter praktiziert wird, setzt man im Hoch- und Spätwinter fort. Der kurze Sprint nach Arbeitsschluss. Die Mondscheinpartie, die Skitour trotz schlechtem Wetter oder hoher Lawinengefahr auf sicherer Piste. Die Trainingstour für die Skitourenrallye. Die erste Skitour für Anfänger – auf präparierter Piste risikolos, bequem. Kein Rucksack, kein Bruchharsch. Und wo bleibt das „Erlebnis Skitour"? Du denkst dir einfach Liftstützen und Massenbetrieb weg ... (?).

Das Problem kommt mit der Masse Solange die Sache vor Beginn des Liftbetriebs nur zur Parkplatznot führte, kümmerte sich niemand um die paar „Spinner", die die Piste hinaufliefen. Aber der Konflikt kommt mit der Masse – das ist wie mit den Borkenkäfern: Sie sind da, schaden aber kaum. Erst bei massenhafter Vermehrung, zur Epidemie eskalierend, werden sie zur Gefahr für den Wald ...

500 Pistengeher an einem Nachmittag, 50 Nachteulen mit Stirnlampe, 5 Läufer an unübersichtlichen Pistenstellen können für Seilbahnbetreiber und Pistenfahrer zum Problem werden. Die Erhaltung, Beschneiung, Präparierung der Pisten kostet einen Haufen Geld, der über die Liftpreise hereingebracht wird. Die Pistengeher aber „schmarotzen". Nachtwandler verspuren die frisch gewalzte

Piste – ihre Schwünge sind am nächsten Morgen zu eisigen Spurrillen gefroren und ärgern die Pistenfahrer. Pistenraupen, Lawinensprengungen, Stahlseile bei Windenpräparierung werden zur Gefahr bzw. zur Haftungsfrage. Ein paar in sich versunkene Rallyetrainierer werden zum Kollisionsrisiko für Pistenraser. Pistengeherautos verstellen Parkraum für Liftbenutzer, die den ganzen Zirkus bezahlen …

Problemlösung Toleranz? Und die Lösung des heraufdämmernden Konflikts? Idealistische Naturen mögen an die vornehme Rücksichtnahme aller Beteiligten glauben: Die Geher sind brav, verzichten auf Nachttouren, bleiben am Pistenrand. Die Pistenfahrer lassen keine „Wildsau" raus, übersehen souverän vereiste Spuren, tolerieren und bewundern (!) schwitzende Bergaufläufer. Und die Seilbahner regeln Parkplätze und Pistenverkehr, bleiben gelassen beim Gedanken, dass viele Geher auch Fahrer sind und am nächsten Wochenende eh für die Tageskarte löhnen …
Wer's glaubt, wird selig. Man denke an den Konflikt Mountainbiker – Jäger – Wanderer. Man schaue in diverse Bergsteigerforen im Internet, wo Aufrufe zu „Anarchie", zum Widerstand gegen Pistenverbote etc. zu lesen sind. Man denke an alpine Sturschädel, an „Mir-san-mir-Mentalität". Und die „interessante" Stellungnahme des DAV im neuesten „Panorama" pro (!) Seilbahnbetreiber wird noch heftige Reaktionen zur Folge haben …

Zahlen fürs Gehen? Es wird zur Eskalation kommen. Ich trau' mich sogar auf die Richtung zu wetten, in die der Konflikt abfährt: Früher oder später kommt das „Pistengeherticket", kostenpflichtig, versteht sich, sofern der Trend anhält. Und der hält an, der entspricht nämlich dem Zeitgeist – schneller, zeitsparender, messbarer. Der Weisheit Schluss liegt wie fast immer im Geld – eh klar. Also zahlen fürs Gehen, für den Parkplatz, für die glatte Piste ohne Schneemangel, für die Skitour in der Mittagspause. Ich wette weiters, dass manche „Liftler" längst daran denken – sie haben es nur noch nicht laut ausgesprochen. Schlecht? Abzockerei? Nicht unbedingt, wenn man die Dinge nüchtern betrachtet. Du kannst ja auf genügend Schnee warten. Oder nur „echte" Skitouren ansteuern und den Zeitgeist Zeitgeist sein lassen.
Eigentlich logisch, das Pistentourenticket, oder?

1954: K 2 & Cho Oyu

Die Erstbesteigung vor 50 Jahren – ein Vergleich

Wie im vergangenen Jahr 2003 (Mt. Everest und Nanga Parbat) gibt es auch heuer wieder ein Doppeljubiläum zur erstmaligen „Eroberung" zweier Achttausender. Wieder sind ein „Großer" und ein „Kleiner" Themen für Chronisten.

Nach Annapurna (1950), Mt. Everest und Nanga Parbat (1953) wurde Ende Juli 1954 mit dem K 2 der vierte Achttausender erstbestiegen. Der große Wurf gelang einer italienischen Großexpedition, die mit 12 Bergsteigern, 13 Hochträgern und 16 Tonnen Material (!) angerückt war. Zweieinhalb Monate später „fiel" der fünfte 8000er – Herbert Tichys legendäre Kleinexpedition war am 8201 m hohen Cho Oyu erfolgreich. Abgesehen vom Jahr der Erstbesteigung haben die beiden Himalaya-Highlights aber nicht sehr viel gemeinsam, betrachtet man ihren Stil, ihre „Ideologie" dahinter.

K 2: „Krieg" gegen den Berg Der K 2 ist mit 8611 m der zweithöchste Berg der Welt und der schwierigste aller Achttausender. Erstaunlicherweise war der K 2 trotzdem einer der ersten Achttausender, dessen Ersteigung ernsthaft versucht wurde – bereits 1902 erreichte eine internationale Expedition unter Leitung von O. Eckenstein am NO-Sporn eine Höhe von 6200 m! Der schwierigste wäre sogar um ein Haar der erste eroberte Achttausender gewesen: Eine amerikanische Gruppe mit dem Deutsch-Amerikaner Fritz Wiessner an der Spitze scheiterte 1939 (!) nur wenige hundert Meter unter dem Gipfel. Hätte Wiessners Expedition – nach damaligen Begriffen eine „Kleinexpedition" und ohne künstlichen Sauerstoff (!) unterwegs – nur etwas mehr Glück gehabt, hätte er den Expeditionsstil späterer Jahre entscheidend geprägt.

Die italienische Großexpedition trat 1954 zu einer wahren Materialschlacht, zu einem alpinistischen „Krieg" um den K 2 an. An die 1000 Träger zogen den Baltoro-Gletscher hinauf, begleitet von der Crème de la Crème der damaligen italienischen Bergsteiger, befehligt vom Karakorum-Kenner und Organisator Ardito Desio. Neben dem Gipfelsieg hatte die Mannschaft auch das national geprägte dominante Ziel, die Erstbesteigung eines Achttausenders „für Italien" zu erreichen, nachdem Franzosen an der Annapurna, Briten am Everest und Hermann Buhl am Nanga Parbat ihre Landesflaggen gehisst hatten. Trotz schlechtester Wetterbedingungen, Trägerstreiks und der tödlichen Höhenkrankheit eines Teilnehmers gelang es mithilfe der zahlreichen Hochträger insgesamt neun Hochlager aufzubauen. Lino Lacedelli („delle Kappa due") und Achille Compagnoni wurden mit ihrem Sieg über den K 2 am 31. Juli 1954 zu italienischen Nationalhelden. Am K 2 hatte sich bestätigt, was ein Jahr zuvor schon am Mt. Everest klar geworden war – auch im Himalaya ist (fast) alles möglich, wenn der Aufwand stimmt …

Kleinexpedition der Stille Am Cho Oyu wurde 1954 ein völlig anderes Kapitel Himalayageschichte geschrieben. In aller Stille gelang es dem Wiener Nepalkenner Herbert Tichy, ein Permit für einen „very high mountain", wie sein Sherpa-Freund Pasang Dawa Lama den Cho Oyu genannt hatte, zu bekommen. Die beiden hatten im Jahr zuvor mit einem Miniteam das unbekannte Westnepal durchquert („Land der namenlosen Berge") und so nebenbei den alpinen Stil im Himalaya „erfunden" – eher der Not minimalster Mittel und Ausrüstung gehorchend als als sportliche Herausforderung. Tichys Plan einer Kleinstexpedition am Cho Oyu gelang – am 19. Oktober 1954 standen er selbst, der Tiroler Sepp Jöchler und Pasang Dawa Lama am Gipfel des Cho Oyu, 8201 m hoch.
Ein im Vergleich zum italienischen K 2-Aufgebot geradezu lächerliches Team aus drei Österreichern und vier Sherpas hatte den sechsthöchsten Berg der Welt erstbestiegen. Herbert Tichys Expeditionsstil revolutionierte das Himalayabergsteigen, bewies am Cho Oyu, dass die ganz großen Berge nicht nur mit riesigem technischen Einsatz und großen Teams bezwungen werden können, dass der Mensch und nicht das Material das Maß des Bergsteigens sein kann. Später kam zu Tichys „Himalaya-Ethik" noch das sportliche Element dazu, die freiwillige Beschränkung der technischen Hilfsmittel, das Motto „by fair means", der kompromisslose alpine Stil im Himalaya. Der Cho Oyu 1954 war indirekter Vorläufer und beispielgebend für Generationen von Höhenbergsteigern in den Jahrzehnten danach, auch für den Autor dieser Zeilen.

In einigen Monaten jähren sich die Erstbesteigungen von K 2 und Cho Oyu zum 50. Mal, beides großartige Leistungen auch der menschlichen Psyche. Es ist zu hoffen, dass nicht nur die bloßen Fakten, die Zahlenspiele und Superlative gewürdigt werden, sondern auch die unterschiedlichen Hintergründe.

Sanierungsprojekt Gosaukamm
Damit du sicher ankommst

Beim Klettern im Gosaukamm. Im heurigen März wurden der Dietmar Eybl-Sicherheitspreis 2003 und damit 10.000 Euro Preisgeld an das Gosaukamm-Team übergeben. Für mehr Sicherheit beim (alpinen) Klettern.

Das Sanieren von klassischen, oft schlecht abgesicherten Kletterrouten ist fast überall gang und gäbe geworden. Was auf den ersten Blick nur positiv zu beurteilen ist, führt vor und hinter den Kulissen oft zu Streitigkeiten, Handgreiflichkeiten und sogar Gerichtsverhandlungen. Immer wieder gab es Konflikte zwischen „modernistischen Bohrern" und „fundamentalistischen" Bewahrern, agierten Sport- gegen Alpinkletterer, Sicherheitsmacher gegen alpine Puristen. Man erinnere sich an den emotionsgeladenen „Bohrhakenstreit" im Wilden Kaiser in fast grauer Vorzeit, der mit abgesägten Haken an der Christaturmkante endete, oder an die gerichtliche Verurteilung eines Salzburger Kletterers nach der Zerstörung von zementierten Haken im Barthkamin am Untersberg.

Auch im Klettergebiet Gosaukamm sind die Sanierer am Werk – in diesem Fall aber in einer koordinierten und sensiblen, alle Beteiligten einbeziehenden und technisch sauberen Aktion. Das Sanierungsprojekt wird von einem Team aus Kletterern um Hannes Mayrhofer und Mike Ramsauer getragen. Seit zwei Jahren wird gearbeitet – 2005 soll „der Gosaukamm" fertig sein.

Keine alten Fehler Der Gosaukamm war bereits vor 20 Jahren Schauplatz einer Vorreiterrolle: Eingebohrte Stahlbügel an der Däumling-Ostkante sollten schon damals Seilschaftsstürze verhindern. Eine Tendenz, die ihrer Zeit voraus war und im Gosaukamm ein Einzelfall blieb. Denn die modernen Entwicklungen beim Klettersport begannen hier erst zeitversetzt zu greifen – die Sanierungswelle begann erst in den späten 90er-Jahren. Allerdings mag genau das mitgeholfen haben, aus bekannten Fehlern in anderen Gebieten zu lernen. So wird aus alpinistischer Sicht besondere Rücksicht auf die schwelenden Konflikte zwischen „Genuss-" und „Alpinkletterern" genommen und nicht einfach „alles niedergebohrt". Große Gebiete sind von der Sanierung ausgenommen, um deren „klassischen" Charakter zu erhalten oder für Entwicklungen freizuhalten, die heute vielleicht noch nicht abschätzbar sind. Dazu wurde der Gosaukamm in Kern- bzw. Randgebiete eingeteilt und werden alle anderen Gebiete im Originalzustand belassen. Die Kerngebiete des Projekts sind bestehende und frequentierte Klettergebiete, in denen volle Akzeptanz der Sanierung erwartet wird. In den Randgebieten sollen die Routen ursprünglich bleiben und nur die Standplätze eingebohrt werden.

Ein „Masterplan" Die Initiatoren betonen die Einbindung aller Interessengruppen – Grundbesitzer, Naturschutz, Jagd und natürlich die Kletterer. Die Erstbegeher modernerer Routen wurden eingeladen, zu Sanierungsplänen Ja oder Nein zu sagen. Ein hoher Sicherheitsstandard ist selbstverständlich, doch sollen auch der Akteur und sein Können gefordert bleiben. Mit dem (schlauen) Plan, schon im Vorfeld alles abzuklären, traf das Team ins Schwarze. Kleinere Probleme mit Grundbesitzern konnten gelöst und unterschiedliche Meinungen unter Kletterern zumindest geglättet werden. Keine Gefahr einer Eskalation zu „Hakenkriegen", wenn auch da und dort mit drohendem Unterton verlangt wurde, etwa die „Mützen-Nordwand" in Ruhe zu lassen. Keine hitzigen Streitereien wie etwa beim Klettersteig auf den Donnerkogel, der zum Teil über eine Erstbegehung von Paul Preuß genagelt wurde.

Vorbild und Chance Tatsächlich – an der Oberfläche finden sich kaum Kratzer am Image des „Vorbildhaften". Das ehrgeizige Ziel, das Traditionsklettergebiet Gosaukamm gleichermaßen für Genuss- und Sportkletterer sicherer und attraktiver zu machen, ohne den „Hardcore"-Alpinabenteurern alles an Herausforderung wegzunehmen, wird erreicht werden. Der Dietmar Eybl-Preis wird nur eine Anerkennung von vielen sein. Dieses Sanierungsprojekt wird dazu beitragen, dass die Stimmen gegen die Revitalisierung von Klettergebieten noch leiser werden. Man kann diese Entwicklung sogar als Chance für eine Renaissance des Alpinkletterns sehen …
Ein Wort noch an die Adresse derer, die die Tendenz zu mehr Sicherheit mit einem weinenden Auge verfolgen, die an Messners ehemaliger Forderung hängen, „der Drache (das Abenteuer) darf nicht sterben". Ich denke (obwohl da auch eine Träne verstohlen abzuwischen ist), dass es besser ist, der Drache stirbt, als zwei junge Leute liegen nach einem Seilschaftssturz im Kar …
Ganz tot wird der Drache sowieso nie sein. Der nämlich liegt in jedem von uns selbst.

Expedition in die Langeweile
Der „Outdoor-Wahnsinn" des Sommers 2004

Die Reality-Show „Expedition Österreich" entpuppt sich als „Show" im doppelten Sinn: Das „größte Abenteuer dieses Sommers" ist zugleich der größte Bluff dieses Sommers. Seit Juli durchqueren (anfänglich) elf vorwiegend junge Leute drei Monate lang Österreich vom Achensee zur Wiener Donauinsel, auf mehr oder weniger gerader Linie. Über Stock und Stein sozusagen, unterstützt und gefilmt von großen Helfer-, Bergführer- und Kamerateams, die das alpine Event mehrmals täglich in die Fernsehzimmer liefern. Nach dem Muster von „Taxi Orange" und „Starmania" wird wöchentlich ein „Abenteurer" aus dem Team gewählt. Dem Sieger winken beim Finale am 20. September immerhin 100.000 Euro als Preisgeld.

Soweit die nüchternen Fakten. Weit weniger nüchtern nimmt sich die Holzhammer-Vermarktung der „spektakulärsten Show aller Zeiten" aus. Das TV-Ereignis kostet 8 Millionen Euro und soll neben hohen Werbeeinnahmen einen massiven Imagegewinn für das wanderbare Österreich und für den ORF bringen. Zumindest Letzteres darf schon jetzt bezweifelt werden.

Tour der Leiden? 387 Kilometer ist der „Hindernisparcours der Sonderklasse" lang, der „härtesten Einsatz bis an die Grenzen körperlicher und psychischer Leistungsfähigkeit" abverlangt. Die Gruppe ist 12 Wochen auf sich allein gestellt (?), hat kein Dach über dem Kopf und muss auf Handys (?), TV-Geräte (!), Duschen (?), Betten und überhaupt auf fast alles verzichten. Sie müssen Berge erklettern, über steile Felswände abseilen, sich in Wäldern zurechtfinden und durch Flüsse schwimmen. „Gefahren lauern überall", meinen Projektmanager und Moderatoren, und schließen trotz intensiver Vorbereitung Verletzungen oder gar Blasen an den Füßen nicht aus. Na bumm!

Alle Teilnehmer sind topfit, heißt es. Zum Glück (?), denn sonst wäre das Abenteuer womöglich schon vorbei ...

5 km pro Tag (!) Aufkeimende Hoffnung auf ein baldiges Ende erstickt sofort, wenn man einen Blick hinter die Kulissen wirft und die „Äktschn" genauer betrachtet. 387 km ergeben im Schnitt satte 5 km pro Tag, gewürzt mit höchstens ein paar hundert Höhenmetern im Auf- und Abstieg. Von wegen „auf sich allein gestellt": Die Zelte stehen meist schon dort, wo die Expedition nach „unzähligen Kilometern" das Tagesziel erreicht, und die Seile fürs Abseilen sind immer perfekt vorbereitet – gute Arbeit der Bergführer! Die Rucksäcke wirken wuchtig, wiegen aber bei genauer Beobachtung des Handlings keine 10 kg, was man einem, der (leider) schon hunderte Tonnen durch die Gegend geschleppt hat, durchaus glauben kann. Kommentare wie „… ideale Tour für gemütliche Volksschulwandertage" sind mehr logisch als bösartig. Stimmt ja, was Ali Grasböck in den OÖN meinte: „… nach 5 km würde sich selbst ein buddhistischer Pilger, der sich bei jedem Schritt bäuchlings auf den Boden wirft, fragen, was er mit dem angebrochenen Vormittag tun soll."

Dabei hat man ja gar nix gegen das Team, das durch den regennassen Wald hatscht – die Leute sind wirklich nett und spielen brav mit. Nicht einmal das Wort „Expedition" stört besonders, zumal heutzutage auch einfache Bergbesteigungen in Zweierreihen als solche bezeichnet werden. Und die erhobenen Zeigefinger mancher Alpinfunktionäre, dass das Spektakel eine „Mobbing-Expedition" sei und ein Gegeneinander in den Bergen zu massiven Sicherheitsrisiken führe, sind übertrieben. Das Leben besteht schließlich aus Konkurrenz, Erfolgen und Rückschlägen. Vielleicht ist das von den Spielregeln geforderte Mobbing sogar die einzige Parallele zu mancher „echten" Expedition im Himalaya oder sonst wo …

Medialer Bluff Was die „Actionshow des Jahres" aber fast unerträglich macht, ist (neben der Langeweile) die Diskrepanz zwischen der hysterischen Vorspiegelung überragender Leistung und der gemütlichen Realität für die Akteure. Es wäre interessant zu erfahren, was die Expeditionisten selbst von dem Zinnober halten – schließlich müssten sie am besten wissen, was da (vor)gespielt wird. Okay, sie hangeln sich über ein paar Seilbrücken und über steiles Waldgelände runter. Doch ihre mit Abstand größte Belastung könnte das Ertragen der künstlich aufgeregten Moderatoren sein.

Schade um die sauteure Expedition zum Thema Berg. So mancher Betrachter erinnert sich wehmütig an die TV-Sendung „Land der Berge", die vor Jahren quotenbedingt abgewürgt wurde. Hoffen wir auf schwache Quoten dieses Schwachsinns, denn dann wird vielleicht doch bemerkt, dass ein gutes Bergmagazin besser ankommt als alpiner Bluff.

Eine eher schwache Hoffnung, aber … na ja.

60 Jahre Reinhold Messner

Die lebende Legende

Am 17. September 1944 kam in Brixen/Südtirol ein Mensch zur Welt, der ein paar Jahrzehnte später zum bedeutendsten Alpinisten des 20. Jahrhunderts werden sollte. Zu seinem 60. Geburtstag ist eine Hommage fällig ...
Es ist leicht und schwer zugleich, über Reinhold Messner zu schreiben. Leicht, weil die bloße Aufzählung seiner bergsteigerischen Leistungen ein ganzes Magazin füllen würde. Schwer, weil die alpinistische Karriere allein das „Phänomen Messner" nicht einmal ansatzweise erklären kann, weil hinter der Person viel mehr als der Ausnahmebergsteiger steckt, der die Grenzen des Alpinismus verschoben hat. Messner, der Grenzgänger, Autor und Bergbauer, wie er sich auf seiner Homepage nennt. Der Kritiker, Schlossbesitzer, Politiker. Egozentriker, Selbstdarsteller, Abenteurer, Medienmensch. Messner, die Legende.

Der Kletterer Reinhold avancierte bereits in seinen frühen Zwanzigern zu einem der erfolgreichsten Extremkletterer im deutschsprachigen Europa: schwierigste Alpenwände, dutzende Erst-, Allein- und Winterbegehungen – Erfolge, die heute aus dem Bewusstsein der Öffentlichkeit fast verschwunden sind. Bei der Erstbegehung des Heiligkreuzkofel-Mittelpfeilers kletterte er die erste alpine „Achtstelle", als er in ausweglöser Situation nur mehr den Versuch nach oben hatte – in den damaligen schweren Bergschuhen! Sportkletterer haben heute, da das Alpinklettern in Agonie liegt, kaum Vorstellungen davon, was Extremklettern vor 40 Jahren bedeutete – deshalb die geringere Wertschätzung von R. M. in jungen Kletterkreisen, die Bohrhakenabstände von 2 m schon als lange „run-outs" erleben.
Reinhold kletterte nicht nur, er begann zu schreiben, sich mit dem Alpinismus auseinanderzusetzen. Seine Kämpfe gegen Bohrhaken, für das Klettern mit fairen Mitteln, seine Artikel und Interviews wie „Der Drache (= das alpine Abenteuer) darf nicht sterben" begannen ihn zum Medienstar zu machen.

Der Höhenbergsteiger Die Nanga-Parbat-Expedition 1970 war Beginn seines kometenhaften Aufstiegs und zugleich persönliche Katastrophe nach dem Tod seines Bruders Günther beim Abstieg. Der große Rest ist bekannt. Alle 14 Achttausender, zum Teil auf neuen Routen, alpiner Stil im Himalaya, Everest ohne künstlichen Sauerstoff, Alleingänge auf Nanga Parbat und Everest. Überquerungen beider Pole, die Wüsten Takla Makan und Gobi, tausende Kilometer zu Fuß. Seine (eigenartige) Geschichte vom Yeti (?). Schloss Juval, Renovierung und Wohnsitz, grüner Abgeordneter im Europaparlament, jetzt das Projekt des Mountain Museums Sigmundskron. 3500 Bergtouren, 36 Bücher. Messner, das Multitalent, der Hyperaktive, der Getriebene.

Reinhold Messner ist ein Mensch, der polarisiert. Man bewundert ihn, oder man mag ihn nicht. Manche hassen ihn, fürchten den gnadenlos-aggressiven Kritiker. Legendär die öffentliche „Hinrichtung" von Thomas Bubendorfer im Fernsehen, die von der Szene mit Genugtuung verfolgt wurde. Rätselhaft der Streit mit Peter Habeler und Hans Kammerlander. Der Mann kann ein „Menschenfresser" sein, war kürzlich in einem Bericht zu lesen. R. M. ist schwer zu begreifen, ein Ausnahmemensch, ein Mythos …

Der Intellektuelle Kehren wir „Zurück in die Berge", um sein erstes Buch zu zitieren. Reinhold Messner hat den Alpinismus in den letzten 40 Jahren geprägt wie kein anderer. Eine Tatsache, die durch Leistungsfähigkeit und überragendes Können allein nicht erklärbar ist. Dazu bedurfte es einer mindestens ebenso herausragenden intellektuellen Fähigkeit. Er hat das Bergsteigen vor 30 Jahren „gesellschaftsfähig" gemacht, in einer Zeit, in der Extrembergsteigen in der Öffentlichkeit bestenfalls als wilde Randerscheinung wahrgenommen wurde. Da stand plötzlich ein Alpinist im Rampenlicht, der jedem Diskussionspartner zumindest ebenbürtig war. Messner war die Kombination aus Berg plus Geist, radikal in seinen Ansichten, provokant in den Thesen – ein Fressen für alle Medien.

Ohne Messner wäre die Entwicklung des Bergsports anders verlaufen, langsamer, weniger spektakulär, für viele weniger profitabel. Eigentlich müssten alle, die vom Bergsteigen leben, dem Messner einen Teil ihrer Einnahmen abtreten. Bergführer, Reiseveranstalter, Ausrüstungsindustrie, Epigonen … (war eh nur Spaß – meine 10% bekommt er auch nicht!).

Auf Reinholds Homepage findet sich folgende Aussage: „Das Glück ist jene Komponente, die einen großen Wurf begleiten, aber nicht tragen kann." Reinhold Messner sind auch in den nächsten Jahren große Würfe zuzutrauen. Als deklarierter „Messner-Fan" (nach dieser Kolumne kaum abzustreiten) wünsche ich ihm, dass ihn jene Komponente weiterhin begleitet.

Todesfalle in der Lawine

Tourenbindungen in Aufstiegsstellung

Viele wissen es, kaum jemand spricht darüber: Die beim Aufstieg offene, an der Ferse nicht fixierte Bindung kann in der Lawine zur tödlichen Falle werden. Ende Februar am Gran Sasso leider selbst erlebt, mit viel Glück überlebt, hier erzählt und zur Diskussion gestellt.

In allen Lawinenlehrbüchern finden sich Regeln über das Verhalten, wenn es passiert. Der wichtigste Ratschlag lautet immer, sich sofort von Ski und Stöcken zu befreien, denn die ziehen dich wie Anker unter die Schneemassen. Im Prinzip richtig, aber sehr theoretisch. Denn aktives „Befreien" ist bei modernen Sicherheitsbindungen zumindest beim Aufstieg kaum möglich – je nach Modell lösen sie vielleicht, vielleicht nicht oder ganz sicher nicht aus.

Um Haaresbreite ... Aufstieg zum Gran Sasso in den Abruzzen, ein paar Schritte zu viel – ich hätte es wissen müssen. Das Schneebrett bricht lautlos, der ganze Hang gleitet, mit der offenen Bindung keine Chance zu Gegenwehr. Ich greife zum Auslösegriff des ABS-Rucksacks, sehe das Orange der Airbags, spüre starken Zug an den Beinen. Neue Schneemassen von oben – ich werde verschüttet. Stille, bewegungsunfähig festgepresst, keine Atemhöhle, stöhnendes Ausatmen. Keine Angst, ich sollte versuchen, den Arm zu strecken, sie werden gleich da sein. Dann nichts mehr ...

Sie waren wirklich gleich da, meine sechs Freunde. 3 Minuten bis zur Ortung mit dem VS-Gerät, schaufeln, was das Zeug hält, die Zeit läuft, 10, vielleicht 12 Minuten ... Ich erwache aus tiefer Bewusstlosigkeit.

Rekonstruktion und Fakten Großflächiges Schneebrett, Anriss halber Meter, Mitreißstrecke 150 m, Lawinenstau in großer Mulde, Verschüttungstiefe dreiviertel Meter. Meine Begleiter beobachteten den Lawinenabgang 50 bis 100 m entfernt, sahen die Airbags bis kurz vor Lawinenstillstand, am Ende der Fließstrecke dann nicht mehr.

Sekunden später sei ich vom zweiten Teil des Schneebretts endgültig verschüttet worden. Körperposition relativ aufrecht, mit stark ausgedrehten, an die tief begrabenen Ski regelrecht „angenagelten" Beinen. Die Bindung, eine Dynafit Tourlite Tech, durfte per definitionem nicht auslösen (weil nur mit verriegeltem Backen für Aufstieg funktionsfähig), und tat dies „richtigerweise" auch nicht ...

Der persönliche Stoßseufzer darf auch erwähnt werden: Ich habe „Schwein" gehabt. Ohne das professionelle Können meiner Retter wäre die Geschichte nicht gut ausgegangen. Ohne ABS plus VS-Gerät würde ich diese Geschichte nicht schreiben können. Warum es zum Lawinenunfall kam, ist eine andere Geschichte. Es hätte nicht passieren dürfen.

Schlussfolgerungen Bei der Frage „… und was lernen wir daraus?", ergeben sich zwei Themen, über die man nachdenken sollte.
Erstens über das ABS bzw. VS-Gerät: Nur der kombinierte Einsatz beider Rettungssysteme hat mein Leben gerettet – mit einem allein hätte ich schlechte Karten gehabt. Der ABS-Rucksack hat höchstwahrscheinlich eine noch tiefere Verschüttung im Lawinenstau verhindert, und das Ortovox hat die Ortung ermöglicht. Ich halte daher die Diskussionen im heurigen Winter, ob VS oder ABS „effizienter" sind, für absolut entbehrlich. Wer das Leben liebt, braucht beides.
Zweitens über den fatalen Klotz am Bein, wenn die Bindung in der Lawine nicht auslöst. Bei allen Tourenbindungen ist es in Aufstiegsstellung purer Zufall, ob du vom Ski loskommst oder ob er dich in die Lawine saugt. Bei der Dynafit Tourlite hast du ohnehin keine Chance, die Ski „abzuwerfen". Das ist keine Polemik gegen ein Produkt, das ist eine Tatsache. Allerdings bist du mit anderen „Sicherheitsbindungen" auch nicht auf der sicheren Seite – auch die Fritschi möchte ich nicht in der Lawine testen. Ob bei aufgeklappter Bindung die Drehmomente zur Auslösung reichen, dürfte reines Lotteriespiel sein. Bei ungünstiger Hebelwirkung wird eher der Knochen brechen als ein Teil der Bindung. Und aktives Öffnen in den entscheidenden ersten Sekunden ist selbst für den gelenkigsten Aufsteiger ein Ding der Unmöglichkeit, egal bei welcher Bindung. Erstaunlich an diesen unerfreulichen Szenarien ist, dass das Thema kein Thema ist. Selbst der TÜV beschränkt sich auf die Bindungssicherheit bei der Abfahrt – für die sichere Funktion beim Aufstieg gibt's kein Label. Wir wissen das oder sollten es wissen, verdrängen aber die Gefahr.
Jetzt aber drängt sich der Appell an die Industrie, an die Ingenieure und Techniker auf: Es kann doch nicht sein, dass die Konstruktion einer Tourenbindung, die das Prädikat Sicherheitsbindung auch beim Aufstieg verdient, heutzutage nicht machbar ist …

Hubschrauber am Everest

Pro & Kontra

Am 14. Mai landete ein französischer Testpilot mit einem Hubschrauber am höchsten Punkt der Erde. Die technische Sensation rief weltweites Staunen, fantasievolle Zukunftsspekulationen und die vorhersehbare Kritik aus der Bergsteigerszene hervor.

Was bis vor einigen Jahren flugtechnisches Dogma bei Rettungsflügen im Himalaya war, gilt nicht mehr. Helikopterlandungen waren in der Regel nur bis 5000, bei optimalen Bedingungen vielleicht bis 6000 Meter möglich. Zumindest bei militärischen Hubschrauberstaffeln galt wegen des hohen Risikos ein Landeverbot über 5500 m. Einzelne spektakuläre Helikopterrettungen wie jene am Rakaposhi im Karakorum aus über 7000 m Höhe blieben seltene fliegerische Bravourstücke. Die Landung von Didier Delsalle mit seinem Eurocopter am Mt. Everest könnte nun eine neue Dimension bei der Flugrettung in den Bergen der Welt eröffnen. Bessere Rettungschancen aus großer Höhe nehmen aber der Kritik am Höhenflug der Wunderdinger viel Wind aus den Segeln ...

Weltrekord auf 8850 m Der coole Franzose setzte den Serienhubschrauber vom Typ Ecureuil/AStar AS350B3 am 14. Mai 2005 um 07:08 Uhr Lokalzeit direkt am Everest-Gipfel auf, stieg mit Sauerstoffmaske aus, blieb bei laufenden Turbinen mehr als zwei Minuten am Boden und flog die Maschine schließlich nach Lukla zurück. Am folgenden Tag wiederholte er den Weltrekord für die höchste Landung bzw. den höchsten Start eines Hubschraubers in der Geschichte des Fliegens. Die technische und fliegerische Glanzleistung war mehr als ein Jahr vorbereitet worden, mit Testflügen bis 9000 und über 10.200 m Höhe und einer Landung am Everest-Südcol (7925 m) zwei Tage vor dem entscheidenden Pionierflug.

Natürlich war die Everestlandung neben der technischen Herausforderung vor allem auch eine PR-Aktion von Eurocopter, einer Tochter des europäischen Flugtechnikkonzerns EADS, natürlich schielt man auf neue Verkaufschancen bei zivilen Flugfirmen und beim Militär aller Hochgebirgsländer. Und natürlich betont man bei Eurocopter, dass es sich um eine Serienmaschine handelte, von der 424 Stück weltweit im Einsatz sind.

Götterdämmerung? Ist mit der Landung am Everest die „Götterdämmerung" beim Höhenbergsteigen angebrochen? Fast könnte man es glauben, so heftig fielen die Kassandrarufe aus der Ecke der Bergsteiger aus. Als prominentester Kritiker wurde Hans Kammerlander in der deutschen Presse zitiert, der einen Anreiz geliefert sieht, „aus dem Bergsteigen eine Sightseeingtour für Millionäre zu machen", und meinte, dass sich „Eurocopter ein anderes Ziel hätte suchen sollen". Aber Hans – zumindest letztere Forderung ist naiv. Wo denn sonst als am Everest hätten die PR-Macher den unüberbietbaren Rekordflug hinsetzen sollen? Und die Befürchtungen, dass die Achttausender zu Tummelplätzen steinreicher Touristen werden könnten, sind eher nur in momentanen Nostalgieanwandlungen verständlich: Erstens kann aus Witterungsgründen nur sehr sporadisch am Everest oder Nanga Parbat gelandet werden, zweitens stellt sich die Frage, ob die „Steinreichen" als Zusatzladung nicht zu schwer sind, und drittens ... wird Kritik ohnehin nix nutzen. Wenn Nepal und Pakistan Touristenflüge erlauben, wird am Everest und K 2 auch aufgesetzt werden ...

Von wegen Bergsteiger-Ethik: Wenn solche Bedenken diskutiert werden, dann ist auch die Ethik beim konventionellen Everest-Besteigen dran. Wenn hunderte Möchtegern-Everestsieger mit Flaschensauerstoff ab 6000 m und von Sherpas an kilometerlangen Fixseilen gezogen und geschoben in die Todeszone streben, dann wird der Abstand zum Helikoptertouristen relativ gering. Letzterer sagt wenigstens, dass er geflogen wurde ...

... wie sich die Bilder gleichen Technisch und menschlich war der Hubschrauber am Everest nur eine Frage der Zeit. Wenn der Mensch zum Mars fliegen will, kann er auch auf irdischen 8850 Metern landen. Im Übrigen vollzieht sich im Himalaya nur eine zeitversetzte Parallelentwicklung zu jener in den Alpen. Die Achttausenderexpeditionen der ersten Hälfte des 20. Jh.s entsprachen durchaus den Expeditionen zum Montblanc vor 219 und mehr Jahren. Und auf den heutigen Everest-Normalwegen spielt es sich verblüffend ähnlich ab wie am Großglockner an schönen Sommertagen. Irgendwann hat der erste Heli am Montblanc aufgesetzt, 1933 wurden die 8000er im Khumbu erstmals überflogen und 2005 stieg eben ein Testpilot am Everest aus seinem Flattermann. In Zukunft werden die Kammerlanders der 2030er-Jahre mit Touristenflügen zum „Dach der Welt" ebenso leben müssen (falls die dann – hoffentlich – nicht längst verboten sind) wie heutige Skibergsteiger mit dem Heli-Skiing am Monte Rosa.

8000er-Frau aus Oberösterreich
Gerlinde Kaltenbrunner

Eigentlich sollte es ein persönliches Interview mit Gerlinde werden, gleich nach ihrem Versuch am Everest. Aber so schnell sie zurück in Europa war, so kurz blieb sie und so rasch war sie auch schon wieder weg. Am Weg zum nächsten 8000er ...

Acht Achttausender hat Gerlinde Kaltenbrunner bereits bestiegen und damit die legendäre Polin Wanda Rutkiewicz eingeholt, die 1992 am 8586 m hohen Kangchendzönga verschollen blieb – der „Kantsch" wäre Wandas neunter gewesen. Gerlinde Kaltenbrunner versucht ihren neunten Achttausender jetzt im Juli im Karakorum – nicht den Broad Peak, wie ursprünglich geplant, sondern den benachbarten Gasherbrum II. Sollte ihr der 8035 m G II gelingen, wäre sie sogar schon zum 10. Mal am Gipfel eines Berges über 8000 m, denn am 8. Mai 2005 stand sie zum zweiten Mal am Shisha Pangma, 8013 m. Nach ihrem Erfolg im Jahr 2000 am niedrigsten der 14 höchsten Berge der Welt gelang ihr im heurigen Frühjahr zusammen mit ihrem Lebensgefährten Ralf Dujmovits und dem Japaner Hirotaka Takeuchi die erste Überschreitung des „Shisha" – Aufstieg durch die schwierige Südwand, Abstieg über den Normalweg nach Norden.

Nur drei Wochen später versuchte das kleine Team den höchsten Berg der Welt zu besteigen – nicht im Rummel des Normalanstiegs, sondern in gerader Linie durch das „Supercoloir" in der Nordflanke des Mount Everest. Der große Plan war vom Pech verfolgt und hätte um ein Haar tragisch geendet: Wie tagelang im Internet und in den Medien zu lesen war, erkrankte Hirotaka in 7700 m Höhe an einem lebensgefährlichen Gehirnödem und schaffte den rettenden Abstieg mithilfe von Gerlinde und Ralf nur im allerletzten Moment. Ein Leben war gewonnen, die Chance am Everest verloren.

Wer ist die Erste? Achtmal 8000 oder neunmal – beim Erscheinen dieser LDB-Ausgabe wird man es wissen. Unabhängig vom Erfolg am Gasherbrum II ist die 34-jährige Gerlinde Kaltenbrunner heute eine der erfolgreichsten Höhenbergsteigerinnen der Welt. Die zweite Frau mit acht Achttausendern, vielleicht bald die erste mit neun, in einigen Jahren vielleicht die erste Frau auf allen 14. Jetzt schon kann man da und dort „griffig" lesen, sie hätte als Bergsteigerin österreichische Alpingeschichte geschrieben, und manchmal kann man sich des Eindrucks nicht erwehren, eine rekordwahnsinnige Zeit freut sich auf eine

„erbitterte weibliche Auseinandersetzung um den Titel Achttausender-Königin". Ein Kopf-an-Kopf-Rennen um alle 14 Großen ist durchaus möglich – schließlich gibt es neben Gerlinde auch andere Kandidatinnen, die fast gleichauf mit Gerlinde liegen, etwa die Spanierin Edurne Pasaban oder Nives Meroi aus Italien.

Bergsüchtig Was Gerlinde selbst zur weiblichen Variante des männlich dominierten Konkurrenzdenkens in den Weltbergen meint, hätte ich sie nach der Rückkehr vom Everest gerne persönlich gefragt. „Konkurrenzdenken oder Ellbogenmethoden am Berg kennt sie nicht", sagen ihre Freunde. Und wer sie kennt, nimmt ihr das auch ohne viel Wenn und Aber ab, so unwahrscheinlich, fast altmodisch das in überkommerzialisierten Zeiten wie diesen klingt. Und genau das macht die stille „Bergkönigin", so der Titel eines Artikels in der jüngsten Ausgabe der „Welt der Frau", so ungemein sympathisch. Gerlinde Kaltenbrunner mag bergsüchtig sein (anders wären ihre Ausnahmeleistungen in den Bergen und ihr unglaublicher – freiwilliger! – Trainingsaufwand nicht erklärbar), eines ist sie sicher nicht: rekordsüchtig. Auch das ist sympathisch. Bergsteigen ist für sie der absolute Mittelpunkt des Lebens, die Erfüllung einer Vision. „Ich bin total fixiert aufs Bergsteigen", schwärmt sie über sich selbst, und es scheint ihr egal zu sein, wenn kritischere und weniger bergbegeisterte Geister dies als etwas einseitig betrachten.
Schon als Mädchen „haben mich die Berge unheimlich begeistert". Mit 13 absolvierte die in Kirchdorf/Krems geborene Gerlinde ihre erste Klettertour im heimischen Toten Gebirge. Mit 23 stand sie im Sommer 1994 auf ihrem ersten Achttausender (Broad Peak, Vorgipfel), dem in den Jahren bis 2005 Cho Oyu, Shisha Pangma (2-mal), Makalu, Manaslu, Nanga Parbat, Annapurna I und Hidden Peak folgten. Heute ist sie Profibergsteigerin – ihren Beruf als Krankenschwester hat sie aufgegeben, das Thema Kinder für sich abgeschlossen, weil es sich nicht vereinbaren lässt.

Irgendwie suchen wir alle unsere persönliche Form von „Glück", unser „Shangrila". Gerlinde Kaltenbrunner hat – kitschig hin, kitschig her – ihr Glück in den Bergen gefunden, findet es wohl jetzt gerade am Gasherbrum II.
Vielleicht, hoffentlich, wieder ganz oben.

Die Grenzen der Bergrettung

Kommt die „e-card-alpin"?

Wenn der zu Ende gehende Bergsommer nicht wie der vergangene Winter einen Rekord an Bergunfällen und Rettungseinsätzen bringen sollte, sind vermutlich nicht die besser gewordenen Bergsteiger „schuld", sondern das schlechte Sommerwetter.

Seit Juni vergeht kaum eine Woche ohne Meldungen von Bergunfällen mit Hubschraubereinsätzen oder terrestrischen Rettungen. Obwohl wir uns längst daran gewöhnt haben, sollte man die Häufung von Alpinunfällen nicht als „business as usual" abtun. Denn immer öfter wird die langfristige Finanzierbarkeit von technisch immer effizienteren und teureren Rettungsaktionen im Hochgebirge diskutiert, die nach wie vor dem idealistischen Einsatzwillen der Bergrettungsleute zu verdanken sind. Schon wird (wieder einmal) über höhere Versicherungsprämien für sogenannte „Extremsportler" gesprochen, schon wird in Alpinvereinen und Versicherungskreisen darüber nachgedacht, wie lange die in den Mitgliedsbeiträgen enthaltene Freizeit-Unfallversicherung (Weltweit-Service) noch aufrechterhalten werden kann.

Die Berge werden gefährlicher Anfang August trafen sich Bergrettungsleute, Journalisten und Versicherungsmanager bei einer Großglocknerbesteigung zum Lokalaugenschein. Obwohl wochentags unterwegs, erlebte man den Glockner hautnah „en masse" – international, „dreispurig", mit angstschlotternden Französinnen und Rumänen in Badeschlapfen, wie Augenzeugen berichteten. Nach der Tour gab's gute Diskussionen und skurrile, nicht uninteressante Ideen zur zukünftigen Finanzierung und zur „Professionalisierung" der Bergrettungsdienste à la Berufsfeuerwehr, zum Klimawandel, der das Bergsteigen zunehmend riskanter macht, zur Reglementierung des Massenandrangs an Modebergen.

Vor allem die höheren Regionen werden schwieriger und gefährlicher: Rückzug der Gletscher, Permafrostschmelze, dadurch mehr Stein- und Eisschlag, Spaltenzonen, wo früher keine waren. Aktionen wie die der Kalser Bergführer, die das ausapernde Glocknerleitl mit Rechen (!) von lockeren Steinen befreien, um die Steinschlaggefahr zu verringern, riechen schon fast nach Verzweiflung ...

Glockner, Seewand und ... und ... Wirklich riskant werden die Berge aber erst durch die gefährlichen Bergsteiger. Immer mehr Dilettanten rufen in meist selbst verschuldeten Notsituationen nach Rettung. Hilferufe verhallen heutzutage zum Glück kaum ungehört – das Handy gehört zur Bergausrüstung wie früher der Biwaksack – und der Helikopter ist schnell zur Stelle. Die Kosten explodieren.

Beim Schreiben dieser Zeilen lese ich in der Zeitung von vier Alpinunfällen mit Hubschraubereinsatz an einem Tag allein in Oberösterreich, darunter die x-te Bergung des Sommers aus dem Seewandklettersteig bei Hallstatt. Obwohl es längst bis zum blutigsten Anfänger durchgedrungen sein sollte, dass die Seewand einer der schwierigsten und kraftraubendsten Klettersteige der Ostalpen ist, trotz auffälliger Warntafeln am Startpunkt, steigen immer mehr „Bergsteiger" in die Seewand ein, deren Know-how und Kondition vielleicht für einen Hüttenanstieg reichen, nicht aber für eine 800 m hohe, drahtseilgesicherte Steilwand oder für einen geordneten Rückzug. „Eh wurscht – der Heli holt uns schon raus." Und er holt sie raus. Die Beispiele ließen sich beliebig fortsetzen.

Die Idee: „e-card-alpin" Weil in diesen Tagen heftig über die e-card der Sozialversicherungen gestritten wird, drängt sich eine Parallelidee auf: Eine „e-card-alpin", eine Art „Bergsteiger-Führerschein", könnte viele Problemfliegen auf einen Streich erschlagen. Zunächst erfasse man alle Bergsteiger mittels Skidata-System und führe verpflichtende Schnellsiederkurse in Alpinistik ein (Heißa!, rufen da Alpinschulen und Bergführerverbände). Den Glockner oder die Seewand dürfen dann nur seriöse Karteninhaber angehen. Geht's trotzdem schief und rufen die e-cardler die Bergrettung, kriegen sie Schlechtpunkte und müssen zahlen, was die Bergrettung finanziert. Schwarze Minuspunkte können durch weitere kostenpflichtige Kurse getilgt werden – dann darf er/sie wieder. Ungeahnte Möglichkeiten, an die noch niemand gedacht hat. Wirklich nicht? Ich weiß schon – wir haben September und es ist nicht Fasching, aber möglich ist (fast) alles. Man könnte z. B. die Realisierung der Idee der EU-Bürokratie in Brüssel überlassen – dann würde der Bergausweis sogar europaweit gelten. Wenn die in Brüssel die „Décolleté-Richtlinie" zum Schutz der Sennerinnen vor UV-Strahlen durchziehen konnten, schaffen sie mit der e-card-alpin auch die Reglementierung der alpinen Freizeitgesellschaft. Locker.

Auf Messers Schneide
Nepal zwischen Frieden und Krieg

Seit 1998 ist der Tourismus in Nepal um 40% zurückgegangen – Folge des Guerillakrieges zwischen maoistischen Rebellen und politischem Establishment. Doch seit Herbst ist Trekking in Nepal wieder im Kommen. Ein aktueller Lokalaugenschein.

November 2005, Khumbu Himal: Noch nie hat der Everest so viele Trekker gesehen. Ich bin wieder einmal in Nepal unterwegs, staune über die fast geschlossene Kolonne aus Wanderern und Sherpas zwischen Lukla und Namche Bazar, suche nach Erklärungen: Der Konflikt ist seit Monaten aus den medialen Schlagzeilen und offenbar auch aus den Köpfen vieler Nepalfans verschwunden. Das Everest-Gebiet ist eine der wenigen ländlichen Regionen, die nicht von den Maoisten kontrolliert werden. Und schließlich haben die „Maos" am 3. September einen dreimonatigen Waffenstillstand verkündet, den auch Regierung, König und Armee einhalten – das Aufatmen war in ganz Nepal zu spüren. Wie es nach dem 3. Dezember weitergeht, ist Spekulation, doch geben neueste Ereignisse Anlass zur Hoffnung ...

Der Hintergrund 1996 spaltete sich der radikale maoistische Flügel von der „Nepal Communist Party" ab und begann gewaltsam für soziale Gerechtigkeit, für die „Diktatur des Proletariats" und gegen die Monarchie des Königreiches im Himalaya zu kämpfen. Die Maoisten, auf Nepali „Maobadi" genannt, bezeichnen ihren bewaffneten Aufstand als „Volkskrieg", der bisher 12.000 Menschenleben kostete, hauptsächlich unter der in extremer Armut lebenden Landbevölkerung.

Die junge Demokratie Nepals, erst 1990 nach heftigen innenpolitischen Kämpfen erstritten, steht heute am Abgrund. Drei Machtzentren stehen sich misstrauisch und gewalttätig in gefährlicher Pattstellung gegenüber: Die sieben demokratischen Parteien besitzen durch Unfähigkeit und maßlos wuchernde Korruption nur wenig Vertrauen im Volk – der Ausdruck „Pajero-Gesellschaft" für die politischen Eliten (nach deren Vorliebe für ein Geländewagenmodell) ist nur ein zynischer Ausdruck des Unbehagens. Der regierende König Gyanendra ist punkto Ansehen nur ein Schatten seines Vorgängers und Bruders Birendra, der 2001 mit seinen engsten Verwandten bei einem mysteriösen Familienmassaker von Kronprinz Dipendra angeblich im Drogenrausch erschossen wurde. König Gyanendra setzte die gewählte Regierung ab, regiert seit Februar

2005 diktatorisch und stützt sich als absolutistischer Monarch de facto auf das massiv aufgerüstete Militär. Die Maoisten als dritter Machtblock kontrollieren mittlerweile den Großteil der ländlichen Gebiete, auch wenn sie durch brutales Vorgehen und mafiöse Schutzgelderpressung an Sympathie eingebüßt haben. Nepal schien bis vor Kurzem einem offenen Bürgerkrieg aller gegen alle entgegenzuwanken.

Tourismus in Nepal Trotz der angespannten Situation droht Touristen, Trekkern und Bergsteigern keine Gefahr durch die „Maos", deren Anführer dies öffentlich versichert und auch eingehalten haben. Allerdings verlangen die Rebellen in den von ihnen kontrollierten Trekkinggebieten eine „Revolutionsspende" zwischen 15 und 100 Euro pro Person. Die Kriegssteuer wird von den „local commanders" höflich, unbewaffnet und bestimmt kassiert. Nach Bezahlung der „Spenden" werden seriöserweise Quittungen ausgestellt, die von anderen Maopatrouillen auch akzeptiert werden.
Obwohl Ausländer durch die Kämpfe zwischen Rebellen und Armee bisher nicht zu Schaden gekommen sind, hat sich der Tourismus im „Mutterland des Trekkings" praktisch halbiert. Was das für die Wirtschaft eines der ärmsten Länder der Welt bedeutet, das zu einem großen Teil auf den Tourismus angewiesen ist, kann man sich unschwer vorstellen.

Friedenschance am Horizont? Noch ist Nepal nicht verloren. In den letzten Tagen meines Aufenthalts in Kathmandu schien plötzlich ein Brückenschlag über das Ende der Waffenruhe hinaus möglich. Mitte November trafen sich hochrangige Vertreter der nepalesischen Parteien mit Führern der „Maobadi", angeblich sogar mit „Terroristenchef" Prachanda, in New Delhi – eine politische Sensation. In einem 12-Punkte-Übereinkommen wurden gemeinsame Ziele wie demokratische Wahlen, Ablehnung der autokratischen Monarchie und sogar die UNO-Kontrolle über Armee und Guerillakämpfer formuliert. Fast könnten die Götter des Himalaya in Delhi Regie geführt haben ….
Im „Eck" steht derzeit der König, auch im räumlichen Sinn: Herr Gyanendra befindet sich zurzeit auf Staatsbesuch in Afrika. Wenn Seine Majestät in dieser vielleicht entscheidenden Phase nicht bald aktiv wird, könnte die neue Allianz zwischen Demokratie und bisherigen (?) Rebellen in eine Republik Nepal münden.

LAND DER BERGE | 2006

60 Jahre Picus montana vulgaris
Helmut Friessenbichler interviewt Edi Koblmüller

Picus montana vulgaris, der Gemeine BergSpecht, erblickte dieser Tage vor 60 Jahren das Licht der Welt. LAND DER BERGE sprach aus diesem Anlass mit dem Ordinarius für Spechtologie (OSP) am Institut für Bunte Vögel in Linz. Hergeleitet wurde dieses Institut aus dem Nachlass von Prof. Otto Grünmandl aus Innsbruck, dessen Alpenländisches Inspektoren-Inspektorat sich schon in den frühen Siebzigern mit alpinen Flugobjekten auseinandergesetzt hat.

LDB: Herr Ordinarius, ist dem Institut bekannt, wann es zum ersten Auftreten eines BergSpechtes gekommen ist?
OSP: Ein erstes dokumentiertes Auftreten des BergSpechtes ist 1978 festgehalten worden, jedoch müssen wir davon ausgehen, dass dem eine längere Entwicklung vorausgegangen ist. Forschungen unsererseits haben nämlich ergeben, dass das Erscheinen des BergSpechtes, speziell in der Schweiz lange Zeit bestritten wurde. Aufgezeichnet wurde ein Ausspruch eines Hüttenwirtes in der Berninagruppe: „In den Bärgen gibt es ckaine Spächchte, Spächchte leben im Walld." Diese Aussage dürfte zur damaligen Zeit ein Grenzfall gewesen sein.

LDB: Wieso ein Grenzfall?
OSP: Nun, einerseits scheint der BergSpecht an sich in Österreich endemisch zu sein, andererseits hatten wir es zu dieser Zeit offenbar um eine Frühform des Subjektes zu tun. Interessanterweise haben Nachforschungen an der Universität für Bodenkultur in Wien ergeben, dass ein wilder Waldspecht Mitte der Sechziger des vorigen Jahrhunderts nicht nur am Uni-Gelände, sondern auch am Peilstein und im Gesäuse sein Unwesen getrieben hat. Das Subjekt war aus dem Toten Gebirge zugewandert und für seine Verwegenheit und außerordentliche Steigleistung berühmt geworden. Seine Spur verliert sich allerdings in den Akten des Amtes der Oberösterreichischen Landesregierung, wo ein Beamter namens Kobelmüllner oder Koblberger sämtliche Unterlagen verbrannte. Der Mann hatte offensichtlich Angst, dass solche Typen einer Pragmatisierung ausgesetzt werden könnten. Ein von jenem Oberrevidenten hinterlassener dürrer Aktenvermerk „KW: Eibe war nicht Baum des Jahres! Dipl.-Ing. WaSpec, geb. 10. 4. 1946, Linz/gez. EKO" ist der einzige Hinweis über das Vorhandensein des Waldspechtes.

LDB: Wann trafen Sie erstmals den BergSpecht?
OSP: Es war Anfang der Neunziger im vorigen Jahrtausend im Wienerwald. Der BergSpecht hielt sich damals inkognito in den Niederungen des Hügellandes auf und wurde prompt von Feldforschern wegen seiner Liebe zum Fels mit dem Großen Steinkauz verwechselt. Wir waren damals bei der Gründung eines Projektes mit dem Arbeitstitel „Verhalten der Breiten Masse beim Bergauflauf" – später wurde daraus LAND DER BERGE – und wir suchten nach einem Kommentator mit sicherem Griff und starkem Schnabel. Die Kletterfähigkeiten des BergSpechtes waren uns damals schon bekannt und durch die Stellung seiner Greifwerkzeuge konnte man davon ausgehen, dass er auch den Griffel zu halten vermag.

LDB: Aber dazwischen muss es ja eine Entwicklung vom Wald- zum Berg-Specht gegeben haben?
OSP: Ja natürlich. Diese Entwicklung ging ja sogar so weit, dass wir heute sagen müssen, der Bergspecht ist ein Zugvogel und auf allen Kontinenten zu Hause. Außerdem stieg er zielstrebig bis in höchste Höhen. Das hat ihm zwar einige Federn gekostet, sodass am Hinterkopf lichte Stellen entstanden sind, aber sein Flügelschlag ist immer noch kräftig.

LDB: Haben Sie nicht Angst, dass er Überträger der Vogelgrippe ...
OSP: Nein, nein. Er selbst hält sich ja ohnehin für ein Ross. Viel größere Sorgen macht mir da sein Fluchtverhalten.

LDB: Inwiefern? Ich dachte er ist ein mutiger Vogel!
OSP: Ja, das stimmt in allen Fragen des Alpinismus. So wird berichtet, dass er sogar kurdische Küchenzelte am Ararat niederriss, um an irgendeinen Kälberstrick heranzukommen, der den Gipfelsturm absichern sollte. Nein, sein ausgeprägtes Fluchtverhalten betrifft die Anfertigung der Kolumne „GRIFFIG", die er zwar schon 84 Mal (2 x geschwänzt) geschrieben hat, aber deren Zustandekommen offensichtlich seine Nerven flattern lässt. Sobald der Abgabetermin naht, flüchtet der Specht über alle Kontinente, krächzt ins Telefon, er sei soo krank oder könne wegen Knieschmerzen nicht zur Schreibmaschine gehen.

LDB: Womit kann man ihn locken?
OSP: Mit allen Berichten über Skitourengehen. Da vergisst er auf der Stelle seine Knie-Wehwehchen und zur Ausführung eigener Unternehmungen ist ihm die Einnahme von 400 mg Voltaren keineswegs zu riskant. Vgl. Ross! Irgendwie muss das alles mit dem Schweben zu tun haben. Möglicherweise gleicht der Spechtenflug dem Schweben der Skier im Pulverschnee. Nichts Genaues weiß man nicht.

LDB: Gibt es eine Verwandtschaft noch mit anderen Tieren?
OSP: Ja, er selbst bewundert die Unabhängigkeit und Undressierbarkeit von Katzen, weshalb er auch mit Max, Moritz, Helene und Bilabong zusammenlebt. Vom Ross haben wir schon gesprochen. Wären noch alle Tiere mit dem Charakterzug der Sturheit. Was er will, setzt er durch.

LDB: Glauben Sie an die Zukunft Ihres Spechtologie-Institutes?
OSP: In den nächsten Jahren besteht kaum Gefahr, dass dieses Unikat ausstirbt.

LDB: Kennen Sie einen gewissen Eduard Koblmüller, einen bekannten Bergsteiger?
OSP: Nein, nie gehört. Muss man den kennen?

Helmut Friessenbichler war Gründer und erster Chefredakteur von LAND DER BERGE. Er „entdeckte" Edi Koblmüller.

Koblmüller war auch leidenschaftlicher Bergführer: hier am Glockner (1995).

Mit Privatgästen am Großglockner (2008)

Koblmüller sah in seiner Arbeit als Bergführer Beruf und Berufung zugleich.

Ausflug mit der BergSpechte-Belegschaft am Predigtstuhl (2006)

Der Ober-BergSpecht war auch als Vortragender brillant, weil er Geschichten erzählen konnte.

Der begeisterte Skifahrer Koblmüller in den Abruzzen (2015)

Einen Lawinenunfall in den Abruzzen 2005 überlebte er mit viel Glück.

Freunde: bei Reinhold Messners 60. Geburtstag in Sulden (2004)

Leidenschaft: Trekkingreisen wie zum Mt. Meru/Kilimanjaro

Liebe: mit Uli Seidel in der Sahara (Ägypten, 2007)

Glück: Skihochtour auf den Hocharn (2004)

Mehr Schein als Sein

Der „Weltrekord" am Südpol

„'Weltrekord' geschafft: der Österreicher Dr. Wolfgang Melchior ging als erster Mensch ohne technische Hilfe in 33 Tagen zum Südpol. Der Eintrag ins Guinness-Buch der Rekorde ist ihm gewiss." Das meinte die Bank Austria in ihrer Presseaussendung vom 9. Jänner zur Antarktis-Expedition, an der sie als Hauptsponsor Melchiors teilgenommen hatte. Das Medienecho steigerte sich nochmals – überall ließ sich der 50-jährige Wiener enthusiastisch und unreflektiert als „Polar-Weltrekordler" und Extremabenteurer feiern. Melchior hatte als Teilnehmer einer kommerziell organisierten Expeditionsreise „zusammen mit seinem Team" am 27. Dezember den Südpol erreicht. Zweifellos eine großartige körperliche und mentale Leistung, die hier auch nicht infrage gestellt werden soll.

Kritische Fragen Allerdings rochen die vollmundigen und teilweise irreführenden Ankündigungen des PR-Experten Melchior von Anfang an derart nach mediengeiler Selbstinszenierung, dass Kritiker die Sache schon im Herbst zu hinterfragen begannen. Der Tiroler Polarexperte und Bergführer Dr. Christoph Höbenreich forderte Wolfgang Melchior schon vor dem Start zu einer fairen und wahrheitsgemäßen Berichterstattung auf. Höbenreich, selbst Teilnehmer an mehreren, zumeist selbst geleiteten Arktis- und Antarktis-Expeditionen, recherchierte genauer, lieferte Fakten und stellte den „Weltrekord" einer schnellsten Südpol-Expedition infrage. Da keine Reaktion erfolgte, richteten er und einige prominente Bergsteiger aus der Expeditionsszene (Peter Habeler, Robert Schauer, Wolfgang Nairz u. a.) einen offenen Brief an Bank Austria und Medien, in dem die „unseriöse Pressearbeit" Melchiors kritisiert und in Zukunft fundiertere Recherchen gefordert wurden. Die Reaktion der Medien lag erwartungsgemäß bei null, doch entwickelten sich in Internetforen wie www.gipfeltreffen.at oder www.bergsteigen.at heftige Diskussionen.

Halbwahrheiten Konkret steht nicht die Leistung Wolfgang Melchiors zur Diskussion (fast 900 km durch die Antarktis zu marschieren ist eine große Leistung), sondern die Notwendigkeit einer korrekten Berichterstattung im sogenannten „Extremsport". Wenn Halbwahrheiten, Selbstbeweihräucherung oder das Verschweigen von Tatsachen die Qualität der Wahrheit ersetzen, wird die öffentliche Differenzierung zwischen vorgegebener und tatsächlicher Leistung unmöglich und werden Reportagen beim Expeditionssport ad absurdum

geführt. Gerade im menschlichen Grenzbereich ist es nicht egal, mit welchen Mitteln und Aussagen gearbeitet wird.
In diesem Sinne wäre Herr Dr. Wolfgang Melchior zu fragen,
- worin der „Weltrekord" liegt, wenn die Gruppe zwar in weniger Tagen als bisherige Expeditionen zum Südpol marschierte, aber dazu zu einem dem Südpol deutlich näher gelegenen Schelfeisursprung als Startpunkt herangeflogen ist (man bricht keinen 100-m-Rekord, wenn man nur 80 m läuft).
- warum er geschickt die Tatsache verschweigt, dass er sich in eine professionell organisierte „Skireise" eines polerfahrenen norwegischen Veranstalters eingekauft hat (bei einer kommerziell geführten Tour wären vielleicht weniger Sponsoren eingestiegen).
- warum er angekündigt hat, nach dem Südpol „als erster Mensch" vom Gipfel des Mt. Vinson die 45° steile Eisflanke mit Ski abzufahren (ein historischer Witz).
- warum er seine Teilnahme an einer der zahlreichen Last-Degree-Skireisen als „legendäre russische Nordpolexpedition, die den Pol in Rekordzeit überschritt" gerühmt hat.
- warum er sich als erfolgreicher Skibesteiger des Mustagh Ata (7546 m) ausgibt, wenn er selbst 2002 in einer Wiener Lokalzeitung vom „Scheitern bei extremem Schlechtwetter" berichtet hat.

Auf eine (mögliche) weitere Aufzählung darf verzichtet werden.

Messbarer Rekord? Auch Reinhold Messner hat „… geahnt, dass da einiges nicht stimmt. Das Problem besteht wohl darin, dass Sponsoren oder Ghostwriter aus einem Abenteuer gerne einen ‚Weltrekord' machen – offensichtlich das einzige Schlagwort, das konsumorientierte Leser begreifen". In seinem Statement trifft R. M. den Punkt: „Wir sollten beim Bergsteigen und Grenzgehen eine adäquate Sprache pflegen. Weltrekorde gibt es nur im Messbaren. Erlebnisse unserer Art haben eine andere Dimension."
Ein bekannter Bergsteiger aus OÖ hat über Scharlatane folgendes Bonmot geprägt: „Es wird nirgends so viel gelogen wie beim Bergsport. Fußballspieler haben Zuschauer, beim Laufen gibt's Uhren, aber beim Bergsteigen im hintersten Eck kann man mehr als die Realität verkaufen".
Womit wir wieder am Beginn der Kolumne angekommen wären: beim unwiderstehlichen Bedürfnis mancher Zeitgenossen, mehr zu scheinen als zu sein.

Berge in (Stahl)fesseln

Der Klettersteig-Boom – alpine Plage oder touristischer Segen?

Allein im letzten LDB wurden vier neue Klettersteige vorgestellt – Ausdruck eines aktuellen Trends: In Österreichs Bergen werken fleißige Felsenarchitekten an der Stahlseilinflation. Droht die „Viaferrata-Mania"?
Experten wie die Autoren der beiden neuesten Klettersteigführer, Kurt Schall und Axel Jentzsch-Rabl, schätzen die Gesamtzahl der österreichischen Klettersteige mittlerweile auf 100 bis 200, zu denen jährlich bis zu zehn neue kommen. Die genaue Anzahl hängt in erster Linie von der Definition ab, was als „richtiger", großteils oder durchgehend mit Stahlseilen abgesicherter Klettersteig bzw. nur als mit ein paar Drahtseilen gesicherter Wanderweg gilt.

Tendenz steigend Die Zeiten, in denen man „Eisenwege" fast ausschließlich mit den berühmten „vie ferrate" in den Dolomiten assoziierte, sind jedenfalls längst vorbei. Punkto Anzahl, Länge und Schwierigkeit der Klettersteige haben die nördlicheren Ostalpen mit den Dolomitengruppen gleichgezogen, und ein „Johann" durch die Dachstein-Südwand oder die „Seewand" über dem Hallstätter See haben heute mindestens den gleichen Nimbus wie früher Tomaselli- oder Costantini-Steig.
Der zunehmende Drang, Berge und Felsen auch bei uns zu verdrahten, hat mehrere Gründe. Da ist einmal der wirtschaftliche Aspekt – Touristiker, Schutzhütten, Hotels, Fremdenverkehrsgemeinden und Seilbahnen erwarten sich mehr Besucher, wenn Klettersteige in der Nähe Action versprechen. Dazu kommt die wachsende Popularität der Eisenrouten, die im Vergleich zum alpinen Klettern ein unbeschwerteres Bergerlebnis versprechen. Auch der menschliche „Trieb" zum Erschließen mag eine Rolle spielen und liefert eine Teilerklärung, warum die alpinen Vereine beim Bau der meisten Klettersteige die Initiative ergriffen haben.

Übererschließung? In einer Zeit, in der es für ursprüngliche Naturlandschaften immer enger wird, geraten sich Naturschutz als Bewahrer dieser Natur(t)räume und Eisenweg-Protagonisten als Teil der Tourismusindustrie zwangsläufig in die Haare. Auf der einen Seite das wirtschaftliche Interesse und die immer größer werdende Lust am luftigen Steigen, beides gepaart mit einem Zeitgeist, der nach trendigen Freizeitaktivitäten verlangt. Auf der anderen Seite der Naturschutzgedanke, der nicht jeden alpinen Winkel dem Tourismus geopfert sehen will. Prominentes Beispiel für diese klassische Konfliktsituation ist der stark frequentierte „Königsjodler" am Hochkönig, der vor einigen Jahren trotz massiver Bedenken der Naturschutzbehörde mitten im heutigen Europaschutzgebiet Kalkhochalpen (natura 2000) gebaut wurde.

Wenn schon die strengen Regelungen eines Naturschutzgebietes nicht (immer) greifen, zählen schwache Argumente wie „Landschaftsverschandelung" durch die eisernen Steige oder die Zerstörung klassischer „Kletterrouten von historischem Wert" noch weniger. Zu Recht, denn die Drahtseile sind selbst für falkenäugigste Touristen nur mit Ferngläsern zu erspähen, und die historische Preußroute am Donnerkogel aus der Zeit vor dem Ersten Weltkrieg, die vom Gosaukamm-Klettersteig zugebügelt wurde, hat in den letzten 90 Jahren vermutlich keine 20 alpinen Kletterer erlebt. Wenn nicht gerade echte alpine „classics" wie die Däumlingkante im Gosaukamm oder die Dülferrouten im Wilden Kaiser (Buhl bewahre!) in extreme „Sportklettersteige" verwandelt werden, wird Nostalgie gegen die „modernen Zeiten" keine Chance haben.

„Philosophischer Background" Klettersteige bieten vielen Menschen eine neue Erlebnisdimension am Berg, sind Ersatz fürs alpine Klettern, vermitteln angesichts von Stahlseil und Trittstiften (richtigerweise) das Gefühl von mehr Sicherheit und spiegeln damit auch das moderne Streben nach immer mehr Sicherheit wider. In Zeiten einer angeblich gefährlicher werdenden Welt bezeichnet Kurt Schall diesen Trend im Vorwort eines Klettersteigführers als „evolutionäre Grundausstattung der Menschheit". Mag sein.

Trotzdem muss nicht unbedingt auf jeden ostalpinen Zapfen ein versicherter Kletterweg führen, trotzdem sollte bei der Planung von Eisenwegen die Naturbelastung durch den (Massen)tourismus nicht ignoriert werden. Sollte. Denn 200 oder von mir aus 400 österreichische „vie ferrate" sind super. Aber 3000 machen die Alpen zum „Funpark".

Bei aller Skepsis gegenüber einem allzu maßlosen Klettersteig-Boom halte ich es aber trotzdem mit einem prominenten Bergsteiger, der gesagt haben soll, er könne gar nicht gegen Klettersteige argumentieren, weil er dort so viele glückliche Menschen getroffen habe.

„Ewiges Eis" mit Ablaufdatum
SOS Klima – SOS Gletscher

In fast allen Hochgebirgen der Welt schmelzen die „weißen Riesen" in beängstigendem Tempo: Die Gletscher reagieren als „globales Fieberthermometer" sensibel auf den weltweiten Temperaturanstieg. Parallel dazu werden auch die Berge selbst brüchiger und der Alpinismus schwieriger.

Der spektakuläre Rückzug der Gletscher ist einer der sichersten Faktoren, dass sich das Klima der Erde ab Mitte des 19. Jh.s markant verändert hat. Seit Beginn der Industrialisierung ist ein weltweiter Temperaturanstieg von +0,6°C zu verzeichnen – das vergangene Jahrzehnt war sogar das wärmste seit 1860. Kein Wunder, dass nicht nur die Gletscher zu „schwitzen" begonnen haben und dass mit dem Gletschereis ganze Ökosysteme verschwinden werden.

Fakten zum globalen Gletscherrückgang In den Alpen sind seit 1850 neun Zehntel der insgesamt 5000 Gletscher um mehr als die Hälfte geschmolzen. Der größte Gletscher Europas, der Aletschgletscher in den Berner Alpen, wird derzeit um mehr als 50 Meter pro Jahr kürzer. Über den Großglockner auf dem Weg zum eislosen nackten Berg ist in diesem Heft an anderer Stelle zu lesen. Hallstätter- und Gosaugletscher am Dachstein schmelzen dahin und sind heute bei einem optischen Vergleich mit dem Stand der 1960er-Jahre kaum wiederzuerkennen. Die Gletscher Österreichs könnten bei anhaltender Tendenz bis 2080 verschwunden sein ...

Noch dramatischer ist der Rückzug der Gletscher in den Hochgebirgen am Äquator – rekordverdächtig messbar an den großen Vulkanen Ostafrikas und in den Tropengebirgen der Anden. Das „Dach Afrikas", der 5895 m hohe Kilimanjaro, verlor seit 1912 mehr als 80% seiner Schnee- und Eisfelder! Nach jüngsten Prognosen wird es keine 15 bis 20 Jahre dauern, bis sich der eisbedeckte Riesenvulkan in eine hochalpine Geröllwüste ohne Hemingways „Schnee am Kilimanjaro" verwandelt hat. Noch schneller erfolgt die Abschmelzung am Ruwenzori (5109 m) – die Gletscher des dritthöchsten Berges Afrikas haben heute nur mehr 8% der Masse wie vor 100 Jahren und werden in wenigen Jahren der Vergangenheit angehören. Mit dem Eis sind auch die einzigartigen Ökosysteme an den Quellen des Weißen Nil bedroht.

Auch die höchsten Gebirge der Erde unterliegen dem fatalen Klimawandel. Im Ost-Himalaya sind bereits an die 2000 Gletscher vollständig verschwunden, und es liegt nur an den Eisreserven der gigantischen Gletscherströme, dass die

Ablaufuhr im Himalaya (noch) nicht so alarmierend tickt wie in Afrika oder Südamerika.

Mehr objektive Gefahren am Berg Die Folgen des Klimawandels haben auch Auswirkungen auf den Bergtourismus: Wandern und Bergsteigen, insbesondere der Hochalpinismus werden schwieriger und potenziell gefährlicher. Die schrumpfenden Gletscher werden zerrissener und spaltenreicher, die Ausaperung erhöht die Steinschlag- und Eislawinengefahr, blankes Eis anstelle von Firn macht leichte Routen schwierig. Die Aufschmelzung der Permafrostzonen in den Hochlagen erhöht das Gefahrenpotenzial zusätzlich. Denn der Permafrost bindet Lockermaterial und stabilisiert labile Bodenflächen, sein Abtauen hat aber Steinschlag, Felsstürze und Vermurungen zur Folge. Der „Zement" ist brüchig geworden.

Wärmere, düstere Zukunft? Im Sommer 2005 wurde das Matterhorn kurzfristig gesperrt, da ein Teil des Hörnligrates weggebrochen war. Wegen des Steinschlagrisikos widerfuhr dem Montblanc Ähnliches und im heißen Sommer 2003 gab es sogar Besteigungsverbote am Großglockner. Am „harmlosen" Kilimanjaro ist die Machame-Route seit Jänner 2006 nach einem schweren Steinlawinenunfall gesperrt. Fast alle 31 Sechstausender der Cordillera Blanca in Peru sind in den vergangenen Jahren „andinistisch" schwieriger geworden. Und am Chimborazo in Ecuador sind ohne Hochlager nur mehr Nachtbesteigungen möglich, da der Berg ab Sonnenaufgang mit Steintrümmern um sich wirft. Die möglichen Zukunftsszenarien fallen düster aus. Klimaforscher sehen kaum Hoffnungen, dem globalen Eisverlust entgegenzuwirken. Viele Wissenschaftler sind der Ansicht, dass wir auf das Klima der nächsten 30 Jahre bereits jetzt keinen Einfluss mehr haben und dass ein weiterer globaler Temperaturanstieg über +2°C hinaus den Erwärmungsprozess der Erde unumkehrbar machen würde. Apocalypse tomorrow? „Da kann ma nix machen"?? „Irgendwem wird schon irgendwas einfallen"???
Zum Schluss zumindest eine gute Nachricht: Das Industrieland Schweden hat beschlossen, innerhalb der nächsten 20 Jahre bei der Energieerzeugung komplett auf fossile Brennstoffe zu verzichten, ohne sie durch Atomkraft zu ersetzen. Dadurch könne der Ausstoß des Klimakillers CO_2 zu 80% gesenkt werden.

(Herz)Tod am Berg

Trauriger Rekord bei Alpinunfällen

Vor Kurzem wurde der neue Alpine Unfallbericht des Kuratoriums für Alpine Sicherheit veröffentlicht: Im Jahr 2005 fanden 416 Menschen den Tod in Österreichs Bergen, so viele wie nie zuvor. Die meisten beim „harmlosen" Wandern.

Nüchterne Tabellen und Grafiken gliedern das alpine Unfallgeschehen in Österreich nach verschiedenen Kriterien: Unfalltote nach Bundesländern, Ursachen, Alter, Geschlecht, Art der Ausübung usw. Der Vergleich zum Jahr 2004 mit „nur" 356 Bergtoten fällt dramatisch aus und zeigt einen Anstieg der tödlichen Bergunfälle um 17%. Hinter den nackten Zahlen stecken nicht nur menschliches Leid und Tragödien, sondern auch überraschende Erkenntnisse. Auch wenn es für die Opfer selbst nicht mehr von Belang sein mag, ob etwa die Altersgruppe der 40- bis 50-Jährigen oder die der über 60-Jährigen stärker betroffen ist, lohnt es sich für die Zukunft, einen Blick hinter die kalte Statistik zu werfen.

Fakten und Ursachen 2005 starben allein in den Tiroler Bergen 179 Menschen – dreimal so viel wie im Straßenverkehr. Die Salzburger Todesliste ist um mehr als ein Viertel länger als im Jahr davor, die Zahl der verunglückten Männer um das Sechsfache höher als die der Frauen. Fast ein Drittel aller tödlichen Unfälle geschah beim einfachen Bergwandern. Die Haupttodesursache ist Herz-Kreislauf-Versagen – 93 der 416 Bergtoten starben 2005 an Herz-/Lungeninfarkt und Gehirnschlag, zwei Drittel davon beim Bergwandern.

Der Hauptgrund für die alarmierende Bilanz liegt in der starken Zunahme aller Arten des Alpintourismus: Immer mehr Menschen zieht es in die Berge, der Outdoor-Boom ist allgegenwärtig und nicht nur sogenannte Extremsportarten sind „in" – auch das alpine Wandern liegt „voll im Trend". Steigende Unfallzahlen sind die Schattenseite.

Fehlende Fitness plus Leistungsdruck Den (naheliegenden) Grund für den unverhältnismäßig hohen Anteil des Herz-Kreislauf-Todes sehen nicht nur Statistiker in schlechter körperlicher Vorbereitung für zu hohe Leistungsansprüche. Das mehr als 20 Jahre alte Credo von „Alpinpapst" Franz Berghold „Fit in die Berge und nicht fit durch die Berge" trifft heute mehr denn je den Punkt. Denn schon ein bescheidenes, aber regelmäßiges und richtiges Ausdauertraining würde einen guten Teil der fatalen Gesundheitsunfälle beim Bergwandern verhindern ...

Mangelhafte körperliche Fitness beim Wandern ist aber nur eine Seite der (Unfall-)Medaille. Selbstüberschätzung bzw. Unterschätzung der Belastungen und ein „zeitgeistiger" Leistungsdruck verschärfen das potenzielle Problem. In einer Zeit, in der man sich nicht mehr durch bloßes Tun profilieren zu können glaubt, in der die messbare Leistung, der Wettkampf- und Rekordgedanke in den Vordergrund rücken, genügt „just for fun" auch beim Wandern nicht mehr. Wenn Otto oder Maria Normalwanderer mit 20 kg Übergewicht irgendeinen Hügel hinaufhetzen, weil sie sich von „Skyrunner" Stangls Rekordbesteigung von drei Sechstausendern in 16 Stunden (über)motiviert fühlen, befinden sie sich exakt in der richtigen Risikogruppe. Dazu passt auch der „griffige" Ausspruch eines Sportmediziners, die gefährlichste Sportart sei das Herren-Doppel beim Tennis zwischen Männern über 50. Wobei sich die Gefahr des hier gemeinten Konkurrenzdrucks ohne Weiteres auch auf den Bergsport übertragen lässt – zwei oder mehrere Herren obermittleren Alters auf Berg- oder Skitour laufen als Gruppe fast immer schneller als jeder Einzelne für sich allein. Die Konkurrenz zwischen vermeintlichen Alpha-Männchen und/oder die Angst, unter Freunden als Weichei zu gelten, laufen mit. Und bei 50+ können sich nun mal Überforderungen schneller letal auswirken als bei 20-Jährigen.

Schach dem Herztod am Berg Im soeben erschienenen Jahrbuch 2006 „Sicherheit im Bergland" heißt es im Vorwort: „Wandern ist nicht schwierig und hält fit. Ist nicht die Anfahrt das Gefährlichste an der Bergtour? Tatsächlich aber stehen in Tirol 57 Verkehrstoten 179 Alpinunfalltote gegenüber. Schläft die alpine Szene oder was?" Die provokante Frage soll wohl ein Aufruf zum Handeln sein ...
Aber was kann die „alpine Szene" tun? Gut gemeinte Ermahnungen und Aufrufe von Experten zu mehr und besserem Training allein werden's nicht bringen. Warnend erhobene Zeigefinger und gute Ratschläge werden auch in Zukunft ebenso wenig Wirkung gegen den Tod am Berg zeigen wie die Todesdrohungen auf Zigarettenpackungen gegen das Rauchen.
Realistischerweise bleibt es weiterhin der Entscheidung jedes Einzelnen überlassen, ob und wie er/sie sich auf den Berg vorbereitet, auch wenn es gelegentlich eine Entscheidung zwischen Leben und Tod sein kann.

„Fliegende Berge" & andere Geschichten
Alpine Romane in der Literatur

Bücher, in denen Berge und Bergsteigen zentrale Themen sind, gibt's wie Sand am Meer – Biografien, Bildbände, Beschreibungen, Reportagen. Aber wem fallen auf Anhieb mehr als fünf oder sechs „alpine" Romane ein, Geschichten, die mit, in oder von den Bergen leben?
Im Jänner dieses Jahres ist „Eisesstille" vom italienischen Autor Piero Degli Antoni erschienen, ein „alpinistischer Thriller" vor dem Hintergrund fiktiver Himalayaexpeditionen. Als Bergkrimi auf den ersten Blick (fast) literarisches Neuland, denn mehr als eine Handvoll Romane mit „gebirgigem" Background gibt's nicht. Ohne Anspruch auf Vollständigkeit sind Joe Simpsons „Sturz ins Leere" zu nennen, Malte Roepers „Auf Abwegen" und „Westwand", „Eigerjagd" vom Engländer Paul Townend und „In der Wand" des amerikanischen Schriftstellers James Salter. Michael Köhlmeiers Grönlandroman „Spielplatz der Helden" ist Dokument eines großen Abenteuers und zugleich eindrucksvolle Parabel auf unsere Zeit. Und auf Christoph Ransmayrs neuen Roman „Der Fliegende Berg" kann man ohnehin nicht vergessen. Der spielt literarisch in der höchsten Liga.

Eisesstille – der Thriller Die beiden Neuerscheinungen des „alpinistischen Genres" – Eisesstille und Der Fliegende Berg – könnten von Stil, Sprache und Anspruch her kaum unterschiedlicher sein, haben aber einige oberflächliche Gemeinsamkeiten. In beiden Romanen bildet der Himalaya die Kulisse, geht es um Bergbesteigungen, spielen zwei Brüder und somit das archaische Thema Kain und Abel zentrale Rollen. Und – in beiden Büchern steht das 37 Jahre zurückliegende, immer noch aktuelle Drama der Brüder Reinhold und Günther Messner am Nanga Parbat im Raum.
Eisesstille ist ein spannender, insgesamt aber missratener Bergthriller, dessen Sprache und Übersetzung aus dem Italienischen schwach sind, der viele Klischees „am Berg" drischt und alpinistisch lückenhaft recherchiert ist. Die Story mag gut sein, die Umsetzung ist enttäuschend. Schon der Klappentext lässt Dilettantisches ahnen: Sechs Bergsteiger im Himalaya, vom Schlechtwetter in 7000 m Höhe eingeschlossen. Alle mit einem Ziel: Den Leichnam von Jean-Pierre Leblanc zu finden, der am (fiktiven) 8000er Kinsoru tödlich verunglückt und Bruder des ebenfalls anwesenden Michel Leblanc ist, des „besten Bergsteigers der Welt" (sic!). Sieben Tage Zeit, danach wird die Rückkehr unmöglich – nicht wegen des langen Aufenthalts in großer Höhe oder der Neuschneemengen,

sondern weil unten das „Basiscamp" abgebaut wird (?). Während draußen der Sturm tobt, kochen im Zelt die Emotionen hoch. Jeder der sechs hat eigene Pläne im Kopf, einer von ihnen tödliche ...
Fazit, bei allem Respekt vor dem routinierten Journalisten und Krimischreiber: Vom (Höhen)bergsteigen versteht P. D. Antoni nicht recht viel.

Der Fliegende Berg – das Epos Durch die Eisesstille habe ich mich mühsam-still durchgelesen, beim Ransmayr jede Zeile genossen, fasziniert „fliegend" abgehoben. Nicht weil es (auch) ums Bergsteigen geht, sondern weil die Erzählmelodie, die Sprache, die Thematik berühren.
„Der Fliegende Berg" ist die Geschichte zweier irischer Brüder, die ins Land Kham und in den Transhimalaya Osttibets aufbrechen, um einen unbekannten Siebentausender zu finden. Bei der Besteigung des sagenhaften Phur-Ri begegnen sie nicht nur der archaischen, mit chinesischen Besatzern und den Zwängen der Gegenwart im Krieg liegenden Welt der Nomaden, sondern auf unterschiedliche Weise auch dem Tod und der Liebe. Liam stirbt beim Abstieg unter einer Lawine, Padraic kehrt ins Leben zurück, nachdem er in der Tibeterin Nyema die Liebe seines Lebens gefunden hat.
Obwohl es zu Ransmayr auch kritische Stimmen gibt, die ihm „Abenteuerkitsch und verbales Gepolter" an den Kopf werfen, ist Der Fliegende Berg für die meisten Kritiker Prosa in Vollendung. „Amazon" stellt das Roman-Epos des Österreichers „an die Spitze der deutschsprachigen Literatur", und „Die Zeit" spricht von „einer Ausnahmeerscheinung in der Gegenwartsliteratur". Selten habe man die tödliche Schönheit des schwarzen Himmels, die Katastrophe des Wettersturzes in einer extremen Welt, die Windfahnen der „fliegenden Berge" so suggestiv wie im epischen Flattersatz mit den ungleich langen Zeilen gelesen, einen so noch nicht gehörten Sprachgesang.
Der Roman ist auch ein alpines Buch, bei dem alpinistisch alles stimmt. Christoph Ransmayr ist großer Erzähler und guter Bergsteiger zugleich, der mit Reinhold Messner in Tibet unterwegs war, in geistigen und atmosphärischen Höhen daheim ist und sich mit prosaischen Dingen wie Pickel und Steigeisen auskennt.
That's the difference, würde Joe Simpson sagen. Auch wenn der Vergleich hinkt, ich gebe es zu, und unfair ist.

Am Limit. Der Film.
Speedklettern: die Huber-Buam beim Grenzgang

Mehr als vier Wochen lief der Film in den österreichischen Kinos, für einen „Kletterfilm" mit sensationellen Besucherzahlen. Und weil „Am Limit" mehr ist als ein Kletterfilm, würde ich mir den Streifen sofort ein drittes Mal ansehen. Ung'schaut.
Die Story: Die Brüder Thomas und Alexander Huber, die in diesem Magazin nicht näher vorgestellt werden müssen, wollen den Speed-Rekord an der „Nose" unterbieten, einer der schwierigsten Extremkletterrouten am 1000 Meter hohen Granitmonolith im Yosemite. Die Bestzeit liegt bei 2 Stunden 48 Minuten – unfassbar, wo doch „normale" Seilschaften bis zu 3 Tage für den senkrechten Granitkilometer benötigen. Mit dem Ziel, die Nose unter 2:30 zu schaffen, legen sich auch die Weltklasse-Hubers die Latte hart ans menschenmögliche Limit. Nachdem im Jahr zuvor Vorbereitungen und erste Versuche wegen einer Sturzverletzung von Alexander abgebrochen werden müssen, kommen die Huber-Buam 2006 wieder, um ihren ultimativen Geschwindigkeitstraum zu realisieren. Und scheitern wieder – dieses Mal durch den schweren Sturz von Thomas beim finalen Grenzlauf, auf den sie wochenlang hingearbeitet haben ...

Sportdoku und Thriller Also doch ein Actionfilm übers Bigwall-Klettern mit dem philosophischen Hintergrund des Scheiterns an den Grenzen des physikalisch und psychisch Machbaren?
Ja (aber was für einer!) und nein (weil nicht nur). Der deutsche Regisseur Pepe Danquart, der 1994 den Oscar für den besten Kurzfilm („Schwarzfahrer") bekommen hatte, und der Kärntner Kameramann Wolfgang Thaler („Hundstage", „Workingman's Death", Universum) wollten „nicht das x-te Klettervideo drehen und bloß peitschenden Hardrock als Soundtrack draufknallen". Am Limit ist Extremsport und Dokumentation in einem Film, der hinter den atemberaubenden Kletterszenen im absoluten Grenzbereich das ehrliche Porträt zweier Spitzenalpinisten zum Thema hat. Und den Hintergrund zweier ungleicher Brüder, mit gleichen Träumen und Fähigkeiten, aber voll emotionaler Gegensätzlichkeit, Rivalität und menschlicher Egoismen.

Spannend. Intensiv. Am Limit ist kein bloßer Film für Kletterer, die sich im Metier Bergsport auskennen. Am Limit ist ein Thriller für alle, die Thriller mögen. Selbst Leute, die nicht im Traum daran denken, Höheres als einen Barhocker zu besteigen, die nie von Bigwalls, Jümars und Friends gehört haben, bekommen beim Mitleben des vertikalen Speeds feuchte Handflächen. Vielleicht weil sie die Höhe(nangst) bedrohlicher empfinden als Kletterer, sicher aber auch wegen der spannenden Geschichte, deren authentisch-präziser Umsetzung und der packenden Kameraführung. Die Bilder wechseln von rasend schnellen Kletterszenen zu beruhigend schönen Landschaftsaufnahmen aus dem „Valley" (woran ja kein Mangel besteht), von Kletterdetails in Großaufnahme und Zeitlupe, von der realen Darstellung mentaler und physischer Stresssituationen zu philosophierenden Gesprächen und Interviews am Lagerfeuer.

Fad wird's nie, auch wenn es abgesehen von einem „sidestep" zum Cerro Torre immer um die Nose geht, immer ums Zeitlimit, an das sich die Akteure in immer schnelleren „runs" mit immer höherem Risiko herantasten. Auch wenn die athletischen „Speed-Läufe" beim Klettern, mit Jümars und beim berühmten „Kingswing" zum vierten, fünften Mal bis zur völligen Atemlosigkeit zu sehen sind – es sind Szenen, die in dieser Intensität noch nie im Kino zu sehen waren. Sogar der Satz ... „das Drehbuch hat das das Leben geschrieben. Auch die Stürze ...", wirkt authentisch, wenn man den Hubers nach Thomas' Sturz beim Klettern aus der Wand zusieht: geschlagen, aber überlebt.

Authentisch Am Limit spielt im Vergleich zu anderen Berg-Kinofilmen in einer völlig anderen Liga. In „Cliffhanger" (1993) etwa gab Sylvester Stallone einen Profikletterer, brachte aber höchstens Rocky oder Rambo rüber. Oder zum unsäglichen K 2-Film „Vertical Limit" aus dem Jahr 2000 – ein haarsträubendes Hollywood-Spektakel jenseits jeder Realität. Dort Kino an der Grenze zum Erträglichen, hier eine Kino-Authentizität, bei der jedes Karabinerklicken und jeder Ton des Soundtracks passen.

Was für ein Film! Bevor ich jetzt aus persönlicher Begeisterung ans griffige Limit gehe, schnell noch ein Bremsversuch – gibt's denn gar nix zu kritisieren? Wenig. Vielleicht wirken manche philosophischen Erklärungen, warum hochriskantes Speedklettern zum Lebenstraum werden kann, für manche ein wenig oberlehrerhaft. Aber vielleicht kommt das nur dem so vor, der sich der Warum-Frage auch schon hilflos ausgeliefert sah. Auch wenn er immer meilenweit vom Speed à la Huber-Buam entfernt war.

Quo vadis (Berg)Sport?
Schneller. Am schnellsten. Speed.

Im April lieferte „Skyrunner" Christian Stangl seinen neuesten Rekord ab: die Durchkletterung der fast 800 m hohen Nordwand der Carstensz-Pyramide in 49 Minuten. Und legte gleich noch eins drauf: Mt. McKinley unter 17 Stunden. Speed ist der neue Maßstab am Berg.
Die Carstensz-Pyramide im indonesischen Teil Neuguineas ist 4884 m hoch und als höchster Berg Ozeaniens einer der „Seven Summits". In 49 Minuten durch die 780 m hohe Nordwand, teils im IV. Schwierigkeitsgrad zu „joggen", heißt 16 Meter pro Minute zu klettern – die schnellste Belaufung aller Zeiten? Vor einigen Tagen kam dann die nächste Meldung via Internet: Speed-Besteigung des Mt. McKinley. Der Steirer benötigte läppische 16 und eine dreiviertel Stunde vom Basislager am Kahiltna-Gletscher zum 6193 m hohen Gipfel, scheiterte aber beim Versuch, den Rekord des Amerikaners Chad Kellogg (14 h 22 min) zu unterbieten. Trotzdem – unglaubliche Zeiten für die 24 km lange Gletscherroute mit fast 4500 Höhenmetern. Der Denali war „Skyrunner" Stangls Nr. 6 der Seven Summits! In viereinhalb Stunden auf den Aconcagua, fünfeinhalb für den Kilimanjaro, etwas mehr als fünf für den Elbrus, keine 17 Stunden am Everest, ohne künstlichen Sauerstoff, versteht sich.

Moderne Zeiten Angesichts solcher Maßstäbe ist der Normalbergsteiger hin- und hergerissen zwischen Bewunderung, Frust und Kopfschütteln. Eine „normale" Mt. McKinley-Besteigung dauert im Schnitt zwei Wochen, am Kilimanjaro brauchst du zumindest ein paar Tage, und vom Mt. Everest rede ich gar nicht. „Übliches" Höhenbergsteigen hat mit Speed-Bergsteigen nicht mehr gemeinsam als ein Spaziergang mit Hochleistungssport.
In der letzten LDB-Ausgabe habe ich begeistert den Film „Am Limit" beschrieben, der den gescheiterten Versuch der Huber-Buam schildert, die 1000 m hohe „Nose"-Route am El Capitan in zweieinhalb Stunden zu durchklettern. Beim Schreiben des Artikels tauchte parallel zur Bewunderung der Akteure und des atemberaubenden Films und angesichts des hochriskanten Extremsports die Quo-vadis-Frage im Kopf auf: Wohin bewegt sich der Bergsport, wo liegen die Grenzen? Können Tempo und Präzision beim „Speedklettern" noch gesteigert werden? Noch weniger Sicherung, noch höhere run-outs, noch mehr Risiko? Geht's beim Klettern nur noch um Schnelligkeit? Zählt nur noch die „Bestzeit"? Ausschließlich die Höchstleistung? Nur noch Sport am Berg?

Dem Zeitgeist entsprechend ist das Schnell-Bergsteigen vielleicht eine Lösung des Dilemmas, in dem der Alpinismus immer schon steckte: nie konnte man sagen, wer tatsächlich der oder die Beste war/ist. Jetzt ist klar, wer am schnellsten und wer nur schnell ist. Die anderen 99% aller Bergsteiger sehen mit „normalen" Ambitionen alt aus. Zum Glück sind die meisten bescheidener und halten es für wenig wichtig, ein paar Minuten früher oder später am Gipfel zu stehen …

Wo liegen die Grenzen? Der Speed-Rekord an der „Nose" hält immer noch bei 2 Stunden 48 Minuten. Aber die Huber-Buam werden im Herbst mit dem magischen Ziel „2:30" wiederkommen. Und dann? Geht's nicht doch unter 2 Stunden? Ohne Sicherung, free solo? Vielleicht doch. Die nächsten Gladiatoren werden bald auftauchen.
Die sagenhaften Rekorde des „Skyrunners" (was „Schnell-Bergsteigen" ausdrücken soll) werden nicht lange halten, lassen sich „leichter" unterbieten als die beim Speedklettern. Schnellstes Achttausenderjoggen „aller Zeiten" wird's nie geben. Aber 5:20 am Kilimanjaro ist sicher möglich, 16 Minuten schneller als Christian sind drin. In ein paar Jahren geht's dann um Sekunden – 16 h 41 min 30 sec = 30 Sekunden schneller zum Everestgipfel als der Vorgänger. Irgendwann ist dann ohne EPO nix mehr (schneller) zu machen, dann ist der Alpinismus dort, wo (nicht nur) die Tour de France heute ist.

Rom lässt grüßen Die meisten Medien spielen bei dem Rummel selbstverständlich mit, schließlich ist „Rekord" ein Schlagwort, auf das der konsumorientierte Leser/Hörer/Seher mit Sicherheit reagiert. Und die mit Medien und Konsumenten in symbiotischer Beziehung stehenden Sponsoren sowieso.
Kein Zweifel, moderne Zeiten im Alpinismus. Warum auch nicht? Der kritische Beobachter darf allerdings nachdenklich hinterfragen, ob die Tendenz zur Sensation um jeden Preis, die Sucht nach Superlativen, die Konzentration auf immer bessere Gladiatoren nicht auch Ausdruck einer gewissen gesellschaftlichen „Fadesse" sein könnten.
Apropos Gladiatoren – die hatten wir doch schon. Vor nicht ganz 2000 Jahren, in der welkenden Blüte des römischen Weltreichs. Brot und Spiele sozusagen. Der Vergleich hat was.

Was wäre, wenn ...

... Hermann Buhl nicht abgestürzt wäre?

Vor 50 Jahren, am 27. Juni 1957, tat der bedeutendste österreichische Bergsteiger an der Chogolisa jene fatalen Schritte auf die Wechte, deren Bruch ihn in den Tod riss.
Hermann Buhl war nicht einmal 33 Jahre alt, als er aus dem Leben verschwand. Zu Beginn der 1950er-Jahre wird das Kletterphänomen Buhl mit schwierigsten Westalpen-, Solo- und Wintertouren europaweit bekannt, 1953 nach seinem einzigartigen Alleingang auf den Nanga Parbat mit einem Schlag weltberühmt. Und nach der Realisierung seiner Vision vom alpinen Stil im Himalaya am Broad Peak und seinem tragischen Absturz wenige Tage später wird Buhl zur Legende. Keine andere Persönlichkeit hat in der zweiten Hälfte des 20. Jahrhunderts Generationen von Bergsteigern mehr fasziniert. Buhl war als Alpinist seiner Zeit um Jahrzehnte voraus, hat das extreme Bergsteigen geprägt wie kein anderer, war das Bergsteigergenie und Vorbild des klassischen Alpinismus schlechthin.

Das Wort „wenn" Hätte der Alpinismus, vor allem das Himalayabergsteigen, eine andere Entwicklung genommen, wenn Hermann Buhl und Kurt Diemberger mit ihrem „Handstreich" an der Chogolisa Erfolg gehabt hätten? Wenn ihnen die Erstbesteigung des fast 7700 m hohen Gipfels im „radikalen" Alpinstil gelungen wäre, in nur drei Tagen gleich nach der bahnbrechenden Broad-Peak-Expedition? Zugegeben, es sind hypothetische Fragen, die Spekulationen geradezu herausfordern. Immerhin hätte Hermann Buhl nach 1957 noch gut 20 extreme Jahre in den Bergen vor sich gehabt ...
Buhl war der beste Allround-Bergsteiger seiner Zeit, sofern es im Alpinismus überhaupt einen „besten" geben kann. Er war zugleich der kompromissloseste und ehrgeizigste, ausgestattet mit einem phänomenalen Willen, zum Erreichen seiner Ziele bis ans Äußerste zu gehen. Buhl kletterte mit radikaler Besessenheit fast alle großen Routen der Alpen, schneller, besser, eleganter als seine Vorgänger und Kameraden. Hätte er länger gelebt, wäre es vielleicht „der Buhl" gewesen, der mit modernerer Ausrüstung schon in den 1960er-Jahren den 7. Schwierigkeitsgrad eingeführt hätte, viele Jahre bevor dies tatsächlich erfolgte.

Hermann Buhls Kreativität Buhls Ideen und Gedankengut waren es, am Broad Peak mit einem Vier-Mann-Team anzutreten, ohne Hochträger, ohne künstlichen Sauerstoff. Man braucht keine überzogene Fantasie, um es für möglich zu halten, dass mit Buhl die Entwicklung des modernen Himalayabergsteigens um 10 bis 20 Jahre früher eingesetzt hätte. Buhl wäre nicht Buhl gewesen, hätte er den perfekten alpinen Stil nicht an neuen Routen an den höchsten Bergen der Welt vervollkommnet. Nach 1957 gab es nur mehr drei unbestiegene Achttausender, aber immer noch jede Menge Neuland. Die Riesenwände an den Achttausendern, kaum bekannte Siebentausender, Felswände mit höchsten Kletterschwierigkeiten, lange Überschreitungen in großen Höhen, Bergsteigen „by fair means". Ziele, die erst eine Generation später ins Bewusstsein der besten Bergsteiger der Welt rückten. Ein lebender Hermann Buhl hätte vielleicht einige dieser damals „unmöglichen" Ziele versucht.

Buhl und Messner Hermann Buhl wird nicht unberechtigt als „logischer Vorgänger" von Reinhold Messner bezeichnet. Messner war der Erste, dem die Besteigung der 14 höchsten Berge der Welt gelang, der den Nanga Parbat solo bestieg und den Everest ohne Sauerstoffgerät. In den 60er- und 70er-Jahren war zwar die Zeit noch nicht reif für solche Ideen, aber es wäre typisch für Buhl gewesen, nach seinen 8000ern auch an kühne Alleingänge zu denken. Schon 1957 hatte er davon gesprochen, nach dem Broad Peak vielleicht noch den K 2 zu versuchen, „sauerstofflos", versteht sich.
Was fast zwangsläufig zur theoretischen Überlegung führt, ob Reinholds Karriere (und die einiger anderer Spitzenbergsteiger) nicht anders verlaufen wäre, wären Hermann noch 20 aktive Jahre geblieben und hätte er seinen Fanatismus und seine Motivation bewahrt.
In dem von ihm und Horst Höfler herausgegebenen Buch „Am Rande des Möglichen" meint Messner im Einleitungskapitel „Hermann Buhl – ein Getriebener", dass Buhl, wäre er alt geworden, den Alpinismus viel mehr geprägt hätte, als wir ahnen können. Wenn er sein Leben nicht an der Chogolisa verloren hätte, „wäre er aber irgendwo sonst abgestürzt, erfroren, am Berg geblieben. Für ein langes Leben war das Energiebündel Buhl nicht bestimmt …".
In dieser „Prognose" stecken ebenso viele „Wenn" und „Aber" und Spekulationen wie in der Fragestellung dieser Kolumne – beide sind nicht zu beantworten. Zum Glück, meine ich, auch wenn gerade der frühe Tod eines „Helden" zu Gedankenspielen verleitet.

Bergführer im Wandel der Zeit
Vom „Bergführerbankerl" zum Hochseilgarten

Laut Wikipedia sind „Bergführer erfahrene, ortskundige und speziell ausgebildete – meist staatlich geprüfte – Alpinisten, die gegen Bezahlung andere Wanderer, Kletterer und Bergsteiger verantwortlich im Gebirge führen bzw. ausbilden".

Diese etwas unterkühlte Berufsdefinition der Internet-Enzyklopädie trifft auf den modernen Berg- und Skiführer nur unvollständig zu. Das traditionelle „Führen im Gebirge" ist zwar immer noch der wichtigste (und schönste) Teil des Bergführerjobs, doch haben sich Berufsbild und -chancen in den letzten 10, 20 Jahren wesentlich erweitert. Das ehemalige „Bergführerbankerl" in vielen Zentral- und Westalpenorten kennt auch die ältere Generation nur mehr vom Hörensagen, und das Warten auf willige Touristen ist längst durch individuelle Websites ersetzt. Auch der Österreichische Berg- und Skiführerverband versucht auf seiner Homepage den schriftlichen Spreizschritt vom Gestern zum Heute: „Bergführer sein bedeutet heute, traditionsbewusst, aber zukunftsorientiert zu sein ... Der Naturbursch von früher, der Städtern die Umgebung seines Tales zeigte, hat sich heute zu einem Führer mit vielseitigem Anforderungsprofil gewandelt, der weltweit unterwegs ist."

Der Weg zum Bergmanager Tatsächlich ist aus dem ehemaligen Saisonberuf ein Ganzjahresjob geworden, der nicht nur auf Kletterkurse im Sommer und Skitouren im Winter beschränkt ist. Jeder initiative Bergführer kann sich als „Alpinschule" in den Bergen traditionell betätigen und seine Berufspalette mit Indoor-Klettern, Outdoor-Events, Kursen für Erlebnispädagogik und Risikomanagement bis hin zu Industriemontagen in luftigen Höhen erweitern. Salopp ausgedrückt: Wer die Ausbildung zum Berg- und Skiführer erfolgreich absolviert hat, besitzt praktisch einen beruflichen Freibrief für weltweite Outdoor-Aktivitäten und darüber hinaus.

Den modernen Berufsmöglichkeiten trägt auch die heutige Ausbildung zum „staatlich geprüften Berg- und Skiführer" Rechnung, die längst mehr als nur die führungstechnischen Voraussetzungen für die alpinen Bergsportarten umfasst. Beschränkte sich die Ausbildung früher auf vier je zweiwöchige Fels-, Eis-, Skiführer- und Lawinenfachkurse, dauern die heutigen zehn Kurse 81 Tage, verteilt auf zwei Jahre. Die alten Lehrgänge wurden durch Theorie- und Pädagogikteile, Sportkletter-, Eisfall- und Canyoningkurse ergänzt. Die viertägige Eignungsprüfung als Einstiegshürde ist heute ebenso gefürchtet wie die frühere Aufnahmeprüfung – von bis zu 120 Kandidaten pro Jahr schaffen durchschnittlich nur 20 bis 40 die Zulassung. Und ein „harter" Tourenbericht soll schon vor Ausbildungsbeginn sicherstellen, dass nur „komplette" Alpinisten und Skifahrer auf die Idee kommen, Bergführer zu werden. Der Weg dorthin ist also lang, steil und steinig, der Job selbst ist oft hart, manchmal riskant und verlangt viel Idealismus. Reich wirst nämlich net, sagen die alten Hasen den jungen Kandidaten angesichts der – zurückhaltend ausgedrückt – nicht gerade berauschenden Verdienstmöglichkeiten.

Der moderne Bergführerjob ist schwieriger, weil facettenreicher geworden. Anforderungen, Ansprüche und Konkurrenz sind größer geworden und erfordern – will bergführer erfolgreich sein – höheren persönlichen, organisatorischen und intellektuellen Einsatz. Bei der Fortbildung, beim PR-Aufwand, bei den „Managerqualitäten". Der Bergführer ist, wenn er will, heute zugleich Lehrer, Gruppendynamiker und irgendwie „Animateur" (auch wenn's mühsam über die Lippen kommt). Die klassischen führungstechnischen Anforderungen haben sich dagegen nur in Details verändert – die Berge sind, wenn auch da und dort brüchiger und weniger „eisig", immer noch die Hauptarena der meisten Bergführer.

Beruf mit Zukunft? Eigentlich bedarf die Frage nach den Zukunftsperspektiven keines Fragezeichens. Mit der wachsenden Naturentfremdung der Stadtbevölkerung bei gleichzeitig höheren Freizeitansprüchen, mit der Sehnsucht des „überzivilisierten Menschen" nach Bewegung, Natur und einer Art „Abenteuer" steigen auch der gesellschaftliche Stellenwert und die Berufschancen des Bergführers und, Pardon, Berganimateurs. Das Hochgebirge, die Trekkingrouten in den Weltbergen, die Sportkletterwand und – von mir aus – auch der „alpine Funpark" mit Hochseilgarten werden in Zukunft mehr kompetente Spezialisten brauchen, die sich dort auskennen. Engagierte Bergführer können nicht nur eine größere, sondern viele verschiedene Marktnischen besetzen, vom „richtigen Führen" auf den Großglockner bis zum „Eventmanagement".

Moderne Zeiten haben eben was Gutes.

In memoriam Sir Edmund Hillary
Die Himalaya-Legende lebt nicht mehr

Er war eine „Säule der nationalen Identität Neuseelands": Edmund Hillary, einer der beiden Erstbesteiger des Mt. Everest, ist am 11. Jänner im Alter von 88 Jahren in seiner Heimatstadt Auckland einem Herzanfall erlegen.
In ihrer offiziellen Bekanntgabe bezeichnete die neuseeländische Regierungschefin Helen Clark den Tod Edmund Hillarys als „tiefen Verlust" für ihr Land, fand aber auch berührende Worte über den berühmtesten Sohn Neuseelands. „Er war ein Kiwi durch und durch, gehörte zu uns trotz seines Ruhms, mit seiner schroffen Erscheinung, seiner lakonischen und direkten Ehrlichkeit. Sir Ed hat sich immer als Neuseeländer mit bescheidenen Fähigkeiten beschrieben. In Wirklichkeit war er ein Riese." Helen Clark meinte damit sicher nicht die Körpergröße des 1,90 m großen Everestbezwingers.
Reinhold Messner bezeichnete Hillary als eine der Schlüsselfiguren des Himalaya-Bergsteigens, der auch mit sozialem Engagement Vorbild gewesen sei. Auch viele andere würdigten den großen Bergsteiger und Menschenfreund, der für Nepal und das Sherpavolk so viel bewirkt hat. Auch in Nepal fanden Gedenkveranstaltungen für den Ehrenbürger Hillary statt, und die Sherpas beten für seine Reinkarnation als Mensch.

Die Erstbesteigung – 8850 m Der 29. Mai 1953 wird für immer in den Geschichtsbüchern stehen. An diesem Tag vor knapp 55 Jahren betraten Edmund Hillary und Tenzing Norgay Sherpa gegen 11:30 Uhr den höchsten Punkt unseres Planeten, den „dritten Pol". Nach mehr als einem Dutzend gescheiterter Expeditionen seit 1921 gelang dem insgesamt 10. britischen Everest-Versuch der große Wurf über die neue Südroute durch den Khumbu-Eisfall, das Western Cwm und über den Südcol und Südgipfel. Alle Expeditionen vor dem Zweiten Weltkrieg hatten den Everest von Tibet über die Nordroute versucht, die 1950 nach der Annexion Tibets durch China unerreichbar geworden war.

Unter dem Kommando von Colonel John Hunt konnte das strategisch geführte zehnköpfige Team auf den Erfahrungen einer eigenen Erkundung 1951 und auf zwei Schweizer Expeditionen aufbauen. Fast wäre den Schweizern 1952 die erste Everestbesteigung gelungen – das Gipfelteam erreichte 8595 m Höhe, scheiterte aber knapp unter dem Südgipfel (8770 m).

Die Story der Sieger Edmund Hillary, schon 1951 bei der Erkundung der Südroute dabei, und Tenzing Norgay, zum 7. Mal (!) an den Flanken des Everest unterwegs, traten als zweites Gipfelteam an, nachdem die Engländer Evans und Bourdillon drei Tage vorher den ersten Versuch nur 80 Höhenmeter vor dem Gipfel abbrechen mussten. Hillary bewältigte eine letzte Schlüsselstelle („Hillary-Step") am SO-Grat als Seilerster, dann stiegen die beiden „zusammen zum Gipfel", wie Hillary auf lästige Fragen nach dem „echten Ersten" zu antworten pflegte. Den Gipfelsieg meldete Hillary beim Abstieg mit den trockenen Worten: „Well, we knocked the bastard off." Eine „britische" Aussage des ersten Menschen am höchsten Berg, im Vergleich zu Neil Armstrongs epochalen Worten als erster Mann am Mond („ein kleiner Schritt für mich, ein großer Sprung für die Menschheit"). Na ja, der Mond ist eben weiter weg. Die unaristokratische „Bodenhaftung" hat Hillary auch später nicht verlassen, nachdem er mit dem „erledigten Bastard" in der Tasche weltberühmt und von der Queen zum Ritter geschlagen worden war.

Menschliches Engagement Mit Tenzing Norgay Sherpa, den Hillary um 22 Jahre überlebte, verband ihn eine lebenslange Freundschaft, die er aus Dankbarkeit für die Hilfe der Sherpas auf das ganze Volk übertrug. Hillary gründete eine Stiftung, sammelte Spenden, ließ Krankenhäuser, Schulen, Brücken und Wasserleitungen in Nepal bauen. „Wenn ich mal ins Gras beiße, sollten von allem, was ich so gemacht habe, ohne Frage die Sherpaschulen als bleibende Leistung in Erinnerung bleiben", sagte er vor einigen Jahren.
Edmund Hillary war ein hervorragender Bergsteiger, dessen Stärken in seiner robusten Konstitution, noch mehr aber im mentalen Bereich lagen. Und Glück hatte er auch, natürlich, aber das gehört zum Tüchtigsein. Hillary war der richtige Mann zur richtigen Zeit am richtigen Platz. Der 29. Mai 1953 ist eine Sternstunde des Alpinismus, die mit seinem Namen verbunden bleibt. Letztlich ist aber auch die Erstbesteigung des Mt. Everest nur eine „Eroberung des Unnützen", wie Lionel Terray das Bergsteigen genannt hat. Das Krankenhaus in Khunde oberhalb von Namche Bazar und die Schulen, die das Sherpaland dem Engagement von „Sir Ed" verdankt, sind aber alles andere als unnütz. Der Wille, für andere „was so zu machen", wie Hillary meinte, hat eine größere Dimension.

„Doping" am Berg

Zwischen Medizin und Moral

Beim Leistungssport aller Disziplinen gehört das Wort „Doping" zu den modernen Pfuiwörtern. Stellt der Einsatz (Missbrauch) von Medikamenten auch den Bergsport ins Schräglicht?
Doping ist die Anwendung unerlaubter medizinischer Methoden und die Einnahme verbotener Substanzen zur Leistungssteigerung im Sport. Der Wettkampfsport unterliegt strengen rechtlichen und medizinischen Regeln mit Index-Listen, Kontrollen und Instanzen, die illegale Wettbewerbsvorteile einzelner Athleten gegenüber der „sauberen" Konkurrenz überwachen und bestrafen. So weit, so klar – beim Sport liegen die Karten offen am Tisch. Beim Bergsport sind die Dinge diffuser und die „Dopingkarten" verdeckt. Strenggenommen kann es hier (ausgenommen beim Wettkampfklettern) kein Doping geben, weil es weder Verbote noch Aufdecker von „Regelverstößen" gibt, weil Alpinismus kein „Wettkampf" im herkömmlichen Sinn ist. Wo aber kein Wettbewerb, da auch kein Kampfrichter, keine Kontrolle und also kein Doping.

„Diamoxisierung" des Trekkings Höhenbergsteigen und Trekking liegen im regelfreien Raum, für den es nur freiwillige theoretische Ethikvorgaben gibt und in dem praktisch jedes Mittel recht ist. Wobei „jedes Mittel" auch den Medikamenteneinsatz umschreibt, vom „berüchtigten" Diamox als Akklimatisationshilfe über leistungssteigernde Amphetamine, Testosteron und EPO, neuerdings auch Viagra, bis zu Notfallsubstanzen wie Nifedipin und Dexamethason. Anstelle von Doping wäre daher besser von Medikamentenmissbrauch zu sprechen, meinen Höhenmediziner. Wo aber hört die medikamentöse Therapie auf, wo fängt das Hochpushen an? Ist Diamox gegen Höhenkopfschmerz auch für Leute okay, die es bei intelligenter Höhentaktik nicht brauchen, oder (wenn überhaupt) nur als Akklimatisationshilfe für jene, die „Mühe" mit der Höhe haben?

In der Fachzeitschrift „bergundsteigen" geben einige Höhenbergsteiger und -mediziner Statements zum Thema „Climb clean" ab. Wie nicht anders zu erwarten, werden „Doping am Berg" und Medikamente zur Leistungssteigerung einhellig und aus guten Gründen abgelehnt:
• Das Höhenrisiko könnte durch Medikamente unkontrollierbar werden.
• Medikamente nur im Notfall und nicht zur Vorbeugung.

- Alpinistisches „by fair means" gegen Erfolg um jeden Preis.
- Akklimatisation, Höhentaktik und Selbstdisziplin machen „Doping" überflüssig.

Vor der Höhe sind nicht alle gleich Alles richtig, ethisch okay, die Welt ist eh in Ordnung. Wo liegt dann das „Problem"? Vielleicht darin, dass wir nicht alle bergsteigende Gutmenschen sind. Dass manche den Berg durchs Hintertürl besteigen, mit Sauerstoff oder mit Dexamethason im Rucksack (und Blut). Dass Schein mit Sein verwechselt wird.

Vor der Höhe sind aber nicht alle gleich – ungerecht, aber Tatsache. Daher andersrum: Wäre ein Verbot medikamentöser Höhenprophylaxe nicht „unmoralisch" gegenüber jenen, die es physiologisch „ohne" nicht schaffen? Die anfälliger gegen Höhenkrankheit sind und trotzdem einen 6000er besteigen oder auch nur den Himalaya erleben wollen?

Und überhaupt – wer wirft den Stein, wer stellt Regeln und Verbote auf, wer kontrolliert und exekutiert?

In Zeiten wie diesen, in denen alles und jedes reglementiert wird, vom Licht bei Tag bis zur Gurkenkrümmung, gehört Bergsport zu jenen teilweise intakten Spielräumen, in denen die individuelle „Freiheit noch (einigermaßen) grenzenlos" sein kann. Die Vorstellung, dass in den Basislagern der Weltberge Dopingjäger sitzen und von jedem „Gipfelsieger" eine Urinprobe verlangen, mag lächerlich sein, doch liegt Absurdistan oft näher als man denkt.

Irgendwie gut, dass die Bergwelt so groß und nicht lückenlos kontrollierbar ist. Und dass Fragen wie „Gedopt oder nicht gedopt?" immer noch selbst zu be- und verantworten sind.

Eiger-Nordwand

Alpiner Mythos gestern und heute

70 Jahre nach der Erstdurchsteigung ist der Inbegriff aller Nordwände immer noch Bühne für Höchstleistungen, tragische Unfälle und dramatische Rettungsaktionen und Laufsteg für Eitelkeiten und mediale Aufmerksamkeit.

Am 24. Juli 1938 gelang der bayrisch-österreichischen Seilschaft Anderl Heckmair, Ludwig Vörg, Fritz Kasparek und Heinrich Harrer die erste Durchsteigung der Eiger-Nordwand. Das „letzte Problem der Alpen", von den Medien zur „Mordwand" hochstilisiert, war bezwungen. Nach den gescheiterten Versuchen von 1935 (Sedlmayr, Mehringer) und 1936 (Rainer, Angerer, Hinterstoißer, Kurz), die auf erschütternde Weise für alle tödlich endeten, war die Eigerwand in die Schlagzeilen gerückt und nach 1938 zum Mythos geworden.

Eigerwand vorgestern ... Die düstere Nordwand oberhalb von Grindelwald blieb natürlich nicht das „letzte Problem" der Alpen und verdankt ihren Nimbus mehr den Tragödien vor und nach 1938 und der Sensationslust als ihrer klettertechnischen Schwierigkeit. Auch wenn ihr legendärer Ruf aus der Sicht des damaligen Eroberungsalpinismus zu verstehen ist, war und bleibt die Erstbegehung eine Sternstunde des Alpinismus. Ähnlich wie beim frühen Himalaya-Bergsteigen wussten Heckmair und Co. relativ wenig über die Wand, ihr spezielles Klima, ihre Fels- oder besser Eisverhältnisse. Kasparek und Harrer hielten die Eigerwand mehr für eine Fels- als für eine Eiswand und waren nicht mit den neuartigen Frontalzacken-Steigeisen ausgerüstet. Mit ihrem „Equipment" hätten auch moderne Spitzenalpinisten wie Stephan Siegrist und Michal Pitelka ihre liebe Not, was ihnen bei einer Nostalgie-Begehung im Stil der 30er-Jahre vollen Respekt vor den „Alten" abverlangt hat.

... gestern Nach der zweiten Begehung durch Lionel Terray und Louis Lachenal 1947 setzte ein wahrer Run auf die Nordwand ein – jeder, der zur Elite gehören wollte, musste sie „gemacht" haben. Eine Reihe schwerer Unfälle und dramatischer Rettungen direkt vor den Kameraobjektiven steigerte den Bekanntheitsgrad und gleichzeitig die Begehrlichkeit für alpine Gladiatoren. Winterbegehungen, Direttissimas, Alleinbegehungen und neue Routen sorgten weiter für Schlagzeilen. Die Eigerwand wurde – natürlich – auch zum Marktplatz für

Eitelkeiten und Profilierungssucht. Eine behauptete Durchsteigung wurde als Lüge enttarnt und landete als juristisches Kuriosum vor Gericht. Der öffentliche Streit Reinhold Messner vs. Thomas Bubendorfer ist heute noch in Erinnerung – Bubendorfer hatte nach seiner Solobegehung unter fünf Stunden hinausposaunt, schneller (und damit besser?) zu sein als die Seilschaft Messner-Habeler, die es neun Jahre zuvor in zehn Stunden geschafft hatte. Und hatte damit Unvergleichbares zum irrealen Leistungsvergleich benützt …

… und heute In der 1800 Meter hohen und fünf Kilometer breiten Wand gibt es mittlerweile 30 Routen bis zum IX. Grad. Das Speedklettern hat auch am Eiger Einzug gehalten – den jüngsten Rekord stellte der Schweizer Ueli Steck mit unfassbaren 2h 47'33'' (!) im Februar 2008 auf! „Eiger-Hausherr" Stephan Siegrist durchstieg die Nordwand „etwa" 20 Mal, zum Teil auf neuen Routen höchster Schwierigkeit.

Ist die Eiger-Nordwand in den bergsteigerischen Alltag abgerutscht? Degradieren die Leistungen von heute jene der Erstbegeher vor 70 Jahren? „Hut ab vor den Eiger-Pionieren", sagt Stephan Siegrist und meint damit auch die Unvergleichbarkeit. Der Eiger ist nach wie vor Arena für bergsportliche Höchstleistungen, die Heckmair-Route trotz „nur mittlerer Schwierigkeit" immer noch Gütesiegel für Allround-Alpinisten, die Nordwand bleibt alpiner Mythos.

Mythos hin oder her – eine bei der Station Eigergletscher der Jungfraubahn eingemeißelte Weisheit rückt den Stellenwert des Bergsports als „aufregende Nebensache" emotionslos zurecht: „… den Eiger kümmert es nicht".

Gipfelgebühr am Großglockner
Geldbeschaffungsaktion oder PR-Gag?

Der Vorschlag, für markante Alpenberge eine Besteigungsgebühr einzuheben, sorgt derzeit für Aufregung in der Alpinszene. Grund genug, sich Gedanken über Hintergründe und praktische Umsetzbarkeit der „Idee" zu machen.

Im Juli präsentierten der Wirtschaftsforscher Bernhard Felderer und der Alpinist Thomas Bubendorfer die Studie Bergsport in Österreich mit einer überraschenden Forderung: Bei markanten, viel besuchten Bergen mache es Sinn, eine Besteigungsgebühr einzuheben, die der Bergrettung zugutekommen solle. „Beim Mt. Everest sind auch hohe Permitgebühren zu bezahlen", meint Bubendorfer in den Salzburger Nachrichten und legt mit drohendem Vergleich eins drauf: In der Schweiz sei es Standard, vor einer Bergtour 40 Franken an die Rettungsflugwacht zu bezahlen ... „sonst holen die dich bei einem Unfall nicht raus – die sind da beinhart, die lassen dich am Berg". Wenn diese (aus der Luft gegriffene) Aussage bis Zürich durchdringt, wäre eine Verleumdungsklage nicht auszuschließen ...

„Verkehrslenkung"? Bernhard Felderer, Vorstand des Instituts für höhere Studien, ortet im Gipfel-Euro auch Lenkungsmaßnahmen: „In den Einstiegsbereichen, wo die Gebühr zu entrichten wäre, kann auch die Ausrüstung kontrolliert werden." Dann könne nicht jeder Amateur auf überlaufene und schwierige Gipfel steigen, denen er nicht gewachsen ist.

So weit, so schlecht – so gut wie alle alpinen Organisationen lehnen die Gipfelmaut kategorisch ab. Der Bergrettungsdienst will sich nicht als „Inkassobüro" missbrauchen lassen und wird „immer und unabhängig von Einkommen und Verschulden Menschen in Bergnot helfen". Auch Alpenverein, Naturfreunde und Tourismusverbände stehen der angedachten Gipfelgebühr mehr als reserviert gegenüber – die Kommentare reichen von „absurder Scherz" bis zu Warnungen vor generellen Eintrittsgebühren in die Natur und noch mehr Vermarktungstendenzen.

Und in der Praxis? Wie stellen sich die Herren Felderer & Bubendorfer die praktische Umsetzbarkeit konkret vor? Mauthütten am Glocknerleitl, von ehrenamtlichen Bergrettungsleuten von 4 Uhr früh bis 20 Uhr besetzt? Was ist mit den Einstiegen zum Stüdlgrat und zu anderen Routen? Gipfelgebühr 50 oder

500 Euro? Nur am Großglockner oder auch am Venediger, an der Wildspitze usw.?
Auch der Vergleich mit den Permitgebühren an den Weltbergen hinkt. Nepal mit seinen 8000ern oder Tanzania mit dem Kilimanjaro sind arme Länder, für die der Bergtourismus eine existenzielle Einnahmequelle ist. In Österreich ist die Wegefreiheit vom Staat garantiert und Erholung in der Natur ein kostenloses Privileg. Mit ein paar Gipfelmaut-Tausendern wird man weder den BRD finanzieren können noch einen budgetschwachen (?) Tourismusverband.
Auch die „Lenkungsmaßnahme" mit Ausrüstungschecks gegen Halbschuhtouristen zielt in die falsche Richtung. Das Problem ist nicht die (heute fast durchwegs hervorragende) Ausrüstung, sondern mangelndes Können und Selbstüberschätzung mancher Gipfelstürmer. Und genau das könnte der Kontrolleur nicht auf die Schnelle prüfen. Der (Maut)Schuss könnte sogar nach hinten losgehen und einen teuren Gipfel noch begehrenswerter machen. Siehe Everest, den astronomische Permitkosten nicht vor dem Massenandrang bewahrt haben.

Thema verfehlt Der Gipfel-Euro wird an schönen Sonntagen die Zahl der Glocknerbesteiger nicht reduzieren und den „Glocknerstau" nicht verhindern. Er wird auch dem Naturschutz nicht helfen, wäre aber ein Schritt zur Aufgabe jener individuellen Freiheit, die am Berg noch (einigermaßen) „grenzlos" sein kann.
Ablehnung von allen Seiten, unbrauchbar zur Unfallverhütung, *njet* von den finanziellen Nutznießern. Thema verfehlt.
Experten sollten wissen, was man mit welcher Maßnahme erreichen will und worin die Effizienz liegt. Der „Gipfelmaut-Zinnober" lässt weniger an Kompetenz als an PR-Aktion und Selbstinszenierung denken …

100 „griffige" Kolumnen
Rückblick im Wandel der (alpinen) Zeiten

Nun ist es auch schon wieder 17 Jahre her, dass man GRIFFIG gebar, könnte man in Anleihe an den Stil eines bekannten Kolumnisten über den runden Hunderter schreiben.
Im Frühjahr 1991, kurz nach der Gründung von LAND DER BERGE, kam der damalige Chefredakteur auf die Idee, mich zum Schreiben einer regelmäßigen Kolumne zu überreden. Und so geschieht es, dass ich nächtens und wie immer ein paar Stunden vor Redaktionsschluss die 100. griffige Geschichte schreibe.
Die vielen, meist mühsam aus den Fingern gesaugten Themen sind ebenso erstaunlich wie die Veränderungen der alpinen Szene im Lauf der eigentlich wenigen Jahre. Unglaublich das Outfit des LDB-Heftes 03/1991 im Vergleich zum Hochglanz von heute. Die Berichte über (ausschließlich) alpine Klettertouren mit kniebundbehosten Akteuren, der Stil der Inseratwerbung, das Foto vom Glockner mit deutlich mehr Eismasse als heute …
Die Kolumne selbst – eine Mischung aus Geschichten, die heute Geschichte sind, und Themen, aktuell wie vor 12 oder 17 Jahren. Vom Titel „Peppig – poppig – farbenprächtig" (Modetendenzen bei der Alpinbekleidung) über „Halbehalbe am Berg" bis zum modernen „Verkehrsinfarkt am Großglockner".

„Wo ist der Berg?" hieß die erste GRIFFIG-Story, die sich mit dem Sportklettern als Wettkampf beschäftigte. Damals, im April 1991, hatte in der Wiener Stadthalle beim „Fest der Berge" gerade ein Kletter-Weltcup stattgefunden. Also „indoor". Was heute normal ist, war 1991 relativ neu. Das Sportklettern als junge alpine Disziplin hatte zwar längst seinen Siegeszug und das „echte" Alpinklettern seinen Rückzug angetreten, aber Wettkampfklettern in der Halle? Mäßig kompetente Kritiker schrieben und sprachen von Degeneration und Entartung des Alpinismus zum Sport, verglichen das „richtige" Bergsteigen am Watzmann im gerade gelaufenen ORF-Film „Land der Berge" mit dem Spektakel in der Stadthalle.
Als einer von tausend Zusehern war ich fasziniert von der atemberaubenden Akrobatik an der 16 Meter hohen Kletterwand und wurde zu stürmischem Beifall hingerissen, als François Legrand und Isabelle Patissier als Sieger abgelassen wurden. Natürlich habe ich griffige Partei ergriffen, nostalgischer Alpinkletterer hin, Himalayabergsteiger her, habe von „Jedem das Seine"

geschrieben, auch wenn ich in einer anderen Kolumne neun Jahre später „den stillen Untergang des alpinen Kletterns" bedauert habe.

Nostalgie gegen moderne Zeiten Szenenwechsel, Zeitsprung. Hofpürglhütte im Gosaukamm am letzten, strahlend schönen Wochenende heuer im August. Dutzende Kletterer in den zahllosen Sportkletterrouten nahe der Hütte, ein Felsauftrieb wie nur was. Wir waren „natürlich alpin" unterwegs, in einer leichten Route am Niederen Großwandeck, neben uns noch zwei junge Seilschaften in der extremen Route „Diran". Sechs Alpine im Hochgebirge, 50 Sportler neben der Hütte. Kein Mensch in der (früher) berühmten Däumlingkante, auch sonst kaum Kletterer irgendwo im Gosaukamm. Alpinklettern im Out, Nostalgie kontra moderne Zeiten. Okay, ist so, warum auch nicht. Warum der Zug der Zeit in diese Richtung abgefahren ist, ist eine andere alte und vielleicht auch neue Geschichte.

Der Wirt der Hofpürglhütte, Bergführer und „Profibohrer" vom Dienst, hat praktisch jede Route im Klettergarten und viele alpine Touren im Gosaukamm mit tausenden Bohrhaken eingerichtet und abgesichert. „Dem Sportklettern gehört die Zukunft", meint er, und erzählt vom Plan, neben der Hütte eine große Kletterhalle zu bauen. Ich sag' jetzt lieber nix, denke ich mir. „Wos brauch' i neben der Föswaund a Halle?", hätte der Qualtinger gegrantelt, wenn er (schwer vorstellbar, zugegeben) ein Kletterer gewesen wäre …

Das aber ist schon wieder eine andere Geschichte.

Bergfrauen im Stress?
Medial gepushter Konkurrenzkampf?

Drei Frauen stehen derzeit im Blickpunkt des alpinen Interesses, das sich 2009 oder 2010 noch steigern wird. Wer wird die erste Frau sein, die alle 14 Achttausender bestiegen haben wird?
Alle drei Bergsteigerinnen haben seit Herbst 2008 elf der 14 höchsten Berge der Welt bestiegen: die 47-jährige Italienerin Nives Meroi aus der Provinz Bergamo, die 35-jährige Spanierin Edurne Pasaban aus dem Baskenland und die Oberösterreicherin Gerlinde Kaltenbrunner (38). Nachdem Pasaban und Meroi Anfang Oktober 2008 die Besteigung des Manaslu gelungen war, hatten sie mit Kaltenbrunner „gleichgezogen", die schon im Mai mit dem Dhaulagiri ihren 11. Gipfel über 8000 m erreicht hatte.

„Dreikampf"? Der „finale Showdown" ist vorprogrammiert: Wer wird als „erste Hohe Frau" in die Geschichtsbücher des Alpinismus eingehen? Der Italienerin fehlen noch Annapurna, Makalu und Kangchendzönga, der Spanierin Shisha Pangma und ebenfalls Annapurna und Kantsch, der Österreicherin Lhotse, K2 und Everest. Angesichts von Unwägbarkeiten wie Wetter, aktuelle Bedingungen an den Bergen und persönliche Verfassung der Bergsteigerinnen ist der Dreikampf offen, der „Bewerb" spannend und die Siegerin ungewiss, um vorerst in einen „sportjournalistischen" Jargon zu verfallen.
Allerdings – damit sind wir bei den Fragezeichen im Titel – wollen die drei „Sieganwärterinnen" keine Konkurrentinnen sein, lehnen den Wettkampf ab, wollen also „uns Zuschauern" das Zirkusereignis nehmen. Der Aspekt des „Dreikampfs" werde nur von den Medien hochgespielt, meint Edurne Pasaban, und Nives Meroi weist in Interviews darauf hin, dass ein Wettkampf gleiche Bedingungen für alle voraussetzt und „das ist im Himalaya nicht möglich". Auch Gerlinde Kaltenbrunner will kein Rennen („das wäre tödlicher Wahnsinn") und setzt drauf: „Es ist mir egal, ob ich Erste oder Fünfte auf den Achttausendern sein werde."

Druck von außen (und innen) Gerlinde kenne ich persönlich als eine der sympathischsten Erscheinungen des gegenwärtigen Spitzenalpinismus – und nehme ihr diese Behauptung instinktiv ab. Sie will die „Konkurrenzlosigkeit" wirklich, glaubt daran. Sie geht sicher nicht aus Geltungssucht zu den 8000ern, oder um noch berühmter zu werden, sondern weil sie an den großen Bergen ihr Leben findet, wie sie sagt.

Auf der anderen Seite ist die knallharte Profiszene auch in den Bergsport eingezogen, können sich die drei Bergfrauen, ob sie wollen oder nicht, dem zunehmenden Stress von außen nicht ganz entziehen. Bei Edurne Pasaban hat der Druck durch spanische Medien schon zu psychischen Problemen geführt, denn die oder der Zweite gilt heutzutage wenig, auch wenn die Brutalität beim Bergsteigen noch nicht so krass ist wie bei einer Tour de France oder beim Skirennsport. Wer weiß heute auf Anhieb, wer als zweiter Mensch nach Messner alle 14 Achttausender bestiegen hat (richtig! Jerzy Kukuczka)? Die Lorbeeren werden ausschließlich der „Siegerin" gehören, von den erwähnten Geschichtsbüchern bis zum „Marktwert", der für Profibergsteiger nolens volens nicht vernachlässigbar ist. Und – Rekord hin, Geld her – Ehrgeiz braucht's auch bei solchen Leistungen. Edurne, Nives und Gerlinde haben zwei oder drei Achttausender im Jahr als Ziel (also den „Sieg" im Hinterkopf), und trotz aller Vorbereitung hetzen alle drei im Winter von Vortrag zu Vortrag.

Ein Happy End? Eigentlich möchte ich gerne ans „Ideal" glauben und flüchte ins Positive: Vielleicht sind Frauen (am Berg) doch anders? Weniger konkurrenzbedacht, weniger mediengeil, weniger profitorientiert? Sicher sind P. und M. und K. vernünftig und „frau" genug, um nicht auf Teufel komm raus anzugreifen. Das beste Happyend – alle drei gemeinsam auf dem letzten 8000er – kann es leider nicht werden. Aber vielleicht schaffen sie es, innerhalb kurzer Zeit ihren jeweils 14. Gipfel zu erreichen?
Ex aequo sozusagen. Das wär' doch was!

Skitour nur mit Helm?
Trend zur totalen Sicherheitsgesellschaft

Nach schweren Skiunfällen auf den harten Jännerpisten ist in Österreich die Diskussion über die Helmpflicht aufgeflammt. Auch bei Skitouren ist der Helm zum Thema geworden (und proviziert ketzerische Gedanken).
Die Frage „Helm oder nicht Helm auf Pisten?" stellt sich heute nicht mehr wirklich, sondern wird längst von der Realität beantwortet. Immer mehr Pistenfahrer tragen Helm, Helm ist trendy. Sportlichere Ski und Snowboards, höheres, oft rücksichtsloses Tempo, optimale Pistenpräparierung auf überfüllten Skiautobahnen haben das Gefahrenpotenzial nicht nur subjektiv erhöht. Auch die Politik zeigt Flagge – in fünf Bundesländern wird die Helmpflicht zumindest für Kinder und Jugendliche bis 14 Jahren gefordert. (Dass sich die politische Energie in Grenzen hält und sich eine österreichische Lösung abzeichnet, zeigen die geschmeidigen Entwarnungen, dass „eh net kontrolliert wird" ...)
Eine generelle Helmpflicht auf Pisten wird zwar diskutiert, wird aber – obwohl fast 50% der Österreicher dafür sind – angesichts gewichtiger kritischer Stimmen und wegen der kaum durchsetzbaren „Pistenpolizei" nicht kommen. Der ÖSV, das Kuratorium für alpine Sicherheit und auch die Tiroler Bergrettung sprechen sich gegen eine gesetzliche Helmpflicht aus und setzen stattdessen auf Eigenverantwortung und breit angelegte Imagekampagnen. Letztere haben zur Freude der Sportartikelindustrie längst gegriffen – der Skihelm ist ein Renner.

Helm abseits der Piste Die Debatte hat auch die Szene abseits der Pisten erfasst – auch auf Skitouren ist der Kopfschutz im Kommen. Der Alpenverein empfiehlt seinen 350.000 Mitgliedern den Helm auf Skitouren-Abfahrten, lehnt aber gesetzliche Regelungen ab und will den Skihelm keinesfalls zur skitouristischen Standard-Ausrüstung (wie etwa das LVS-Gerät) adeln. Die Gründe für die Helmempfehlung sind plausibel – auch im „freien Skiraum" können Stürze schwere Kopfverletzungen zur Folge haben, zumal heute speziell von der jüngeren Generation auch abseits der Piste schneller gefahren wird. Bei schwierigen Touren, bei Steilabfahrten oder beim rasanten „Freeriden" ist der Kopfschutz ohnehin längst obligatorisch. Laut Statistik sind fast 50% aller Notfälle bei Skitouren und Variantenabfahrten auf „Stürze" zurückzuführen (nur 10% auf Lawinen!), die allerdings nur selten Kopfverletzungen verursachen.
Mit ihrem „Einerseits-Andererseits" (Empfehlung ja, Gesetz nein) schwindeln sich Alpenverein und andere Experten im Grunde an klaren Aussagen vorbei,

finden aber zumindest bei „rebellischen Naturen" volles Verständnis. Vielleicht beruht die Scheu vor klaren Positionen auf der Diskrepanz zwischen dem Trend zur Über-Regulierung aller Lebensbereiche und dem (immer noch vorhandenen) Freiheitsbedürfnis des Einzelnen. Womit auch die Kurve zum Untertitel dieser Kolumne gekratzt ist.

Das Dilemma Es ist wahrlich ein Dilemma: Die Innovation Skihelm nicht zu empfehlen, wäre verantwortungslos, wenn auch nur ein Schädel-Hirn-Trauma durch den Helm verhindert wird. Andererseits: Rechtfertigt das sehr geringe Risiko, sich bei einer (normalen) Tourenabfahrt den Kopf einzuschlagen, jede Form obrigkeitlicher Anordnung?
Wo bleibt die viel zitierte Freiheit am Berg, die doch grenzenlos sein sollte, wenn aufs flatternde Stirnband verzichtet werden muss? Ist der Helmlose, der sein Hirn nicht auf jeder „Pimperltour" in Plastik hüllt, a priori eigenunverantwortlich? Wird in ein paar Jahren der Rückenprotektor obligatorisch? Wann kommt der Kniepanzer, wann die Ganzkörperrüstung?
Sicherheit – noch mehr Sicherheit – absolute Sicherheit wird propagiert und dabei verdrängt, dass es Letztere weder auf Kunst- noch im Tiefschnee geben kann.
Nicht einmal dann, wenn wir zu Hause bleiben und uns die Skitour virtuell am Computer reinziehen. Mit oder ohne Helm.

Skitouren, Sicherheit, Opferbilanz
„Ewige" Themen im Wandel der Zeit

Am Ende der Skitourensaison wird wieder über Unfallzahlen und Ursachen nachgedacht werden. Denn auch im Winter 2008/09 wird die Opferbilanz dem langjährigen Schnitt von 20 bis 30 Lawinentoten entsprechen.
Die Zahl jener, die ihr winterliches Natur- und Bergerlebnis auf Skitouren und beim Variantenskilauf abseits der Pisten suchen, steigt in fast „beängstigendem" Ausmaß, vor allem in den Modegebieten. Skitouren zählen zu den schnellstwachsenden Freizeitaktivitäten und sind am Weg zur Massenbewegung. Die Zahl der Skitourengeher in Österreich wird vom Alpenverein auf rund 600.000 geschätzt, wobei die hohe Zahl der „Wiederholungstäter" vermutlich noch nicht berücksichtigt ist.

Theoretische Erfolgsbilanz ... Diesem Trend steht die statistisch seit Jahren gleichbleibende Opferbilanz von durchschnittlich 26 Lawinentoten gegenüber. Eigentlich und nüchtern betrachtet eine Erfolgsgeschichte angesichts der rasant steigenden Zahl der „Tourensportler". Auch wenn jeder Lawinenunfall ein Unfall zu viel ist, auch wenn von Bergrettungsdiensten und alpinen Vereinen wieder von „Ausbildungsoffensiven", mit dem Ziel, die Unfallzahlen zu halbieren, die Rede sein wird, auch wenn die Mode des risikolosen Pistentourengehens zu statistischen Unschärfen führen mag.

... mit Hintergründen Dass die Zahl der Unfälle nicht in gleichem Ausmaß wie die Zahl der Akteure steigt, ist folgenden Faktoren und Errungenschaften zu verdanken:
- Der moderne Skibergsteiger kann sich auf ein gewaltiges Informationsangebot stützen. War man vor 30 Jahren auf die eher dürftige Skitourenliteratur im Stil von „Märchenbüchern" angewiesen, so steht heute ein Übermaß an Tourenbeschreibungen zur Verfügung, die nahezu jeden Graben abdecken.
- Wer die heutigen treffsicheren Lawinenlage- und Wetterberichte „deuten" kann und dazu bereit ist, hat wesentlich bessere Beurteilungskriterien in der Hand als der Kollege vor 20 Jahren.
- Die moderne Sicherheitsausrüstung ist mit jener vor 30 Jahren nicht einmal ansatzweise vergleichbar. LVS-Geräte in Hightechversion, Lawinen-Airbag, Mobiltelefon für den schnellen Hilferuf sind um Lichtjahre besser als Lawinenschnur oder Pieps I und die schnelle Abfahrt zum Hilfeholen von anno dazu-

mal. Auch wenn die Hälfte der Tourengeher als „LVS-Muffel" unterwegs ist, die andere Hälfte keine Funktionsüberprüfung durchführt und maximal jeder 20. mit einem ABS-Rucksack ausgerüstet ist.
• Standardtouren bringen mehr Sicherheit als einsame Touren früherer Zeiten. Fast täglich befahrene Steilhänge bieten dem Schneebrett keine Entwicklungschancen, alle bekannten Touren sind permanent (wenn auch meist zu steil) gespurt und an schönen Wochenenden vermitteln Hundertschaften zwar Gedränge, zugleich aber auch Sicherheitsgefühle.
• Last, but not least sind Lernbereitschaft und Wissen um die Lawinengefahr dank der Kursangebote durch Vereine, Alpinschulen und Bergführer deutlich gestiegen.

Paradoxe Praxis Dass die erhoffte Halbierung der Lawinenopferzahl Utopie bleiben wird, zeigt der Lawinenunfall in der Karwoche im Sellrain, einem der meistbesuchten Tourengebiete Tirols, in dem auch der „griffige" Autor unterwegs war: strahlendes Wetter, beste Bedingungen, idealer Firn (wenn du mittags „herunten" warst). Am Zischgeles wurde ein Einheimischer am späten Vormittag weit abseits der üblichen Abfahrtslinien von einem riesigen Schneebrett verschüttet und erst nach zwei Tagen von der Bergrettung gefunden. Er war zu spät bei schon aufgeweichtem Schnee in den Steilhang eingefahren. Das LVS-Gerät hatte er nicht eingeschaltet im Rucksack getragen …
Am Ostersonntag, vier Tage nach dem Unfall, beobachteten wir zehn Skitouristen im unteren Drittel der Tour zum „Zwieselbacher". Zu Mittag. Im Aufstieg. Wie „zu Fleiß" nach dem tragischen Fehlerbeispiel am Zischgeles. Aber es is ja eh nix passiert.

Spieglein, Spieglein an der Wand ...
... wer ist der/die Beste im ganzen Land?

Auch wenn Edurne Pasaban und Gerlinde Kaltenbrunner vor Kurzem mit Kantsch und Lhotse die Gipfel ihrer 12. Achttausender erreicht haben, sind sie nicht automatisch die besten Bergsteigerinnen der Welt.
Es wird auch nicht diejenige die Beste „aller Zeiten" sein, die als erste Frau alle 14 über 8000 m hohen Berge bestiegen haben wird. Wie üblich wurden die Bergfrauen von Medien und in Internet-Foren mit obigem Titel ausgezeichnet – selbst wären sie wohl nicht auf die Idee gekommen, sich dieses Attribut umzuhängen. Niemand weiß besser als sie, dass Extrembergsteigen kein Wettkampfsport ist. Die höchsten Berge der Welt können manchen Menschen vieles geben, nur eines (noch) nicht: „Wer ist der/die Beste am Berg?"

Bergsport – kein Wettkampfsport Bergsport ist zu vielschichtig, zu sehr der Natur ausgeliefert, und bietet für die Akteure fast nie vergleichbare Bedingungen, um ein Wettkampfsport im herkömmlichen Sinn zu sein. Spitzensportklettern und extremes Höhenbergsteigen erfordern einander ausschließende Fähigkeiten – wer beides kann ist top, trotzdem nicht zwingend die Nr. 1. Ein Marathon ist immer 42,195 km lang, und wer am schnellsten läuft, ist (meistens) auch der/die Beste. Beim Bergsport gilt Ähnliches nur beim Sportklettern und neuerdings beim Wettkampf-Skibergsteigen. Der K 2 dagegen ist zwar für alle 8611 m hoch, aber wegen der wechselnden Bedingungen und weil die Akteure nicht gleichzeitig am Berg sind, immer verschieden schwierig. K 2-Aspiranten müssen Extremalpinisten sein (no na), doch „Ranglisten" für den Erfolg gibt es keine.

Das alpine Dilemma Alexander und Thomas Huber waren eine Zeit lang die schnellsten Erkletterer der „Nose", sind den 11. Grad in den Dolomiten und den 8. Grad an einem 7000er im Karakorum geklettert. Aber: Sind sie auch die besten Extremalpinisten der Welt und „aller Zeiten"? Christian Stangl war der schnellste Besteiger des Mt. Everest, hätte aber kaum Chancen, den Eigerwandrekord des Schweizers Ueli Steck zu unterbieten. Ralf Dujmovits ist der 16. Mensch, der auf den Gipfeln aller 8000er stand, doch wird er sich kaum als 16.bester Bergsteiger sehen. Und auf Hermann Buhl und Reinhold Messner trifft das Attribut „erfolgreichster Alpinist seiner Zeit" eher zu als „bester".

Trotzdem wandert der Spitzenalpinismus seit Jahren in Richtung Wettkampfsport, gewinnen sportliche Aspekte wie die Schnelligkeit einer Besteigung zunehmend an Bedeutung. Mit intensivem Spezialtraining, mit mentaler Vorbereitung und wissenschaftlich fundierter Ernährung vollbringen Profi-Bergsteiger Höchstleistungen, die vor wenigen Jahren unvorstellbar waren. Der Mensch will und sucht den Wettbewerb, braucht Ranglisten auch beim Bergsport. Selbst der gemütliche Wanderer blickt am Voralpengipfel sofort auf die Suunto, um seine (Best?)Zeit festzustellen ...
Sportklettern ist Wettkampf mit baldigen olympischen Weihen, die Skitourenrallyes sind am Weg dorthin und vielleicht die Lösung des Dilemmas, das dem Alpinismus immer schon anhaftete: Nie konnte man sagen, wer der/die Beste, Schnellste, Stärkste ist.

Achttausender-Rallye? Wenigstens in der gnadenlosen Höhe des niedrigen Luftdrucks und Sauerstoffdefizits ist die nicht messbare Welt noch in Ordnung. Das Scheitern im Sturm kann mehr zählen als der Gipfel bei Superbedingungen. Sorry – dort oben gibt's die objektive Nummer 1 (noch) nicht, denn es fehlt der direkte Vergleich. Noch.
Denn da schleicht sich eine Vision in die Basislager. Wäre eine wettkampfmäßige Everest-Rallye denk- und machbar? Zeitmessung, 20 Teams, Start im ABC auf 6300 m, durchgehende Fixseile, (fast) punktgenauer Wetterbericht von Charly Gabl. Dann wissen wir endlich, wer objektiv der/die schnellste (und beste?) Alpinist/in ist ...
Das Bergsteigen ist am Weg zum Leistungssport, aber noch nicht ganz dort angekommen. Mancher (Nostalgiker) denkt da „... zum Glück".

In memoriam Hans Bärnthaler
K2-Ostwand 1989

Obwohl der K2 dieser Tage im Scheinwerferlicht der alpinistischen Berichterstattung steht, möchte ich der tragischen Ereignisse vor 20 Jahren gedenken: Am 28. Juli 1989 ist Hans Bärnthaler bei meiner K2-Expedition tödlich verunglückt.

Der Steirer Hans Bärnthaler aus Knittelfeld war in den 1980er-Jahren einer der besten Bergsteiger und Bergführer Österreichs, eine Galionsfigur mit „klassisch-extremer" Laufbahn. Hans begann 1971 zu klettern, wurde innerhalb weniger Jahre in den schwierigsten Alpenwänden zum Allround-Spitzenbergsteiger und wandte sich dann den großen Bergen der Welt zu. Aufsehenerregenden Besteigungen in Patagonien (Cerro Torre, Fitz Roy) folgten Expeditionen zu den 8000ern Cho Oyu und Shisha Pangma und zur extrem schwierigen Nordwand des Masherbrum (7821 m) im Karakorum.

Einige Monate vor dem Aufbruch zur K2-Ostwand hatte ich Hans Bärnthaler zufällig getroffen und ihn spontan zum K2 eingeladen. Er sagte sofort zu. Der K2 war sein Traumberg, und dazu eine neue Route! Ein fatales Zusammentreffen, wenn ich heute daran denke ...

Die K2-Ostwand Die unbekannte, bis 1989 nie ernsthaft versuchte, kilometerbreite und 3000 m hohe Ostwand des K2 anzugehen, war ein kühner Plan. Einem der wenigen Berichte, die ich nach den tragischen Ereignissen geschrieben habe, gab ich den Titel „Utopie und Wirklichkeit". Die gigantische Wand war für uns sieben Expeditionsteilnehmer das Nonplusultra des Himalaya-Bergsteigens: kleines Team, alpiner Stil, neue Route, große Wand, hoher Berg. In der Realität ist der Traum vom K2, den wir 1989 leben wollten, Utopie geblieben.

Im zentralen Teil der Ostwand bietet ein weit vorspringender, 1600 m hoher Pfeiler die einzige relativ lawinensichere Route. Am 27. Juli gelang uns mit der Erkletterung einer 200 m hohen, stellenweise senkrechten Séracmauer der komplette Durchstieg des Pfeilers. Wir waren 7200 m hoch, am Beginn der flachen Gletscherterrasse, die hindernislos bis 8200 m zum Fuß der Gipfelflanke führt. Die Tür zum K2 stand offen.

Die Tragödie Am 28. Juli wollte Hans vom Lager 1 (5600 m) ein Stück in der „harmlosen" Flanke eines namenlosen 6000ers aufsteigen, um den Sonnenaufgang in der Ostwand zu fotografieren. Es waren wohl unvergessliche letzte Minuten für Hans. Dann ... eine Sekunde Unaufmerksamkeit, ein Schritt zu weit auf den Grat. Hans stürzte mit einer Wechte 200 m in den Tod.
Im Karakorum habe ich Hans Bärnthaler nicht nur als Bergsteiger kennengelernt. Wir hatten ähnliche „Wellenlängen", waren uns auf Anhieb sympathisch. Es war das Menschliche an seiner Persönlichkeit, das viele seiner Freunde so schätzten: ein warmherziger, toleranter, lebenslustiger Mensch, der nur 35 Jahre alt wurde.

Part of the game? Natürlich wusste Hans, dass der Tod ein Teil des „Spiels" ist, kannte das Risiko. Auf die Frage Warum? habe ich noch nie eine „richtige" Erklärung gefunden. Vielleicht war seine Lebensuhr abgelaufen, oder es war Zufall. Am besten, wir verschanzen uns hinter Sprüchen: „Happy are those, who dream their dreams and are ready to pay the price to make them true." Hans konnte seinen Traum nicht wahr machen, aber den Preis hat er bezahlt. Manchmal ist es ein Scheißspiel.

PS: In der Ostwand des K2, derzeit die vermutlich größte alpinistische Herausforderung im Himalaya, gab es seit 1989 meines Wissens keine weiteren Versuche.

Nanga Parbat. Der Film.
Die Tragödie der Brüder Messner

Mitte Jänner 2010 kommt der Film „Nanga Parbat" von Joseph Vilsmaier ins Kino, der die dramatische Geschichte von Reinhold und Günther Messner am Nanga Parbat 1970 erzählt. Großes Kino am großen Berg.
Die Ereignisse vom Juni 1970 zählen zu den bekanntesten und berührendsten Geschichten des Bergsteigens. Reinhold und Günther Messner, 25 und 23 Jahre jung, gelingt im Rahmen einer von Dr. Karl Maria Herrligkoffer (gespielt von Karl Markovics) geleiteten Expedition die erste Durchsteigung der legendären Rupalflanke am Nanga Parbat, der höchsten Steilwand der Welt. Nach einer Schlechtwetterwarnung entscheidet sich Reinhold (Florian Stetter) für einen riskanten Alleingang zum Gipfel. Der jüngere Günther (Andreas Tobias) will aus dem Schatten des Älteren heraustreten und folgt Reinhold zum 8125 m hohen Gipfel.

Das Drama und die Folgen Nach dem spektakulären Gipfelerfolg wird die Geschichte zur Tragödie. Günther wird höhenkrank und kann den Abstieg über die steile Südwand nicht mehr bewältigen. Nach einem Biwak in 7800 m Höhe beginnt Reinhold mit dem schwer gezeichneten Bruder den Abstieg aus der Todeszone über die leichtere, ihm unbekannte Diamirflanke. Nach tagelangem Martyrium haben beide fast den Wandfuß erreicht, als das Schicksal endgültig zuschlägt und Günther von einer Eislawine begraben wird. Nach verzweifelter Suche kehrt Reinhold allein, mit schweren Erfrierungen und mehr tot als lebendig, vom Berg zurück.

Wie das Leben von Günther Messner vor fast 40 Jahren endete und welche Rolle der ältere Bruder genau spielte, beschäftigte Akteure und Medien noch Jahrzehnte. Messner, Herrligkoffer und einige Teammitglieder duellierten sich in Gerichtsprozessen, mit Büchern und einander widersprechenden Berichten. Der hässliche Alpinstreit gipfelte im Vorwurf, Reinhold habe seinen Bruder möglicherweise im Stich gelassen, um mit der ersten Überschreitung eines Achttausenders berühmt zu werden. Nachdem im Sommer 2005 Skelettteile von Günther Messner am Fuß der Diamirflanke gefunden wurden, ist die Kontroverse weitgehend aufgeklärt. Für Reinhold ist die Verfilmung seines Lebensschicksals heute „keine Aufarbeitung, sondern eine emotionale Geschichte ohne moralische Dimension und außerhalb von Gut und Böse". Trotz dieser gewollt sachlichen Ansage ist der Film selbstverständlich parteiisch und polarisierend, kommt „die Person Messner raus, weil Messner drin ist ...".

Der Film – authentisch realistisch Abgesehen vom historischen Hintergrund ist „Nanga Parbat" spannender Bergfilm plus Naturdokumentation in überwältigenden Bildern, eine packende Story über Rivalität, Ehrgeiz und Teamgeist, um Risikobereitschaft und Verantwortung, um Bruderliebe und Schicksal. Der mehrfach preisgekrönte Regisseur Joseph Vilsmaier, bekannt durch Filme wie Stalingrad und Schlafes Bruder, hat mit Reinhold Messner als fachlichen „Berater", mit hohem Aufwand und persönlichem Einsatz ein optisch gewaltiges Gebirgsdrama auf die Leinwand gebannt, bei dem so gut wie alles bis ins Detail authentisch und fast nichts übertrieben wirkt. Der Film lebt von der ins Maßlose gesteigerten Bergnatur im Himalaya und in den Alpen, vom unentrinnbaren Einzelschicksal, von der Rivalität und Psychologie zwischen großem und kleinem Bruder. Dazu kommen der gitarrenlastige, zarte bis mächtige Soundtrack des Argentiniers Gustavo Santaolalla, die großartige Darstellung des umstrittenen Expeditionsleiters Herrligkoffer durch Karl Markovics und die mit vielen Helikopterflügen realistisch gefilmten Actionszenen am Berg, bei denen dreimal am Nanga Parbat in Pakistan, teilweise bis in 7000 m Höhe, gedreht wurde.
Der Berg Nanga Parbat ist der echte Hauptdarsteller, der Film „Nanga Parbat" lässt den Zuschauer im Kinosessel die Extreme erleben – Grenzerfahrungen, Mut, Opferbereitschaft und archaische Naturgewalt. Großes Kino in großer Bergwelt, deren Geschichte nicht nur dem Bergsteiger unter die Haut geht.

„Lawinensurfen" ohne LVS-Gerät

Ignoranz? Leichtsinn? Unwissenheit?

Die erste Februarwoche des heurigen Jahres brachte eine beispiellose Serie von Lawinenunfällen: Innerhalb weniger Tage starben in Österreich zwölf Menschen unter selbst ausgelösten Schneemassen.

Die gefährlichen Bedingungen mit wenig Schnee und Kältewellen, der instabile Schneedeckenaufbau und die Neuschneemengen allein können nicht „schuld" gewesen sein für die Lawinenserie, kaum dass die Schneelage das Skifahren abseits der Piste zuließ. Die heikle Lawinensituation ist nur eine von mehreren Ursachen. Das Gros der Skifahrer hat kaum fundiertes Wissen über Lawinen, unterschätzt ihre Gefahren, ist offenbar nicht bereit, fundamentale Regeln einzuhalten. Fast alle Verunglückten waren Variantenfahrer, praktisch alle waren ohne Sicherheitsausrüstung unterwegs: kein Lawinen-Verschütteten-Suchgerät (LVS), keine Schaufel, keine Sonde. Ein Faktor, der im Februar 2010 mehrfach über Leben und Tod entschieden hat.

Werbung ohne Wirkung Dabei sind die ersten „Piepser" schon in den 1970er-Jahren bei uns auf den Markt gekommen. Vom Pioniergerät Pieps I über das Zweifrequenzgerät von Ortovox usw. war es ein langer Weg zu den Hightechgeräten, die heute als Wunderwaffen gegen den „Weißen Tod" gehandelt werden. Seit 30 Jahren wird gepredigt, beschworen, geworben: für das LVS, für den Lawinenairbag, für Ausbildung, mit Fakten und Faustregeln. Dass die ersten 15 Minuten nach der Verschüttung das entscheidende Zeitfenster sind, dass die Kameradenrettung mit dem LVS die beste Chance ist, dass der Helikopter und Bergretter oft zu spät kommen, dass es fünf Gefahrenstufen gibt, dass Steilhänge zu meiden sind usw. usw.

Der Erfolg der Kampagne blieb erschreckend bescheiden: Nach aktuellen Untersuchungen ist gerade einmal jeder zweite Tourengeher mit einem LVS-Gerät unterwegs, so gut wie keiner (!) überprüft dessen Funktion vor Antritt der Tour, kaum ein Variantenfahrer beschäftigt sich ernsthaft mit der Materie Lawine. Die Fakten werfen Fragen auf. Warum tragen manche Tourenfahrer ihr LVS sinnlos im Rucksack spazieren? Warum schalten manche Leute das Gerät erst dann ein, wenn ihnen der Bauch (?) sagt, dass es gefährlich wird? Batteriesparen? Warum scheitert ein guter Teil der LVS-Besitzer schon am Umschalten von Senden auf Empfang, vom effektiven Einsatz unter realer Stresssituation nicht zu reden? Warum denken viele Touren- und Variantenfahrer in extremen Gefahrenphasen nicht weiter, als der Tiefschneehang lang ist? Leichtsinn? Unwissenheit? Ignoranz? Sparschweindenken?

Noch mehr Hightech? Vor einigen Tagen ist die weltgrößte Sportartikelmesse ISPO zu Ende gegangen, bei der neuerlich verbesserte LVS-Geräte vorgestellt wurden: Mehrfachverschüttetenfunktion, ausklappbare Antennen, integriertes GPS, Lithium-Ionen-Akku. Noch besser und (natürlich) teurer. Wichtige Zusatzfunktionen für Profis und Bergretter, die damit umgehen können (müssen). Für „Otto Normalverbraucher" könnte der Preis allerdings grenzwertig sein. Dieser Otto sagt nämlich, er gehe ohnehin nur fünf Skitouren, und die mit Leuten, die „sich auskennen", und fahre nur zweimal im Jahr abseits der Piste. Und dafür braucht Otto kein LVS-Gerät, das 400 Euro kostet, und auch keinen ABS-Rucksack um 700 Euro. Glaubt und sagt Otto. Derselbe Otto würde sich aber vielleicht zu Weihnachten ein LVS um 150 Euro schenken lassen, mit dem er sich dann auch beschäftigen würde: nix Hightech, nur Senden, Empfangen, Batteriekontrolle.

Einfachere Lösung? Die Vermutung, dass das „LVS-Muffeln" finanzielle Hintergründe haben könnte, mag ketzerisch klingen, zumal das Leben mehr als 500 Euro wert sein sollte … Aber die Sache vom Leben und den Euros hat offenbar einen Haken. Und der Gedanke, dass sich mehr Tourenfahrer einfache (billigere) Geräte umhängen würden, statt darüber nachzudenken, ob sich ein teures LVS für ihre paar Touren auszahlt, muss nicht unbedingt eine Vision sein. Der Gedanke hat was.

Was kommt nach Huber & Huber?
Lässt sich der Extremalpinismus noch weiter steigern?

Nachdem die extremen Spielarten des Spitzenalpinismus in den letzten 10, 15 Jahren ein unfassbares Niveau erreicht haben, drängt sich die Frage auf: Geht's noch extremer, noch schwieriger, noch schneller, noch riskanter? Thomas und Alexander Huber gehören derzeit zu den besten und bekanntesten Spitzenkletterern der Welt. Mit ihren Vorträgen sind sie überall präsent und über die Kletterszene hinaus auch bei Leuten populär, deren alpine Erfahrung kaum über das Besteigen eines Barhockers hinausgeht. Wer sich die aktuellen Vorträge und Multivisionsshows der Hubers reinzieht, geht beeindruckt aus dem Saal, fasziniert von Schwierigkeit, Risikobereitschaft und Präzision, vom Aufwand und von der Verrücktheit des heute machbaren „Bergsteigens".

Alpingeschichte: Preuß – Buhl – Messner – Steck Die „Huberbuam", der Schweizer Ueli Steck und andere „Topathleten" stehen heute auf der obersten Sprosse einer Entwicklung, die – historisch betrachtet und ohne Anspruch auf Vollständigkeit – vor rund 100 Jahren mit Paul Preuß begann, sich mit Hermann Buhl, dann mit Reinhold Messner und Doug Scott fortsetzte und jetzt mit Huber und Steck einen (vorläufigen?) Plafond erreicht hat. Diese und etliche andere Protagonisten ihrer Zeit verbindet neben dem überragenden Können vor allem die Fähigkeit, alpinistische Visionen und Kreativität zu denken und zu realisieren. Messner setzte die Ideen eines Buhl aus den 1950er-Jahren in die Realität von 1975 um, und die Hubers klettern im Karakorum und in der Antarktis Schwierigkeiten, die für Messner & Co. vor 30 Jahren (noch) nicht machbar waren.

Neue alpine Meilensteine? Was kommt also nach Huber & Huber? Meilensteine wie die Free-Solo-Begehung der Hasse-Brandler (Direttissima, VIII+) an der Großen Zinne lassen sich nur in der Schwierigkeit „toppen", kaum aber vom Prinzip her. Achter oder zehnter Grad free solo ist auch schon egal, könnte man salopp sagen. Free solo, also ohne Hilfsmittel und Sicherung außer der eigenen Psyche, dem eigenen Können – das muss man sich einmal vorstellen. Der kleinste Fehler, ein ausbrechender Griff – Ende. Auch der X. Grad an den Weltbergen ist schon abgehakt, an den Trango-Türmen, am 7000er Ogre im Karakorum, an einigen 8000ern.

Auch das Speedklettern scheint nicht der Stein der Steigerung zu sein. Speed wäre reiner Leistungssport, der exakte Regeln und gleiche Bedingungen für alle Athleten voraussetzt, um vergleichbare Rangordnungen zu erhalten. Da gleiche Bedingungen im Himalaya unmöglich sind, kann die Stoppuhr nur die persönliche, nicht aber die absolute Bestzeit liefern.
Die Spitzenleute ihrer Epochen, auch die Gladiatoren von heute, haben noch etwas gemeinsam – alle waren und sind als Allroundbergsteiger „überall" spitze: in Fels und Eis, in Seilschaft, allein, in großer Höhe, beim Schnellklettern. Auch wenn man den Leistungswillen der jungen Klettergenerationen nicht unterschätzen soll – die Jungen stellten zu allen Zeiten das Unmögliche ihrer Väter und Mütter auf den Kopf –, wird es schwer sein, die heutige Leistungsspitze radikal zu übertreffen.

Steigerung nur für Spezialisten Vielleicht lassen sich neue Meilensteine nur in einzelnen Disziplinen des Bergsports erobern: Wettkampf- und Sportklettern, Speedklettern, Alpinklettern, Free-Solo-Klettern, Höhenbergsport und ein paar mehr. Bei noch intensiverem Training, mit mentaler Vorbereitung und höherer Risikobereitschaft könnte die eine oder andere Verschiebung der menschlichen Grenzen möglich sein.
Man verzeihe den (etwas billigen) Vergleich mit dem Skirennsport: Der Erfolg eines Toni Sailer in allen Skidisziplinen war nur von Spezialisten zu übertreffen. Und ein Herminator ist – wenn überhaupt – nur von noch kompromissloseren und risikobereiteren Abfahrern zu schlagen.
Bleibt die Frage nach dem vertretbaren Risiko am Berg. Aber das ist wohl eine andere Geschichte …

Die Achttausender-Königinnen
Der finale Showdown war vorprogrammiert

Am 27. April war der Wettlauf der Achttausender-Ladys entschieden: Miss Oh Eun-su aus Südkorea stand am Gipfel der Annapurna und ist die erste Frau, die die 14 höchsten Berge der Welt bestiegen hat. Zumindest physisch ... Bis vor einem Jahr war Oh Eun-su kaum als ernsthafte Anwärterin auf die weibliche Achttausender-Krone bekannt, die ursprünglich für den „Dreikampf" Spanien – Italien (Nives Meroi gab das „Primadonna-Spiel" nach zwölf 8000ern auf) – Österreich reserviert war. Das änderte sich im Mai 2009 schlagartig, als der Koreanerin mit Kangchendzönga und Dhaulagiri der 10. und 11. große Berg, im Juli auch der Nanga Parbat gelang und sie mit den „Zwölferdamen" Edurne Pasaban und Gerlinde Kaltenbrunner gleichgezogen hatte. Mit dem Erfolg am Hidden Peak im August 2009 als Nummer 13 hatte sie eine beispiellose Serie hingelegt – 8 Achttausender in 15 Monaten! Ab sofort war sie Top-Favoritin im medial hochgespielten Wettlauf.

Brechstangen-Methoden In die Himalayasaison 2010 ging Oh Eun-su als Sieganwärterin, da ihr nur mehr die Annapurna fehlte, während Pasaban neben der Annapurna auch noch den Shisha Pangma besteigen musste. Kaltenbrunner hatte noch Everest und K 2 vor sich und damit keine guten Karten. Allerdings begann man sich nach der phänomenalen Aufholjagd für die Hintergründe der Oh'schen Erfolge zu interessieren, die nur mit hohem technischen, menschlichen und logistischen Aufwand erklärbar waren. Die Südkoreanerin wurde von einem ganzen Heer von Trägern, Sherpas und Helfern unterstützt, die die Lagerketten im Voraus aufbauten, die Normalrouten vorspurten und alle schwierigen Passagen mit Fixseilen absicherten. Dann kam Miss Oh im Kielwasser ihres Teams, mit Nullgepäck und bei hohen 8000ern mit künstlichem Sauerstoff. So konnte sie sogar auf den Pickel verzichten, wie ein boshafter Beobachter berichtete.

Oben oder doch nicht? Es kommt noch technischer – am Nanga Parbat und Hidden Peak wurde simultan von zwei Teams vorgearbeitet. Oh selbst flog per Helikopter von einem Basislager zum anderen, um beim Anmarsch weder Zeit noch Kräfte zu vergeuden. In diesem Stil, mit unbegrenzten Mitteln und unglaublicher Konsequenz schaffte die 44-Jährige alle 8000er. Der Gipfelsieg am Kantsch im Mai 2009 wird allerdings massiv bezweifelt. Oh musste angeblich zugeben, dass das überbelichtete, grobkörnige Gipfelfoto nicht am höchsten Punkt aufgenommen wurde. Und ein Sherpa ihres Teams behauptet, dass Miss Oh nicht am Gipfel gewesen sei …

Rückschritt statt Fortschritt Wie dem auch sei, echter Gipfel oder etwas unterhalb, Sauerstoff hin, Sherpas in Kompaniestärke her: Oh Eun-su war wohl (es gilt die Unschuldsvermutung) physisch „oben" und hat für ihre mentale und körperliche Leistung Anerkennung verdient. Aber – eine der „letzten Pioniertaten des Alpinismus", wie in manchen Zeitungen zu lesen war, war es nicht. Im Gegenteil – mit modernem Bergsteigen, mit der „Herausforderung Himalaya", mit Bergsport „by fair means" hat das nichts zu tun. Der logistische und materielle Aufwand erinnert eher an die „Materialschlachten" früherer Epochen, an die Erstbesteigungen in den 1950er-Jahren etwa. Damals wusste und konnte man es nicht anders, der Himalaya hatte noch „weiße Flecken", detto das Wissen über die Höhe, von der antiken Ausrüstung gar nicht zu reden. Edurne Pasaban hat am 17. Mai, drei Wochen nach Oh, den Shisha Pangma als Nr. 14 geschafft und ist Zweite geworden. Gerlinde Kaltenbrunner gelang eine Woche später der Mt. Everest und sie wird bald unterwegs sein zum K 2 – wenn alles gut geht, wird sie Dritte. Ich finde es – ohne europäischen oder lokalen Chauvinismus – schade, dass das olympische „möge die Beste gewinnen" nicht eingetreten ist. Schade, dass die Brechstange gewonnen hat, nicht der elegante, schwierige Alpenstil im Himalaya, den Gerlinde repräsentiert, und auch nicht der klassische Alpinismus der Spanierin.

20 und noch mehr Jahre Alpingeschichte

Welche alpinen Leistungen haben Bestand? Zum LAND DER BERGE-Jubiläum drängt sich ein Rückblick in die nahe und fernere Vergangenheit auf.
Von 1990 bis 2010 gab es „am Berg" jede Menge alpinistischer Highlights und Spitzenleistungen: 1991 der erste XI. Grad im Sportklettern durch Wolfgang Güllich; 1997 bzw. 1999 die Erstbesteigung der Latok-Westwand im Karakorum (Huberbuam) und die Solodurchsteigung der Dhaulagiri-Südwand durch Tomaž Humar – extremes Himalayabergsteigen; beim Alpinklettern die Rotpunkt- und Solobegehungen an der Westlichen und Großen Zinne durch Alexander Huber 2001 und 2002, Ueli Stecks neuer Speedrekord (2h 47'!) in der Eiger-Nordwand und die jahrelang „umworbene" Überschreitung aller drei Torres in Patagonien durch Rolando Garibotti und Colin Haley im Jänner 2008; die Diskussionen im heurigen Frühjahr über Oh Eun-su, Edurne Pasaban und Gerlinde Kaltenbrunner, von denen die ersten beiden als erste Frauen alle 14 Achttausender bestiegen haben.

Rekorde ohne breites Publikum Diesen und anderen Spitzenleistungen ist – mit Ausnahme des Medienhypes über die drei Achttausender-Ladys – eines gemeinsam: Sie finden fast unbemerkt von der breiten Öffentlichkeit statt und sind für „Normalmenschen" in keinster Weise nachvollziehbar. Auch der Durchschnittsalpinist kann nur staunen, was heutzutage am Berg alles möglich ist.
Die Zeiten, in denen große Ereignisse wie die Erstbesteigung des Nanga Parbat durch Hermann Buhl oder der erste Gipfelgang zum Everest ohne künstlichen Sauerstoff (Messner/Habeler 1978) öffentliche Emotionen auch abseits der Alpinszene hervorgerufen haben, sind vorbei. Es gibt nur 14 Achttausender, die alle bestiegen sind – neue Routen oder 7000er sind wenig interessant. Alpinistische Sensationen, die das breite Publikum wie vor 30 oder 60 Jahren locker vom Hocker reißen, sind heute und waren auch gestern nicht mehr drin. Selbst eine utopische Überschreitung Nuptse – Lhotse – Everest bis ins tibetische Basecamp und wieder retour würde nur ein paar Himalaya-Freaks zum andächtigen Bewundern verleiten. Und ob jemand den Kilimanjaro oder Aconcagua nochmals 5 Minuten schneller raufrennt, oder die 14 zweit- oder fünfthöchsten Berge der Welt ins Visier nimmt, mag ein interessantes persönliches Ziel sein,

begeistert andere aber nur mäßig. Wenn alpinistische Themen, dann sucht sich der Boulevard Storys wie kürzlich die vom jüngsten (13-jährigen) Everestbesteiger, sonstige Schein-Schlagzeilen oder Katastrophen. Leider.

Amateurbergsport sicherer Auch beim „Normalalpinismus" hat sich gegenüber gestern und vorgestern viel verändert und verbessert. Thema Ausrüstung – man braucht nicht bis in die Zeit der Hanfseile zurückgehen, um die Unterschiede in Eignung, Gewicht, Qualität und Sicherheit zu bemerken. Thema Information – bis vor 30 Jahren war der Bergsteiger jeder Richtung bei der Führerliteratur auf alpine Märchenbücher angewiesen. Heute gibt's vom hintersten Skitourengraben bis zur Wanderung übersichtliche Texte und Skizzen, von jeder Kletterroute genaue Topos, und es sind überall Leute unterwegs, denen man nachfahren/gehen/klettern kann. Und im Vergleich zu früheren Wetterberichten sind Charly Gabls Präzisionsvorhersagen heute in allen Weltbergen Fixpunkte jeder Planung. Und auch die Möglichkeiten zu besserer Alpinausbildung haben sich gesteigert.

Der Vergleich Viele Jahre Alpingeschichte – der Vergleich zeigt: Amateurbergsport ist einfacher und sicherer (was nicht gleichzeitig schöner heißen muss), für mehr Menschen leichter zugänglich geworden und am Weg zum Massensport.
Spitzenbergsport in der extremen Form dagegen ist schwieriger, riskanter und einsamer geworden. Der moderne Alpingladiator muss um Welten besser sein und als Berufsalpinist mehr und professioneller trainieren, um aus dem Schatten alpiner Nobodys zu treten.
Die Jungen haben es immer geschafft, die Taten der älteren Generation zu „toppen", auch in den vergangenen 20 und mehr Jahren. Aber für die Hubers und Stecks und die vielen anderen war es schwieriger als für die „Alten". Viel schwieriger und auch anders.

Die Unschuldsvermutung gilt nicht (mehr)

Am 12. August war Christian Stangl nicht am Gipfel des K2, und Miss Oh ist auch nicht mehr das, was sie einmal war (die erste Frau auf 14 Achttausendern) ...

Die jüngste K2-Geschichte von Christian Stangl darf als bekannt vorausgesetzt werden, von der Gipfelvisualisierung in Trance bis zum falschen Foto. Auch die angebliche Kangchendzönga-Besteigung, die der Südkoreanerin Oh Eun-su mittlerweile vom eigenen Bergsteigerverband aberkannt wurde, hat neuerlich Wellen geschlagen. Weil auch die legendäre Himalayachronistin Elisabeth Hawley aus Kathmandu ihre Kantschbesteigung 2009 bestreitet, wäre Miss Oh, abgesehen vom Stil der Besteigungen, auch physisch nicht mehr die erste Frau am Gipfel aller 14 Achttausender. Offenbar wird auch ihr ein Gipfelfoto (?) zum Verhängnis und man darf gespannt sein, wie die Geschichte weitergeht ...

Eigendruck gegen Fairness Was ist los beim Extrembergsteigen, wo bleiben Fairness und (eh nur vermutete) Unschuld? Wird heute mehr gelogen, und wenn ja, warum? Ist es der Druck durch Sponsoren und Öffentlichkeit, wie Christian Stangl lamentiert, oder der krampfhafte Drang, noch mehr zu scheinen, als man ohnehin schon ist? Niemand, weder sensationsgeile Meinungsmacher noch Sponsoren, ja nicht einmal neidige Bergfreunde hätten Stangl als Weichei bezeichnet, wäre er bei unmöglichen Bedingungen am K2 „normal" gescheitert. Die Antwort auf obige Fragen liegt in erster Linie im eigenen (oft maßlosen) Anspruch: noch größerer Ehrgeiz, noch mehr Publicity, noch sensationellere Selbstdarstellung. Beispiele gibt's genug, nicht nur beim Profibergsport – der 13-Jährige und der Älteste am Everest oder Montblanc, der Einbeinige da, der/ die Schnellste, Beste, Schönste dort usw.

Das Dilemma (nicht nur) des modernen Extrembergsports liegt in den Grenzen der menschlichen Leistungsfähigkeit, die heute auch im Alpinismus ihren Plafond erreicht hat. Und weil ein Huber oder Steck am Berg so gut wie nicht mehr zu „toppen" sind, hat das Dilemma begehrliche Ideen zur Folge.

Rätselhafter Grund Womit wir aus der Theorie wieder in der Realität bei Christian Stangl und dem K2 angekommen sind. Noch rätselhafter als die Frage: Warum macht er das? (hat er doch nicht nötig und so ...), ist folgende: Wenn er's schon macht, die Gipfellüge, warum macht er's so dilettantisch, durchsichtig, ungeschickt? Warum legt er ein „Gipfelfoto" vor, das bei Überprüfung sofort als Fälschung auffliegen muss? (Er hätte die Kamera samt Gipfelfotos abstürzen lassen sollen – dann stünde Aussage gegen Aussage). Man muss kein Alpinhistoriker sein, um zu wissen, dass mit angeblichen Gipfelfotos auch früher schon manche „Leistung" plötzlich keine mehr war (Fritz Stammberger, Cho-Oyu-Fälschung in den 1970er-Jahren, Cesare Maestri 1959 mit der angeblichen Erstbesteigung des Cerro Torre, um nur zwei Fälle zu nennen). Und die Diskussion um das zweifelhafte Kantschfoto von Kollegin Oh fand gerade vor zwei, drei Monaten statt – Vorwarnung genug.

Ich hatte einen Traum Christian Stangl war tatsächlich am K 2-Gipfel, hat wasserdichte Beweisfotos mitgebracht, wollte aber noch hellere Scheinwerfer und hat eine geniale Idee: Er sagt, er war oben und legt listig ein getürktes Foto vor, das als Fälschung erkannt werden soll. Die Lüge fliegt zu Hause nach Standing Ovations auf, er gibt – in die Enge getrieben – alles zu und hat neuerlich das große mediale Echo, wenn auch ein negatives. Das aber ist auszuhalten, denn das positive Finale ist vorprogrammiert. Er wird sein Geständnis widerrufen, eindeutige Beweise für die komplette K 2-Besteigung vorlegen und sich nochmals als Star feiern lassen, diesmal auch als ironischer Kabarettist. Der Jahrhundertschwindel – ein wenig schräg, aber grenzgenial und nicht unsympathisch, mit dem der Christian nicht nur die alpine Szene vom großen Messner bis zum kleinen Koblmüller, vom Starjournalisten bis zum Provinzschreiber an der Nase herumgeführt hätte ...

Die Geschichte hätte was. Hätte, denn es war ja nur ein Traum, und leider bin i aufgwacht. Schade – die Geschichte wäre sympathischer als die Realität.

Naturschutz gegen Seilbahnlobby
Warscheneck: Das Lied vom Tod der Natur

Kaum zwei Jahre, nachdem das Land OÖ das Warscheneck zum Naturschutzgebiet erklärt hatte, soll die intakte Gebirgslandschaft dem Erschließungswahn geopfert werden. Hinter dem Projekt, die beiden Skigebiete Wurzeralm und Höss/Hinterstoder mit einer fünfteiligen Skischaukel zu verbinden, stecken – no na – wirtschaftliche Interessen, die auf bemerkenswert kurzfristig-kurzsichtigem Profitdenken beruhen. Mit kaltschnäuziger Arroganz setzt sich die Seilbahnlobby unter ÖSV-Präsident Peter Schröcksnadel, der zu 53 % an der Hinterstoder-Wurzeralm („HiWu") Bergbahnen AG beteiligt ist, über alles hinweg, was im Weg steht: Naturschutz, stagnierender Pistenskilauf, Klimawandel und Kunstschneeproblematik, ungeeignetes (Karst-)Gelände usw. Verschwiegen werden die von Fachleuten prophezeiten Megakosten, die auf die öffentliche Hand, sprich den Steuerzahler, zukommen.

Die Trassenführung führt vom Frauenkar/Wurzeralm auf die Karsthochfläche des Warschenecks in über 2000 m Höhe hinauf. Vom Warscheneck geht's über die Zellerhütte durch steilen Schutzwald hinunter nach Vorderstoder und über die Wilde und das versteckte Rottal hinauf zu den Hutterer Böden von Hinterstoder. Ein rückwärtsgewandtes Projekt mitten durch das Naturschutzgebiet, ein ökologischer Raubbau an unversehrter Natur, dessen versprochener Tourismus-Höhenflug einer Fata Morgana gleicht. Sachlich und emotional spricht so gut wie alles gegen das Zubetonieren:

Ökologischer Raubbau

- Die Aufhebung (und Zerstörung) des erst zwei Jahre alten Naturschutzgebietes durch den OÖ Landtag wäre ein Schildbürgerstreich erster Güte, der auch die Pläne zur Erweiterung des Nationalparks Kalkalpen zunichte machen würde.
- Der Pistenbau durch das schroffe, fast immer abgeblasene Karstplateau erfordert härtere Planierungen und massiveren Geländeausgleich als Skigebiete mit sanfter und „grasiger" Topografie.
- Eine Realisierung der Skischaukel zerstört neben der Landschaft auch die Chancen auf nachhaltigen Sommertourismus. Die touristische Zukunft der Alpen liegt nicht im kürzer werdenden Techno-Winter mit immer teurerem Kunstschnee, sondern im länger dauernden Frühling, Sommer und Herbst. Erfolgreiche „sanfte" Tourismusregionen wie Großarl oder Villgraten/Osttirol beweisen, dass lärmender Eventtourismus à la Ischgl nicht das einzige Gelbe vom Ei ist.

- Die kürzlich vorgelegte Kosten-Nutzen-Rechnung müsste auch hartnäckige Betonköpfe zum Nachdenken zwingen. Das Seilbahnprojekt würde nach Schätzungen (die so gut wie immer viel zu kurz greifen) gute 75 Mio. Euro verschlingen. Die steigenden Bau-, Erhaltungs- und Betriebskosten (Kunstschnee kostet in Problemgebieten bis zu 8 Euro/m³!) machen das Schaukelprojekt zur wirtschaftlichen Totgeburt, deren jährliche Wiederbelebungen am Ende der Steuerzahler (und nicht die Schröcksnadel'schen Bergbahnen) berappen werden.
- Das einzige gesicherte Ergebnis wäre die Zerstörung der ursprünglichen Hochgebirgsregion zugunsten kurzfristiger Profite einiger weniger „Macher". Wer die Liftgebiete am Feuerkogel, auf der Tauplitz und am Krippenstein (alle im Kalk und Karst) auch im Sommer kennt, weiß, was dem Warscheneck blüht. Dann blüht dort nix mehr.

Politik in Deckung Die Politik verhält sich erstaunlich ruhig, liegt offenbar in voller Deckung. Nicht einmal von den Grünen gibt's bis dato aktuelles Aufbegehren. Deutlich aktiver sind die Betreiber des Großprojektes und die Tourismusmanager, die unrealistische Gästezahlen versprechen.
Offenbar überrascht vom massiven Widerstand der breiten Plattform aus alpinen Vereinen, Naturschutz, WWF, Umweltverbänden und vieler anderer, die das Warscheneck retten wollen, soll jetzt nur der kleine Schaukelteil Vorderstoder – Hinterstoder durchgezogen werden. Die Salamitaktik ist mehr als durchsichtig – zwei Schritte vor, einer zurück. Da dieser Teil zur Gänze nicht einmal 1500 m hoch liegt, wäre eine Realisierung mit Blick auf Klimawandel noch sinnloser als das Gesamtprojekt.

Zukunftsstrategie Klaro – ein gut gemeinter Aufruf zum Schutz einiger seltener Blümchen im Toten Gebirge gibt zu wenig her, um Technokraten zu beeindrucken. Aber hier geht's um mehr, um viel mehr als bloß um die Rettung des Dreizehenspechts oder eines anderen Vogels. Hier geht's auch um eine Zukunftsstrategie zwischen Mensch, Technik und Natur. Nicht nur die Hopi-Indianer wissen, dass man Geld nicht essen kann ...
Helft bitte mit, ein einzigartiges Stück Hochgebirge zu erhalten. Vielleicht gelingt ein zweites Hainburg und wir müssen dem Warscheneck doch nicht das Lied vom Tod spielen.

Wettlauf zum Südpol

„Das letzte (?) große (??) Abenteuer (???) der Menschheit"

Der ORF bietet mit einem „Doku-Event" aus der Antarktis bald wieder zeitgeistigen Bluff – samt absurder Übertreibung, Show und mehr Schein als Sein.

Die von ORF und ZDF inszenierte „Antarktis-Expedition" ist beendet, der Südpol glücklich und ohne gröbere Verluste erreicht. Beim frostigen Wettkampf zur Jahreswende 2010/11 traf ein österreichisches Viererteam mit Skilegende Hermann Maier und Ö3-Unterhalter Tom Walek auf eine deutsche Mannschaft um den singenden Extremsportler Joey Kelly und ZDF-Moderator Markus Lanz. Das Siegerteam bleibt bis zur Sendung geheim, doch soll es Gerüchten zufolge für Österreich nicht so schlecht ausschauen (zeichnet sich da vielleicht ein zweites Córdoba ab …?). Bei der „härtesten Expedition, die je im österreichischen Fernsehen gelaufen ist" (O-Ton ORF und anderer Medien), mussten die Akteure auf Ski eine Strecke von 400 km zum Südpol zurücklegen und dabei 50 kg schwere Schlitten ziehen. Die Wettkämpfer waren mit Funk, GPS und Satellitentelefon ausgerüstet und wurden von vier Allradfahrzeugen mit spikebewehrten Ballonreifen begleitet, sodass in Notfällen von jedem Punkt der Route in kürzester Zeit eine Evakuierung möglich gewesen wäre.

Vorbild (?) Amundsen Aufhänger des „Sensationsprojektes" ist das 100-jährige Jubiläum der legendären Südpolexpeditionen von Roald Amundsen und Robert F. Scott. Am 14. Dezember 1911, exakt vor 99 Jahren, erreichte der Norweger Amundsen als erster Mensch den Südpol, während sein britischer Konkurrent beim Rennen um Ruhm sein Leben verlor.

Wenn Amundsen und Scott wüssten, dass ihre dramatischen Abenteuer zur Bewerbung einer läppischen Realityshow herhalten müssen, würden sie sich wohl in ihren Gräbern umdrehen. Zu Recht, denn angesichts der heutigen Tendenz zu Showreportagen drohen echte Hochleistungen und historische Pioniertaten in der öffentlichen Wahrnehmung unterzugehen. Amundsen/Scott hatten 1500 km durch eine unbekannte Eiswüste und am Rückweg nochmals die gleiche Distanz zu bewältigen.

Der Bluff beim öffentlich-rechtlichen Wettlauf zum Südpol beruht auf den Tatsachen hinter den Kulissen, die kaum erwähnt werden: Flug aufs 3000 m hohe Polarplateau bis 400 km vor den Pol, die brettlebene hindernislose Route, das fast völlige Fehlen objektiver Gefahren wie Gletscherspalten oder Lawinen, und Eisbären gibt's in der Antarktis auch keine. Wer sich Erfrierungen holt oder sein Zelt abfackelt, hat selbst Fehler gemacht. Ein halbtouristisches Wettrennen wird als extreme Herausforderung gehandelt. Das Restrisiko lag eher im Fehlen jeder Polarerfahrung und angeblich auch in der saloppen Betreuung durch den britischen Veranstalter und seine Ex-Soldaten.

Körpereinsatz Natürlich bedeuten auch „nur" 400 km Antarktis große körperliche und für Polarneulinge mentale Belastungen, zumal es um harten Wettkampf geht. Ein Herminator will gewinnen, gibt sich voll aus, und bei den anderen Athleten ist es wohl ähnlich. Einer der Österreicher berichtete von „der größten Herausforderung meines Lebens" – das klingt ehrlich. Und auch die Schinderei unter Wettkampfbedingungen ist nachvollziehbar. Darüber hinaus war's ein Sportereignis mit Unterhaltungswert, in dem kein Abenteuer drin war, auch wenn Abenteuer draufstand.
Wenn man die Ankündigungen im Vorfeld und manche Interviews (sogar bei Claudia Stöckls „Frühstück bei mir" kam das Wort extrem auffällig oft vor) als Maßstab für die Reportage im März nimmt, ist Schlimmes zu befürchten. Dem kritischen Beobachter drängt sich zwangsläufig die Frage auf, ob er „verarscht" werden soll oder ob es die Macher wirklich nicht besser wissen …
Bleibt die Hoffnung, dass die von beiden Sendern angekündigten Begleitdokus (ZDF-History und ORF-Universum) professionelle Beiträge über den einzigartigen Kontinent Antarktis und eine korrekte Darstellung der Eroberungsgeschichten vom Südpol bringen. Für die fünfteilige „Dokusoap" selbst ist der Wunsch groß und die Chancen klein, dass doch nicht allzu extrem geflunkert und aufgeblasen wird.
Ansonsten gibt's ja die Möglichkeit, sich ohne Ton auf die überwältigende Natur und Wildnis von Antarktika zu konzentrieren.

Die Grenzen des weltweiten Reisens

Stürzt die politische, wirtschaftliche und naturgesetzliche Instabilität einer aus den Fugen geratenden Welt auch den Fernreisetourismus in die Krise? Wird das Reisen in die „heile" Welt der Berge und des Trekkings schwieriger? In den vergangenen Monaten haben gesellschaftspolitische Umstürze und militärisch befohlene Gebietssperren, Terroranschläge und Naturkatastrophen unter anderem auch zu drastischen Einschränkungen des weltweiten Tourismus geführt. Als Folgen der revolutionären Volksaufstände in Nordafrika sind Ägypten, Tunesien und Libyen als touristische Ziele nicht nur für Outdoor-Reisen zeitweise bis dauernd weggebrochen; Marokko war monatelang nahe dran und geriet nach dem jüngsten Bombenattentat in Marrakesch in die Schlagzeilen. Japan gibt es nach dem Erdbeben, dem verheerenden Tsunami und der atomaren Katastrophe touristisch überhaupt nicht mehr. Nach einem mysteriösen Terroranschlag auf einen russischen Touristenbus wurden der Elbrus und die Nordseite des Kaukasus von einem Tag auf den anderen militärisch zur „Terroristenbekämpfung" gesperrt und niemand weiß im Moment, wie lange der höchste Berg Europas verboten bleibt. Der isländische Vulkan Grimsvötn hätte vor zwei Wochen um ein Haar ähnliche Turbulenzen im Flugverkehr verursacht wie ein Jahr zuvor der „unaussprechliche" Eyjafjallajökull. Und die Jahrhundertflutkatastrophe in Pakistan liegt auch noch kein Jahr zurück.
Nehmen also tourismuszerstörende Ereignisse politischer oder naturgesetzlicher Art in letzter Zeit zu? Sind die „exotischen" Ziele weltweiter Berg-, Trekking- oder Outdoor-Reisen abseits des Massentourismus schwieriger erreichbar geworden?

Alles schon da gewesen Die Fakten sprechen dagegen – alles schon einmal dagewesen. Wenn man ein paar Jahre oder Jahrzehnte zurückdenkt, lassen sich ähnliche „Tourismusbremsen" mühelos finden. Um bei der Sommerolympiade 2008 in Peking keine unerwünschten Störungen zu riskieren, wurden alle Touristen einschließlich der Everest-Bergsteiger (auch auf der nepalesischen Seite des Himalaya!) aus Tibet ausgesperrt. Nennenswerter Tourismus ist in Tibet überhaupt erst seit Anfang der 1990er-Jahre möglich und mit unberechenbaren Sperren durch China ist jederzeit zu rechnen. In Peru brachten die Guerilleros des „Leuchtenden Pfades" zwischen 1980 und 1990 den Tourismus in den peruanischen Anden teilweise zum Erliegen, und der zehnjährige Bürgerkrieg in Nepal bis Ende 2006 reduzierte den Trekkingtourismus im „Mutterland des Trekkings" auf die Hälfte. Der Ararat in Ostanatolien ist erst seit 2001 für Bergsteiger „erlaubt" und 2003 riegelte die Lungenkrankheit SARS große Teile Asiens für den Tourismus ab – fast schon vergessen?! Die Liste einschlägig betroffener Regionen ließe sich fortsetzen.

Flexibilität ist angesagt Mit etwas Optimismus darf davon ausgegangen werden, dass Urlaub auch in Zukunft nicht nur auf „Balkonien" oder im „Nirgendwo" möglich sein wird. Dafür sprechen auch die Meinungen der meisten einschlägigen Reiseveranstalter in Österreich und Deutschland, die die Lage trotz gelegentlicher Reiseabsagen eher entspannt sehen. Es gebe zwar überraschende Brennpunkte für kritische Destinationen, doch könne man mit seriöser Aufklärung und offener Information auch heikle Reiseziele „retten".

Ohne die Situation bagatellisieren zu wollen, glaube ich nicht, dass das Reiserisiko in absehbarer Zeit unkalkulierbar werden wird. Reiseveranstalter und Reiseteilnehmer werden vielleicht flexibler werden müssen, werden auf das eine oder andere Traumziel verzichten müssen, wenn dort Bürgerkrieg, Chaos oder staatliches Reiseverbot herrscht. Wenn der Elbrus gesperrt und derzeit unerreichbar ist, könnte man nach Georgien zum Fünftausender Kasbek ausweichen – gleiches Gebirge, ähnliche Anforderungen, anderes Land.
Garantien und Anspruch auf absolute Sicherheit, auf unverrückbare Reiseziele gibt es nicht und hat es auch früher nicht gegeben.

Bergunfall im Zeitenwandel

Der Sommer ist längst nicht vorbei, doch die vielen Bergunfälle lassen (wieder einmal) die Alarmglocken schrillen. Nicht nur die Bergrettung versucht die Ursachen zu finden.

Seit Beginn der Sommersaison gab es allein in den Tiroler Bergen 17 Todesopfer und über 100 Alpineinsätze. Überraschender noch als die tragischen Zahlen sind die Ergebnisse von Unfallanalysen, die eine signifikante Veränderung der Ursachen belegen. In einem aktuellen Gastkommentar in der Tiroler Tageszeitung bezeichnet Peter Veider, Geschäftsführer der Bergrettung Tirol, das „fehlende Können beim Gehen und Steigen" als einen der Hauptgründe für Bergunfälle. Tendenz steigend.

Tatsächlich sind banales Ausrutschen und Stolpern als Folgen fehlender „Geländegängigkeit" und geringer Fitness im Begriff, die klassische „mangelhafte Ausrüstung" als Hauptursache tödlicher Abstürze abzulösen. Der schlecht ausgerüstete „Halbschuhtourist", der früher fast immer als Synonym für alpinen Leichtsinn herhalten musste, ist out. Städtische Spaziergänger beim Einkaufsbummel sind heute oft besser „equipped" und häufiger in Goretex gehüllt als Extrembergsteiger früherer Zeiten.

Gesellschaftliche Ursachen Die Gründe, warum Stolpern als Unfallursache in den Vordergrund tritt, ortet die Tiroler Bergrettung auch in der Entwicklung des Bergsteigens und als Resultat gesellschaftlicher Veränderung der letzten Jahrzehnte. Der Ausdruck „mangelndes Können beim Gehen und Steigen" als moderne Unfallursache Nr. 1 mag unspektakulär und vorgestrig klingen, trifft aber den Kern des Problems. Heutige alpinistische Akteure unterliegen zwei gegenläufigen Tendenzen, die wie eine Schere auseinanderklaffen. Auf der einen Seite führt der moderne Lebensstil zu Naturentfremdung, zu weniger körperlicher Geschicklichkeit und deshalb zum „fehlenden Können beim Gehen". Andererseits werden die „zeitgeistigen" Ansprüche an Erlebnisinhalte, Erfolg und „Fun" immer höher.

Asphaltcowboys/girls Die Schere beginnt im Kindesalter mit „zu sicheren", daher uninteressanten Spielplätzen (was nur scheinbar ein Widerspruch ist), mit weniger Turn- und Sportstunden in den Schulen, mit Schülern, die jeden Meter im Schulbus zum Unterricht gekarrt werden, mit Generationen von Menschen, für die Gehen nur mehr Spaziergänge auf asphaltierten Wegen bedeutet. Viele junge Leute beginnen in der Kletterhalle und in Sportklettergebieten, klettern auf hohem Niveau, können sich aber – wenn sie doch aufs Gebirge neugierig sind – beim Zustieg oder Abstieg im alpinen Gelände nicht mehr sicher bewegen. Beide Seiten der Medaille machen auch vor Prestigebergen nicht halt – das reicht von Kilimanjaro-Besteigungen mit null Wandererfahrung bis zum Everestkandidaten ohne Steigeisenpraxis, der noch rasch einen Schnellkurs im Eis buchen will.

Bergwandern, Klettersteige, Freeriden, Iceclimbing – trendige Bergerlebnisse sind mehr denn je gefragt. Manche „Asphaltcowboys" sind dann doch unvermittelt mit dem Hochgebirge konfrontiert, investieren aber kaum Zeit für Vorbereitung und Training. Die Mixtur aus hochgestecktem Ziel bei wenig Erfahrung kann aber mit tödlicher Präzision zum Bergunfall im Sinne von „fehlendem Können" führen.

Appell an alle Womit die Kolumne am Anfang steht. Die Analyse der Tiroler Bergrettung hat die Unfallursachen genannt. Die wichtigere Frage nach Ansätzen zur Unfallprävention ist ungleich schwieriger zu beantworten. Letztendlich bleibt nicht viel anderes übrig als die (ohnmächtige) Flucht in den (theoretischen) Appell, dem negativen Trend und Zeitgeist entgegenzusteuern. Dabei sind alle gefordert: Eltern, Schulen, alpine Vereine, Bergführer, Bergrettungsdienste, jeder Einzelne.

„Was Hänschen nicht lernt, lernt Hans nimmermehr." Das Sprichwort ist alt und immer noch gültig. Warum ist die Weisheit sooo schwer umzusetzen?

PS: Beim Schreiben dieser Zeilen erfahre ich vom 18. Todesopfer in den Tiroler Bergen: Eine Urlauberin ist ausgerutscht und 100 Meter abgestürzt ...

K2 – die Medienpräsenz

Gerlinde Kaltenbrunners erfolgreicher 7. Versuch am schwierigsten Achttausender war begleitet von einem Medienhype sondergleichen.
Ermöglicht wird die permanente Medienpräsenz am K2 und anderswo durch die moderne Kommunikationstechnik und vom voyeuristischen Interesse der Öffentlichkeit. Beim K2 lag Spannung in der (dünnen) Luft, und das berginteressierte Publikum stellte sich Fragen: Schafft sie es? Dreht sie um? Riskiert sie diesmal alles?
Ehemann Ralf Dujmovits und Gerlindes Pressesprecherin stellten nahezu stündlich Bulletins aus dem Basislager ins Internet. Wer wollte, konnte sich zum Nordpfeiler „beamen", kannte die Namen der kasachischen und polnischen Gefährten, zweifelte, als es am K2 Abend wurde, hörte oder las vom Gipfel. 10 Stunden für 300 Höhenmeter, unglaublich ...

Technik und Status Dass am 23. August so viele so „direkt dabei" waren, ist Resultat der Technik wie auch der gesellschaftlichen Aufwertung des Bergsports. Ein kleines Satellitenhandy schafft aus den lebensfeindlichsten Regionen permanenten Kontakt zur Außenwelt, und das Internet liefert Bilder und Fakten in Echtzeit. An sich nichts Neues und fast „normal" – man denke an die aktuelle Berichterstattung über 9/11. Relativ neu dagegen ist, dass sich immer mehr Leute für Berichte aus den Bergen interessieren, zumindest wenn die Story so spannend ist wie die von „Gerlinde14".
Kurze Rückblende zum Thema Technik: 1989, bei meiner Expedition zur K2-Ostwand vor 22 Jahren, hatten wir – damals sehr innovativ – vom ORF ein samt Zubehör 100 kg schweres Inmarsat-Satellitentelefon mitbekommen, zu dessen Transport vier Träger erforderlich waren!

Verlust an Abenteuern? Auch wenn Gerlinde die ständige Medienverpflichtung gelegentlich auf den Nerv gehen sollte – Diskussionen über Vor- oder Nachteile der Hightech-Kommunikation sind heute obsolet. Für Leute, die sich über alpinistische Spitzenleistungen definieren und davon leben (wollen), ist Berichterstattung absolute Voraussetzung. Außerdem müsste man/frau bei weniger Technik auf präzise Wettervorhersagen à la Charly Gabl verzichten, die bei aller mentalen und alpinistischen Leistung auch am K2 entscheidende Rollen gespielt haben. Auch das gab es früher nicht – die Gabl'schen „Wetterfenster" oder Sturmwarnungen hätten wohl so manche Katastrophe im Himalaya verhindert.

Bleibt noch die akademische Diskussion, ob die kommunikative Erreichbarkeit einen Verlust des „Abenteuercharakters" bedeutet. Was das Nichtvorhersagbare betrifft, liegen Welten zwischen den ersten K 2-Expeditionen vor mehr als 100 Jahren oder späteren neuen Routen und heutigen Unternehmungen. Und natürlich führen steinzeitliche Kommunikationsketten wie Postläufer – Postsendung oder Festnetztelefonate zu mehr Ungewissheit. Aber die Zeiten haben sich geändert, monatelange Expeditionen ohne Information nach außen sind vorbei und vermutlich möchte auch niemand das Rad der Zeit zurückdrehen.

Nur Fakten, keine „Geschichten" Extremsport und alpinistische Spitzenleistungen werden im Fokus der Medien bleiben, Abenteuer hin oder her. Die Dauerinformation mit Fakten via Satellit lässt allerdings die „Geschichten" in den Hintergrund treten. Man erfährt, wo sich Gerlinde & Co. am Nordpfeiler befinden, in welcher Höhe sie wo das Zelt aufstellen, ob der Schnee knie- oder hüfttief ist. Aber es gibt kaum „richtige" Erzählungen aus 8000 m Höhe, keine Beschreibungen oder Worte über menschliche Befindlichkeiten. Mehr als kurze Statements sind nicht drin, mehr kann medial nicht verarbeitet werden, braucht zu viel Sendezeit oder Platz auf der Zeitungsseite. Schade um die Geschichten, die ebenso spannend und berührend wären wie die Erzählungen eines Herbert Tichy oder Kurt Diemberger …

Aber Gerlinde wird Vorträge halten, über den K 2 und andere Berge, und wird dabei die „Geschichten" erzählen, die jetzt gefehlt haben. Authentische und ungeschminkte Geschichten, die eben „die Kaltenbrunner" so sympathisch machen.

Das Ende einer Epoche
Walter Bonatti 1930–2011

Mitte September starb mit Walter Bonatti einer der größten Alpinisten seiner Zeit. Mit seinem Tod ging die Epoche des klassischen Extrembergsteigens im 20. Jahrhundert endgültig zu Ende.
Der Italiener Walter Bonatti war auch für Nichtbergsteiger im deutschsprachigen Europa und für junge Kletterergenerationen ein bekannter Name. Für ältere Bergsteiger bleibt Bonatti darüber hinaus der Mythos des perfekten Alpinisten schlechthin. Die Grand-Capucin-Ostwand, die spektakuläre Solo-Erstbegehung des Bonatti-Pfeilers an der Petit Dru, die Katastrophe am Freney-Pfeiler, seine tragisch-dramatische Rolle bei der italienischen Erstbesteigung des K 2, der Gipfel des 7932 m hohen Gasherbrum IV im Karakorum, der tagelange Alleingang in der winterlichen Matterhorn-Nordwand – die Aufzählung ist nur ein kleiner Ausschnitt an Glanztaten, mit denen Walter Bonatti in den 1950er- und 1960er-Jahren neue Dimensionen beim extremen Bergsteigen eröffnete.

Extremalpinismus gestern ... Wie der um sechs Jahre ältere Tiroler Hermann Buhl war Bonatti ein Ausnahmealpinist in einer Zeit, in der es noch „wirkliches Neuland" in den Alpen gab, und die neben dem bergsteigerischen Können von kühnen Ideen und hohem Risiko geprägt war. Ohne die modernen physischen und mentalen Trainingsmethoden, ohne die Ausrüstung und technischen Errungenschaften von heute waren Bonattis oder Buhls Leistungen in der zweiten Hälfte des vorigen Jahrhunderts nicht zu übertreffen. Erst mit der um 15 bis 20 Jahre jüngeren Generation eines Reinhold Messner und einiger anderer, die das Können ihrer Vorgänger auf die großen Berge im Himalaya übertrugen, begann eine neue Epoche, die letztlich in die Spitzenleistungen der Alpinathleten unserer Zeit münden sollte.
Walter Bonattis Winter-Erstbegehung der Matterhorn-Nordwand von 1965 – extrem schwierige Route, Alleingang in sechs Tagen – erhielt in den folgenden 45 Jahren nur drei Wiederholungen, was die Entwicklung des Spitzenalpinismus zum Leistungssport widerspiegelt. Benötigte die Französin Catherine Destivelle 1994 noch drei Tage für Bonattis Route, schaffte Ueli Steck 2006 die Wand innerhalb von 25 Stunden, so sind die 7:14 Stunden der jungen Zermatter Patrik Aufdenblatten und Michael Lerjen vor einigen Wochen nicht nur als Huldigung an die Legende Walter Bonatti zu verstehen. Fabelzeiten wie diese

steigern den „Speedalpinismus" zum lupenreinen Hochleistungssport, bei dessen Niveau – bei allem Respekt – selbst ein 25-jähriger Bonatti „alt aussehen" würde.

... Hochleistungssport heute Rekorde von heute können jedoch Bonattis Leistungen von gestern nicht mindern, höchstens relativieren. Die besten Alpinisten des 20. Jahrhunderts haben – moderne Maßstäbe angelegt – so gut wie nichts trainiert, waren keine Berufssportler mit wissenschaftlichen Trainingsmethoden, fünfmal täglich und sechsmal die Woche. Auch die alpinistischen Zeiten haben sich zu radikaler Leistungssteigerung wie bei anderen Sportarten verändert. Die Schnelllebigkeit sportlicher Rekorde musste etwa der Weltrekordschwimmer und neunfache Olympiasieger Mark Spitz zur Kenntnis nehmen, als er mit 41 Jahren ein Comeback bei der Olympiade in Barcelona versuchte. Mit seinen Weltrekordzeiten hätte Spitz 20 Jahre später nicht einmal die Olympialimits geschafft ... Die Beispiele ließen sich fortsetzen. Wie aus den vorstehenden Zeilen durchklingen mag, gehört mein Respekt nicht allein den „alpinsportlichen Technokraten", auch wenn diesen die Gegenwart gehört. Im vorletzten LAND DER BERGE war von professioneller Vorbereitung und perfekter Organisation als Basis heutiger Bergerfolge zu lesen – sicher richtig. Die „alpinen John Waynes" hätten ausgedient – auch richtig. Trotzdem schlägt mein Herz für den Charme der alpinistischen Cowboys.
Auch Walter Bonatti war damals ein alpiner John Wayne, einer mit Gefühl, Intellekt und Glück, der mehr als 81 Jahre alt wurde.

Reizthema Pistentouren

Der Boom des Pistengehens lässt die Konflikte mit der Seilbahnwirtschaft in Oberösterreich aufkochen. Praktikable Lösungen gibt's anscheinend nur mit West-Ost-Gefälle.

Solange sich das Pistentourengehen auf ein paar unkonventionelle (Ski-)Läufer und zeitknappe Sportfreaks beschränkte, war die neue Trendsportart kein Problem. Der Konflikt kam mit der Masse – bergauf sind in stadtnahen Skigebieten manchmal mehr Leute mit Tourenski unterwegs als per Lift und Alpinski. Tendenz steigend.

Die Interessenkonflikte Tourengeher versus Seilbahnen haben vier Hauptgründe: Die Tourengeher behindern/gefährden die (zahlenden) Alpinabfahrer; Tourenabfahrer zerstören nach Betriebsschluss frisch präparierte Pisten; die Pistenmaschinen sind für Tourengeher potenziell gefährlich; und viertens werden ungeklärte Rechts- und Haftungsfragen ins Treffen geführt.

Guter Wille – guter Weg Vier Argumente, von denen sich einige relativ einfach entkräften lassen. Das Kollisionsrisiko Alpinfahrer gegen Tourengeher lässt sich minimieren, wenn sich alle Beteiligten an die 10 FIS-Regeln und 10 Pistentouren-Empfehlungen des Kuratoriums für alpine Sicherheit halten. Zeitliche und räumliche Trennung von Tourenbetrieb und Pistarbeit kann die Unfallgefahr durch Pistenraupen und Seilwinden entschärfen und denselben Effekt bei der Erhaltung frisch präparierter Pisten erzielen. Bleibt die komplizierte rechtliche Situation, bei der sich einige juristische Bereiche wie die komplexen Themen Wegefreiheit und Wegerecht überlagern.

Bei gutem Willen sind aber unabhängig von der Rechtsauslegung praktikable Lösungen möglich. In Tirol als Vorreiter mit Salzburg und Vorarlberg im Kielwasser ist ein modellhafter Durchbruch für ein sinnvolles Miteinander auf den Pisten gelungen. Nach jahrelangen emotionalen Diskussionen mit teils utopischen Forderungen haben Seilbahnen, Landespolitik und alpine Vereine die „Tiroler Lösung" gefunden. Das sichtbare Ergebnis der Zusammenarbeit von 20 Skigebieten ist die kompakte Informationsbroschüre „Pistentouren im Großraum Innsbruck". Salzburg folgte mit dem „Salzburger Pistentourenguide" und in Vorarlberg formierte sich die Initiative „Pistentouren – sicher und fair".

West-Ost-Gefälle So weit, so gut, so westlich. Weiter östlich werden intelligente Lösungen verhindert, blockiert die Seilbahnwirtschaft Oberösterreichs jede Initiative der Alpinvereine. Die Landespolitik konnte im Herbst 2011 nach einem runden Tisch mit Alpenverein, Naturfreunden und den Liftbetreibern ein enttäuschendes Null-Ergebnis nicht verhindern: Mit Ausnahme der Wurzeralm bei Spital/Pyhrn (wo es seit Jahren eine eigene Tourengeherspur gibt) kündigten alle Skigebiete in OÖ ein Verbot des Pistengehens an, verschanzten sich hinter Sicherheits- und Haftungsfragen. Die Kasbergbahnen wandelten – angeblich nach einheimischen Protesten (?) – das Verbot zwar in eine „Tagsüber-Duldung" um, doch war das Zähneknirschen aus Grünau bis Linz zu hören. Und als aktuelles Signal wurde Anfang Februar vom Mühlviertler Skigebiet am Sternstein eine Klage samt Schadenersatzforderung gegen illegale Pistengeher angekündigt.

Wirtschaftsdenken – brauch' ma net? Keine Überlegungen verschwenden die Seilbahnen offenbar an den Wirtschaftsfaktor, zu dem die Pistengeher längst geworden sind, nicht nur als direkte Einnahmequelle durch Parkplatz- oder Benützungsgebühren (Wurzeralm: 4,– Euro/Person). Die „Mir-san-mir-Mentalität" scheint umso weniger angebracht, als sich der Tourismus in einigen der fraglichen Gebiete nicht gerade rosig darstellt … Soll hier die Pistengeherlawine im Alleingang gestoppt werden?
Dem Kolumnisten fällt unwillkürlich der Vergleich mit Asterix und dem gallischen Dorf ein: „Die Alpen sind von Pistengehern besetzt … Die ganzen Alpen? Nein! Eine von unbeugsamen Seilbahnern bevölkerte Region hört nicht auf, Widerstand zu leisten." … Na dann – schaumamal, wie es in Hinterstoder in fünf Jahren ausschaut. Gallisches Dorf oder Tourenskiparks?

(Rest-)Risiko am Berg

Der Tod von Gerfried Göschl und seinen zwei Begleitern am Hidden Peak hat die Fragen nach dem verantwortbaren Risiko beim Extremalpinismus ins öffentliche Bewusstsein gerückt. Dass extremes Höhenbergsteigen zu den gefährlichsten und unberechenbarsten Sparten des Alpinismus zählt, überrascht nicht. Bei langjähriger intensiver Aktivität in schweren Achttausender-Routen liegt die Todesrate nach Einschätzung des Höhenmediziners und -alpinisten Oswald Oelz zwischen erschreckenden 50 und 80 Prozent! Auch wenn diese Aussagen mehr als zehn Jahre zurückliegen – die Arbeit von Oelz ist 1998 im Jahrbuch der Österreichischen Gesellschaft für Alpin- und Höhenmedizin unter dem Titel „Überlebenskalkül versus Risikoabschätzung beim Expeditionsbergsteigen" erschienen –, hat sich das deprimierende Szenario für Extrembergsteiger seither kaum verbessert. Denn das Tempo, mit dem Profis heute ihre Projekte realisieren, ist atemberaubend – im Frühjahr Nepal, im Sommer Karakorum, im Nachmonsun wieder Himalaya. Und seit einigen Jahren kommt der Karakorum-Winter als Nonplusultra der Herausforderung dazu.

Die Frage nach dem „Warum" Die Akteure kennen das unkalkulierbare Restrisiko und sind bereit, sich auf dieses „part of the game" einzulassen. Alle haben den Preis dafür bezahlt, Mallory und Irvine vor fast 100 Jahren am Everest, Hermann Buhl 1957 an der Chogolisa, Wanda Rutkiewicz vor 20 Jahren am Kantsch, die lange Reihe der vielen anderen und ... jetzt auch Gerfried Göschl am Hidden Peak.
Warum machen sie das? Wofür riskiert eine menschliche Spezies Kopf und Kragen auf gefährlichen Kletterrouten in 8000 m Höhe, in einer absolut lebensfeindlichen Wildnis dieses Planeten? Auch bei einer Mortalität von „nur" 50% käme statistisch von zwei Erfolgreichen nur einer zurück.
Nicht nur Bergsteiger beschäftigt dieses „Warum", auch extreme Wildwasserfahrer, Rennfahrer, Flieger und andere „Verrückte" haben kaum schlüssige Antworten parat. Ganz zu schweigen von der quälenden, im Fatalismus, in der Esoterik oder im religiösen Bereich mündenden Frage, warum er/sie und nicht du oder ich tot sind? Warum musste Gerfried als 39-Jähriger sterben, während Kurt Diemberger fast zeitgleich nach mehr als 60 Risikojahren seinen 80. Geburtstag feierte? Zufall? Pech? Glück? Vorsicht? Risikobereitschaft? Kam der Tod zu spät/zu früh/rechtzeitig?

„Abenteuer-Gen"? In einem Interview hat Vater Rainer Göschl (Erstbesteiger des Diran im Karakorum, an dem mein Sohn Michael mit 25 verunglückt ist) gemeint, dass man einem „Normalmenschen" das Extrembergsteigen nicht erklären kann. Auch wenn die dümmlichen anonymen Postings in diversen Internetforen außen vor bleiben: Wie soll man jemandem den Karakorum-Winter erklären, der mit „Abenteuer" so gar nix am Hut hat und auf den alles Höhere als ein Barhocker keinerlei Reiz ausübt? Wie von der gnadenlosen, zermürbenden Dauerkälte, der latenten Lawinengefahr und dem nahezu ununterbrochenen Schlechtwetter erzählen und gleichzeitig Freude an Strapazen und Herausforderungen verbreiten?

Ist es ein „Abenteuer-Gen", das manche Menschen haben und andere nicht? Ein „Draufgänger-Gen", mit dem die Befallenen versuchen, geistige und körperliche Grenzen zu verschieben? Neugierde auf die Welt hinter diesen Grenzen, auch wenn man nur ein paar Zentimeter gewinnt?

Eine Lanze für Mutige Es mag anmaßend sein, aber ein Vergleich mit der Geisteshaltung von Entdeckern und Forschern ist nicht ganz abwegig. Die Motivation, alpinistische Grenzen auszuloten und große Berge zu überschreiten, scheint ähnlich gelagert zu sein wie die Risikobereitschaft und geografische Neugier eines Christoph Columbus oder David Livingstone. Wie würde die Welt heute aussehen, wenn nie jemand hätte wissen wollen, was hinter dem Ozean, jenseits der Savanne, hinter dem Horizont liegen mag?

In diesem Sinne ist – auch wenn's wehtut – eine Lanze für die Haudegen, für die Mutigen und Träumer, ja, auch für das verdammte Restrisiko am Berg zu brechen.

Herbert Tichy zum 100er

Schriftsteller, Abenteurer, Bergsteiger-Legende und „Anti-Held des Himalaya": Am 1. Juni 2012 wäre Herbert Tichy 100 Jahre alt geworden. Wie kaum ein anderer Österreicher hat Herbert Tichy die Erschließung des gewaltigsten Gebirges der Erde mitgeprägt, dessen Beschreibung sein Lebenswerk werden sollte. Tichys Geschichten vom Dach der Welt und seiner Menschen sind einzigartig, erzählt in einem unverwechselbaren Stil der Stille, Bescheidenheit, Demut. Tichy unterspielt die eigene Leistung, nimmt den weißen Flecken und großen Bergen des Himalaya ihre Schrecken und lässt die Sherpas zu Freunden werden, die der Leser nicht mehr vergisst. Trotz der packenden Abenteuer spürt man in Tichys fast zwanzig Büchern eine fast spöttische Weisheit, die den Autor und seine Erzählungen so ungemein sympathisch machen.

Leben als Abenteuer Herbert Tichys Biografie liest sich wie ein spannender Roman, und man staunt, wie viel ein Mensch erleben und wie bescheiden er davon erzählen kann. Als 21-jähriger Geologiestudent durchquert er 1933 mit Max Reisch per Motorrad Indien und erlebt erstmals den Himalaya. Er arbeitet in Kashmir an seiner Dissertation und als Skilehrer, wandert als indischer Pilger verkleidet ins verbotene Tibet zum heiligen Berg Kailash, scheitert mit primitivster Ausrüstung an der Erstbesteigung des 7728 m hohen Gurla Mandata und durchquert mit dem Motorrad Afghanistan. Tichy lernt sein großes Vorbild Sven Hedin persönlich kennen, der auch das Vorwort zu seinem ersten Buch schreibt: „Zum heiligsten Berg der Welt". Als Journalist wird er im Zweiten Weltkrieg für sieben Jahre nach China verschlagen („Weiße Wolken über gelber Erde"). 1953 durchquert er als erster Europäer mit vier Sherpas das unbekannte Westepal und schreibt seinen ersten Bestseller: „Land der namenlosen Berge" – der typischste und schönste „Tichy".

Kleinstexpedition 1954 wird Herbert Tichy als Erstbesteiger des Cho Oyu weltberühmt – mit der kleinsten Mannschaft und bescheidener Ausrüstung erreicht er mit Sepp Jöchler und seinem Sherpa-Freund Pasang Dawa Lama den Gipfel des sechsthöchsten Berges der Welt. Das Miniteam praktiziert am 8000er erstmals eine Art „alpinen Stil" und schlägt ein neues Kapitel Himalayageschichte auf.

Neben „seinem" Asien üben auch andere Kontinente eine unwiderstehliche Anziehung auf ihn aus. Reisen von Kapstadt nach Nairobi, nach Indonesien und Pakistan führen ihn rund um die Welt. Seine letzte große Fahrt unternimmt Tichy 1980 zum Turkana See in Nordkenya und schreibt darüber sein letztes Buch: „See an der Sonne". Am 26. September 1987 stirbt Herbert Tichy im Alter von 75 Jahren in Wien.

Das Charisma des Erzählens Auch bei seinen Vorträgen hat Tichy eine ähnliche Faszination ausgestrahlt wie als Erzähler. Dabei war sein „Equipment" in einer Zeit der Mehrfachprojektion, Überblendung und Breitleinwände mehr als kümmerlich: ein altertümlicher Projektor und eine Handvoll alter Dias. Wenn Tichy dann aber mit seiner etwas nuschelnden Stimme zu erzählen begann, wurde es still im Saal. Die Zuhörer befanden sich plötzlich mitten im Himalaya, glaubten den beißenden Geruch von glosendem Yakmist zu riechen und das Lachen der Sherpas zu hören. Welch ein Gegensatz zu manchen hochtechnischen und doch kalten Diashows moderner Berühmtheiten, deren Vorträgen man ansieht, dass sie von einer Werbeagentur zusammengestellt wurden.
Auf seine Art war Herbert Tichy aber auch ein tragischer Mensch. Als er in den späten 1970er-Jahren mit einer Trekkinggruppe aus Nepal zurückkehrte, berichtete er entsetzt über die Veränderungen, die über „sein" Solo Khumbu am Fuß des Everest hereingebrochen waren. Ihm war bewusst geworden, dass auch er „schuld" an der Entwicklung zum (Massen-)Tourismus und zur Moderne in Nepal war. Wer sonst hätte in Büchern und Vorträgen die Sehnsüchte zivilisationsgeplagter Menschen besser wecken können als er, der charismatische „Wanderer zwischen den Wolken"?

Klettersteig-Mania

Die Tourismusindustrie hat Klettersteige längst als umsatzträchtige Attraktionen entdeckt. In den letzten zwei, drei Jahren ist aus dem Boom allerdings eine regelrechte „Explosion" geworden.
Kenner der Szene schätzen, dass im laufenden Jahr allein in Österreich 20 bis 25 neue Klettersteige eröffnet werden – eine beachtliche Zahl in Relation zur Gesamtzahl von knapp 300 definierten drahtseilgesicherten Wegen. Die Autoren zahlreicher Klettersteigführer (Axel Jentsch, Kurt Schall u. a.) kommen derzeit mit dem Schreiben und Topo-Zeichnen kaum nach, Stahlseilpioniere wie Heli Putz oder Hans Prugger verbauen Drahtseile in Kilometerlängen, und von der früheren Skepsis und Kritikbereitschaft der alpinen Öffentlichkeit ist nicht mehr viel zu bemerken. Sogar die alpinen Vereine tragen als Initiatoren zur Drahtseilvermehrung bei. In der jüngsten Ausgabe des Alpenvereinsmagazins „bergauf" ist dem Thema Klettersteig breiter Raum gewidmet und im Editorial ein klares Ja zum Klettersteig deponiert. Das nachgesetzte Nein zu ungebremsten Erschließungen im Hochgebirge klingt eher nach (vereins-)politischem Alibi.
Die Forderung, die hochalpinen Berggipfel im Sinn von Raumplanung, Naturschutz und der Bewahrung historisch-traditioneller Routen vom Klettersteig-Wildwuchs freizuhalten, steht ohnehin seit Jahren im Raum, ist aber – wenn's drauf ankommt – nicht gerade effizient, wie etwa das Beispiel Dachstein zeigt. Im „Klettersteig-Dorado der Alpen" (Eigendefinition) ist die Zahl der Eisenwege auf stolze 17 angewachsen, alle im Hochgebirge, die sich natürlich umwegrentabel auf die Seilbahn- und Gastronomie-Umsätze der Region Ramsau auswirken – eh klar.

Massenzulauf Der Klettersteig-Boom ist aber nicht nur aus wirtschaftlichen Gründen erklärbar, denn die Klettersteige werden nicht nur gebaut, sondern vom alpinen Publikum auch begeistert und massenhaft angenommen. In OÖ bringt es der erst drei Jahre alte Drachenwand-Klettersteig über dem Mondsee bereits auf über 10.000 Begehungen pro Jahr (!), sodass Stausituationen an der Tagesordnung sind. In Mayrhofen im Zillertal beginnen drei typische Talklettersteige fast direkt im Ort, führen in unterschiedlicher Schwierigkeit parallel durch die 250 m hohe Steilwand und enden alle drei praktischerweise in der Nähe eines Gasthauses. Um auch über die Grenzen zu blicken: In der

Schweiz gibt's zwar deutlich weniger Klettersteige als in Österreich, dafür sind sie dort an manchen Hotspots noch „touristischer". Bei einigen Seilbahnen kannst du nicht nur ein Kombiticket für Klettersteig plus Talfahrt erwerben, sondern auch die komplette Ausrüstung leihen. Dort hängen dann aufgereiht an die 200 Klettersteigsets im Leihangebot, die passenden Einweghandschuhe gibt's billig zum Kaufen und für unerfahrene Neulinge lässt sich kurzfristig ein Bergführer „buchen" – die Schweizer haben den Tourismus immer schon besser gekonnt. Und nach dem Vorbild der Alpenüberquerungen per Mountainbike gibt's auch in Österreich Klettersteig-Transalprouten, quasi von Drahtseil zu Drahtseil mit einigen Transferstrecken dazwischen. Die Alpen auf dem Weg zum Disneyland?

Hoffnung Sommertourismus Zu solchen wirtschaftlichen, touristischen und zeitgeistigen Argumenten kommt noch die Tatsache, dass der Sommertourismus (also auch der Klettersteig) angesichts des krisenanfälligen Winterfremdenverkehrs für manche alpine Regionen zum Hoffnungsträger wird. Skepsis und kritische Betrachtungen zur Klettersteigproblematik müssen daher zwangsläufig und teilweise zu Recht auf der Strecke bleiben. Ambitionierten Naturschützern, Raumplanern, Bergführern usw. wird es zwar gelingen, das eine oder andere Unsinnsprojekt zu verhindern oder auf bessere Varianten umzulenken – aufzuhalten wird nicht einmal die derzeitige Inflation an Klettersteigen sein.
Allerdings und Hand aufs Herz – ein paar intelligent angelegte Klettersteige zu viel sind besser als ein paar gigantomanische Seilbahnprojekte, die über ganze Alpenregionen drüberfahren.

Messner
Der Film

Ende September kommt der Film mit dem schlichten, grafisch bewusst in Übergröße gesetzten Titel in die Kinos. Das Porträt der Bergsteigerlegende schlechthin.

Bei den Dreharbeiten für seinen ersten Dokumentarfilm „Zum dritten Pol", der von den Expeditionen zweier Dyhrenfurth-Generationen handelt, lernte Regisseur und Produzent Andreas Nickel Reinhold Messner kennen, der als moderierender „Expeditionsleiter" durch den Film führte und die historischen Erfolge der schweizerisch-amerikanischen Himalaya-Pioniere präsentierte. Bei dieser Zusammenarbeit entstand die herausfordernde Idee, ein dokumentarisches Porträt des Extremalpinisten und Menschen Reinhold Messner zu schaffen.

„Waaas? Schon wieder der Messner? Von dem ist doch eh schon alles bekannt …" Stimmt nur bedingt. Natürlich weiß man (fast) alles über den „GröBaZ" (Betonung auf B!), kennt man Messners einzigartige alpinistische Leistungsbilanz, weiß man Bescheid über den Autor, Vortragsredner, Medienstar. Aber was weiß man vom Menschen Messner, von seiner Kindheit und frühen Jugend, seiner familiären Umgebung, die großen Einfluss auf seinen Charakter hatte? Wenig bis nichts. Noch weniger nachvollziehbar sind die Hintergründe und Motive, die Reinhold Messner zum Entdecken immer neuer extremer Herausforderungen trieben, zu alpinistischen Höchstleistungen, zum Übertreffen menschlicher Grenzen, zum Suchen des gerade noch Machbaren. Was geht in jemandem vor, der freiwillig extreme Schwierigkeiten mit hohem Risiko sucht und überwindet, und das jahrzehntelang?

Porträt einer lebenden Legende Der Film gibt – neben packenden alpinistischen Szenen – Antworten auf einige bisher unbekannte Facetten der „lebenden Legende". In Gesprächen mit Messner selbst, mit Weggefährten, Brüdern und Frauen zeichnet der Film das Leben und die Karriere eines Mannes, der den modernen Alpinismus der letzten 40 Jahre sowohl durch sein überragendes Können als auch mit seinen intellektuellen Fähigkeiten geprägt hat wie kein anderer. Dabei eröffnet die Sicht „normaler" Menschen aus Messners enger Umgebung auf ihn und seinen Lebensweg neue Perspektiven zu seiner Persönlichkeit. Besonders spannend, weil völlig unbekannt, sind die Interviews mit seinen Brüdern Helmut, Hubert und Hans-Jörg und mit Partnerin Ursula

Grether-Endres (alle vier mit Doktortitel), die erstmals öffentlich vom „Menschen Messner" mit seinen Gefühlen, Ängsten und auch Niederlagen erzählen.

Andreas Nickel hat bei seiner filmischen Spurensuche nach dem „Universum Messner" sein Konzept aus authentischen Szenen, Archivmaterial, dokumentarischen Interviews und nachgestellten Sequenzen durchgezogen. Der Besucher erlebt atemberaubende Einstellungen zur ersten Solodurchsteigung der Droites-Nordwand im Montblanc-Massiv (gedreht mit Florian Riegler als Reinhold-Darsteller mit historischer Ausrüstung von 1969!), eine der „wildesten" Taten Messners am Beginn seiner Laufbahn, die sich als roter Faden durch den Film zieht. Von der ersten Klettertour des fünfjährigen Reinhold mit Vater, Mutter und Bruder auf den Sass Rigais spannt sich der Bogen alpinistischer Dramatik über die Tragödie nach der Rupalwand am Nanga Parbat bis zur Everest-Besteigung „ohne Maske" und den Solo-Erfolgen am Nanga und Everest.

Eroberer des Unnützen Trotz der großartigen Action- und Landschaftsaufnahmen geht es im Film nicht nur um das extreme Bergsteigen an sich, sondern um den rebellischen Freiheitsdrang des jungen Messner, der der Enge seines Tales entfliehen will und seine Art von Freiheit in den Bergen der Welt und seinem geistigen Überbau findet. Reinhold Messner selbst sieht sich als „Eroberer des Unnützen" (er übernimmt damit den Ausspruch des berühmten Franzosen Lionel Terray aus der Bergsteigergeneration vor ihm) und begreift den extremen Alpinismus als seine persönliche Lebensart.

Ein authentisches Porträt über einen großen Menschen unserer Zeit.

Chogolisa – gestern, heute, morgen
1957 – 1975 – 2012 – ???

Im heurigen Sommer gelang den beiden Ausnahmealpinisten David Lama und Peter Ortner nach ihrem Erfolg am Trango Tower auch eine Besteigung der 7668 m hohen Chogolisa im Karakorum. Auch wenn die Tiroler ihren Erfolg salopp „Training für Höhenerfahrung" nennen und der Berg punkto Schwierigkeit für sie keinerlei Herausforderung darstellt, ist die „Parforce-Besteigung" der fast 7700 m hohen Chogolisa in gerade einmal zweieinhalb Tagen (!) ab/bis Basislager eine mehr als bemerkenswerte Leistung. Die Berichte und Fakten über die „Reifeprüfung im Karakorum" motivierten mich als Karakorum-Fan mit persönlichem Chogolisa-Bezug zu einem historischen Rückblick und dazu, über die Entwicklung des Expeditionsalpinismus nachzudenken.

Eistrapez im Karakorum 55 Jahre sind seit Hermann Buhls Wechtenabsturz 1957 am Chogolisa-Nordostgrat vergangen, 54 Jahre seit der japanischen Erstbesteigung des NO-Gipfels, und 37 Jahre liegen zwischen der Erstbesteigung des um winzige 14 Meter höheren SW-Gipfels, die einer von mir geleiteten Mannschaft 1975 gelang, und der vierten Besteigung durch David Lama und Peter Ortner. Dazwischen erreichten nur eine deutsche und eine britische Mannschaft 1983 bzw. 1986 den höchsten Punkt der Chogolisa – ein erstaunlich geringes Interesse an einem der schönsten Berge der Welt, zumal das „Eistrapez im Karakorum" vom Baltoro-Gletscher rasch erreichbar ist.
Zwischen der „alpinen Tagestour" von heute und unserer Expedition von 1975 liegen nicht nur 37 Jahre und ein veränderter Expeditionsstil, sondern auch unterschiedliche Zielsetzungen. In den 1970er-Jahren war die Südseite der Chogolisa nahezu unbekannt und der Kaberi-Gletscher am Fuß des Berges unbetretenes Neuland. Unsere Motive für die Chogolisa-Südseite waren neben der alpinistischen Chance vor allem der Reiz des Unbekannten und die romantisch verbrämte Aussicht auf eine „richtige Expedition" à la Sven Hedin oder Herbert Tichy. Schon die „Eckdaten" der Expedition und dann auch deren Realität versprachen „Abenteuer": Ein Teil des siebenköpfigen Teams fuhr mit einem umgebauten Postbus samt Ausrüstung und Verpflegung auf dem Landweg nach Pakistan, das Unternehmen war auf satte drei Monate angelegt, Jeepfahrt, Flussüberquerungen und Anmarsch ab Skardu mit mehr als 60 Trägern dauerten zwei Wochen und führten durch Regionen, in denen westliche Bergsteiger tatsächlich „fremd" waren.

Geschichte(n) und Abenteuer Das Basislager mussten wir in nur 4200 m Höhe und fast 20 km vom Fuß der Chogolisa-Südabstürze aufschlagen. Die große Horizontaldistanz und die Schlepperei ohne Hochträger waren neben dem Erkunden der komplizierten Route und den alpinistischen Schwierigkeiten die Hauptprobleme der Expedition und „Abenteuer" genug. Am obersten Kaberi-Gletscher stürzte ich beim waghalsigen Versuch, eine riesige Eisbruchzone zu umgehen, 30 m mit einer Wechte ab und wurde nur mit knapper Not von meinem Seilpartner gehalten, und ab 5700 m war eine 1000 m hohe und bis zu 55° steile Eisflanke zum Kaberisattel hinauf zu bewältigen. Mit mehreren Hochlagern, Hartnäckigkeit, Können und Glück gelang es Fred Preßl, Gustav Ammerer, Alois Furtner und Hilmar Sturm, den mit 7668 m höheren der beiden Eckpunkte des „höchsten Dachfirsts der Welt" zu besteigen. Ich selbst war wegen einer wochenlangen Halsinfektion chancenlos, kämpfte mich bis zum Kaberisattel auf 6700 m hinauf, musste aber dann mit hohem Fieber aufgeben. Unsere Expedition hatte immerhin alle Ziele erreicht – einen der damals höchsten unbestiegenen Berge der Welt, die erfolgreiche Erkundung eines „halbweißen" Fleckens der Erde und (fast zu) viele abenteuerliche Erlebnisse.

Ausblick auf moderne Zeiten Manchmal werden die jüngeren Bergsteigergenerationen, die wie die „Alten" nach alpinistischen Erfolgen lechzen, bedauert, weil sie heute weniger Möglichkeiten haben – alles „schon gemacht", alle Berge bestiegen, kein Neuland übrig. Wirklich? Bleiben wir bei der Chogolisa und bei Leuten wie David Lama & Co. Allein die Tatsache, dass an einem der attraktivsten Berge der Welt in 37 Jahren nur vier Besteigungen und höchstens ein paar Versuche zu verzeichnen sind, widerspricht allen pessimistischen Ansagen. Echtes Neuland und routenlose Wände mögen in den Alpen Illusionen sein – im Karakorum, im Himalaya, in den Anden usw. gibt's jede Menge neuer Ziele. Es braucht „nur" Fantasie, Mut und Konsequenz zum Umsetzen von neuen Ideen. Junge Spitzenkletterer, die es wissen und zeigen wollen, setzen im Alpinismus nicht auf ausgetretene Routen und nicht auf „Pistenalpinismus", sondern suchen die Herausforderungen nach eigener Definition, an Sechs- und Siebentausendern ohne bekannte Namen, an Traumbergen wie der Chogolisa, an versteckten Wänden oder noch nicht gedachten Routen.
Die junge Avantgarde muss sie nur finden (wollen).

Tödlicher Leichtsinn

Am 6. Jänner starten zwei junge Männer im Toten Gebirge zu einer Skitour unter Bedingungen, die fast zwangsläufig zur Tragödie führen. Eine Analyse von unterschätztem Risiko und Selbstüberschätzung.

Das „Loigistal" am Warscheneck ist eine der bekanntesten Skitouren Oberösterreichs mit kurzem Anstieg und langer Abfahrt. Vom Frauenkar-Sessellift 300 Höhenmeter flach bergauf, 4 km Horizontaldistanz und zwei Aufstiegsstunden lautet der gemütliche Steckbrief mit dem warnenden Attribut „hochalpin". Bei Schneesturm allerdings verwandelt sich die Skiroute am 2000 m hohen Karstplateau in ein Gefahrengelände mit allen Tücken des Hochgebirges.

Später Start Am 6. Jänner um halb drei Uhr nachmittags (!) brechen die beiden 23 und 24 Jahre jungen Männer aus Wien und Niederösterreich bei sehr schlechtem Wetter und Lawinengefahrenstufe 4 vom Sessellift zum Loigistal auf, vor sich nur zwei Stunden Tageslicht und die prophetische Warnung des Liftwartes („... wenn ihr das macht, werdet ihr nicht lebend zurückkommen ...") in den Wind schlagend. Ab hier lässt sich das Drama nur bruchstückhaft, aber mit grausamer Realität nachvollziehen. Die beiden verlieren im Schneesturm die Orientierung, irren bis zur Erschöpfung durch die Nacht und landen bei den „Wetterlucken" am Fuß des Pyhrnerkampls statt bei der Scharte am Beginn der Loigistalabfahrt. Ihre Ausrüstung ist für extreme Bedingungen unvollständig: kein GPS oder Kompass, keine Stirnlampen, kein Biwaksack, grenzwertiger Wetterschutz. Verzweifelt versuchen sie im heulenden Sturm eine Schneehöhle zu graben, haben aber keine Erfahrung, um das Notbiwak lebensrettend anzulegen.

Um 20 Uhr schicken sie per SMS einen Hilferuf an die Mutter eines der beiden, da der Handyempfang fürs Telefonieren nicht ausreicht. [Eine SMS an die Notfallnummern 140 (Bergrettung) oder 133 (Polizei) abzusetzen, ist technisch nicht möglich!] Doch nun verschwört sich das Schicksal gegen die halb erfrorenen, um ihr Leben kämpfenden Männer – die SMS wird erst am nächsten Morgen gelesen. Als die Meldung am 7. Jänner um 07:03 Uhr bei der Bergrettung in Spital/Pyhrn eingeht, ist wertvolle Zeit, ist eine ganze Nacht verstrichen.

Riskanter Rettungseinsatz Am Morgen beginnen mehr als 60 Bergrettungsleute bei anhaltend schlechtem Wetter und hoher Lawinengefahr nach den Vermissten zu suchen. Ein Hubschrauberflug ist wetterbedingt nicht möglich. Am Vormittag kommt ein erstes Rettungsteam, wie später als Ironie des Schicksals rekonstruiert wurde, bis auf 30 m an das (nicht markierte) Notbiwak heran. Stunden später sucht auch Bergführer Heli Steinmaßl (der mir die Hintergründe des Unfalls erzählt hat) die Wetterlucken ab und findet um 13:20 Uhr die Opfer. Einer der beiden ist tot, der zweite lebt, hat aber nur mehr 20 Grad Körpertemperatur. Eineinhalb Stunden später gelingt einem Bundesheerpiloten das Husarenstück, bei null Sicht beim Verunglückten zu landen, doch stirbt der 24-Jährige im Krankenhaus an Unterkühlung und Erschöpfung.

Sachliche Analyse Das Drama vom Sterben zweier junger Menschen und die Verkettung aus Fehlern mit unglücklichen Zufällen gehen unter die Haut und verbieten es, den Zeigefinger plakativ und moralisierend zu erheben. Eine sachliche Unfallanalyse kommt jedoch zu eindeutigen Ursachen, deren fatale Fehlerkumulierung sich ohne Anspruch auf Vollständigkeit rasch aufzählen lässt: der viel zu späte Aufbruch trotz extremen Schlechtwetters und hoher Lawinengefahr, fehlendes Orientierungskönnen und geringe alpine Erfahrung, etwa beim ohnmächtigen Versuch, sich am falschen Ort ohne Markierungen für Suchteams einzugraben, keine Rückzugsentscheidung, mangelhafte Ausrüstung. Die Hauptfehler lagen im Unterschätzen der Natur, die zur tödlichen Falle wurde, und im Überschätzen der eigenen Fähigkeit und Belastbarkeit.
Die beiden waren wohl aus falschem Ehrgeiz zur falschen Zeit am falschen Ort, wo ihnen auch jenes Quäntchen Glück versagt blieb, das für ein gutes Ende nötig gewesen wäre.

AUSTRIA 8000

Das Buch AUSTRIA 8000 von Jochen Hemmleb ist eine spannende historische Zusammenfassung des Expeditionsbergsteigens über drei Epochen – und eine österreichische Erfolgsgeschichte.
Das kleine Österreich hat als alpinistische „Großmacht" bei der Erschließung der Weltberge eine dominierende Rolle gespielt – eine Tatsache, die auch Pate für die Idee zum Buch gestanden hat. Mit der Erstbesteigung von fünf der 14 Achttausender (Nanga Parbat, Cho Oyu, Gasherbrum II, Broad Peak, Dhaulagiri) ist „uns" der Spitzenreiter im „Achttausender-Weltcup" nicht zu nehmen, zumal auch der moderne Stil der Kleinexpedition eine österreichische Erfindung war. Dass AUSTRIA 8000 dennoch keine Selbstbeweihräucherung der österreichischen Seele geworden ist, liegt am 42-jährigen Buchautor und Alpinhistoriker Jochen Hemmleb. Als deutscher Staatsbürger mit Wohnsitz in Südtirol und Teilnehmer an internationalen Expeditionen steht er über jeder Anwandlung von kleinkariertem Lokalpatriotismus.

110 Jahre Himalayageschichte In 15 Episoden – zu jedem Achttausender zwei österreichische Storys mit der Erstbesteigung der Gasherbrum IV-Westwand (7932 m) als charmanter Ergänzung – schlägt Hemmleb einen Bogen über 110 Jahre Himalayageschichte, von Heinrich Pfannl und Viktor Wessely, die schon 1902 die Besteigung des K 2 versuchten, bis zur tragisch gescheiterten Winterüberschreitung des Hidden Peak von Gerfried Göschl im März 2012. Die fünf Erstbesteigungen im „Jahrzehnt der 8000er" der 1950er-Jahre bilden keineswegs den einzigen Teil des Buches. In einer Art Doppelconférence kommt auch die „jüngere" Generation zu Wort, die 20, 30 Jahre später teils extrem schwierige Routen auf die Achttausender eröffnet hat: Hermann Buhl und Hanns Schell (Nanga Parbat 1953/1976), Herbert Tichy und meine Wenigkeit (Cho Oyu 1954/1978) oder Fritz Moravec und Erika Prokosch (Gasherbrum II 1956/1994).

Erfolge gestern und heute Das Buch deckt praktisch die gesamte Erschließungsgeschichte im Himalaya ab – drei große Epochen, in denen Österreicher tragende Rollen spielten. Die erste Phase vom Ende des 19. Jh.s bis zum Beginn des Zweiten Weltkriegs war geprägt vom vergeblichen „Kampf um die Eroberung" eines der höchsten Gipfel der Welt, von unzulänglichem Know-how,

Tragödien und Teilerfolgen. In der alpinistischen Zwischenkriegszeit waren etwa Erwin Schneider, Peter Aschenbrenner und Peter Aufschnaiter maßgeblich an den Versuchen am Kantsch und Nanga Parbat beteiligt. Nach dem Krieg folgte die Epoche der Erstbesteigungen (1953 bis 1964) und einige Jahre später begann die extreme dritte Epoche: die Zeit der großen Himalayawände und Überschreitungen, hohe 8000er ohne zusätzlichen Sauerstoff, Alleingänge und „Speedbesteigungen", der Run auf „alle 14", erste Winterversuche. Als „dominante" Österreicher seien unter anderem Theo Fritsche, Gerfried Göschl, Peter Habeler, Gerlinde Kaltenbrunner, Sepp Mayerl, Robert Schauer genannt.

Blick in die Zukunft Die Geschichten aus AUSTRIA 8000 sind spannend und sympathisch geschrieben und hervorragend recherchiert, enden aber naturgemäß im Heute. Offen bleiben daher Fragen nach der Zukunft, ob und wie an den Achttausendern neue Herausforderungen möglich sind, oder ob nicht eine Sackgasse wie beim klassischen Extremklettern der 1960er- und 70er-Jahre erreicht ist, wie Pessimisten meinen: Der alpine Stil „by fair means" sei ausgereizt und neue „Quantensprünge" seien nicht in Sicht (?). Allerdings ist es der jungen Avantgarde noch immer gelungen, die „Alten zu toppen", neue Wege zu gehen, das Unmögliche möglich zu machen. Der K 2 hat bis heute keine Winterbesteigung (bis 2011 gab es an den 8000ern im Karakorum 17 gescheiterte Winterversuche), und abseits der Achttausender gibt's genug Spielräume für alpinistische Fantasie, Mut und Konsequenz. Hunderte Sieben- und Sechstausender bieten jede Menge neuer Ziele, versteckte Wände, noch nicht gedachte Routen. Die junge (österreichische?) Avantgarde wird sie finden.

Kulturk(r)ampf im Himalaya

Vor einigen Wochen sorgte eine Schlägerei am Mt. Everest zwischen drei europäischen Spitzenalpinisten und einer Hundertschaft von Sherpas für Schlagzeilen.
Ende April gerieten der Schweizer Ueli Steck, der Italiener Simone Moro und der britische Fotograf Jonathan Griffith am Everest mit einer Gruppe von Sherpas aneinander, die in der Lhotse-Flanke mit dem Verlegen von Fixseilen beschäftigt waren. Über die Gründe des emotionalen Auszuckens gibt es widersprüchliche Aussagen – die Sherpas fühlten sich angeblich von den Europäern durch Eisschlag gefährdet, und außerdem wäre am Vortag vereinbart worden, dass während der Sicherungsarbeiten niemand anderer aufsteigen sollte, was die Europäer nicht gewusst hätten. Die drei westlichen Bergsteiger waren auf einer neuen Route zum Everest unterwegs, sahen sich nicht als „Normalwegtouristen" und hatten nicht vor, die präparierte Route zu benützen. Offenbar empfanden die Sherpas die bloße Anwesenheit der „Fair-Play-Alpinisten" als Provokation und warfen ihnen Schmarotzertum vor. Die Folgen waren drohend geschwungene Eispickel und Schreiduelle in 7000 m Höhe, die im Camp 2 zur handfesten Schlägerei eskalierten, als hundert Sherpas versuchten, die Europäer unter Morddrohungen zu verprügeln. Obwohl andere Bergsteiger das Schlimmste verhinderten, brach Ueli Steck die Expedition ab und trat leicht verletzt und schockiert die Heimreise an.

Wertewandel Der Gewaltausbruch wäre zu Zeiten von Edmund Hillary und Tenzing Norgay Sherpa schlicht unvorstellbar gewesen und zeigt nicht nur die grotesken Entwicklungen beim Himalaya-Tourismus auf, sondern wirft auch Schlaglichter auf gesellschaftspolitische Veränderungen (nicht nur) beim Volk der Sherpas.
Auch früher waren die Sherpas nicht nur „Wasserträger" der Bergsteiger, sondern auch gleichberechtigte Partner und legendäre Bergführer, ohne die im Himalaya nichts lief. Die westlichen „Sahibs" brachten die alpinistischen Fähigkeiten und die materiellen Voraussetzungen für die Expeditionen mit, was eine klassische „Win-win-Situation" ergab. Heute ist vor allem die jüngere Sherpageneration (noch) selbstbewusster geworden und stellt schon mal offene Arroganz gegenüber schwachen und hilflosen Touristenscharen zur Schau. Zumindest ein Teil dieser touristischen „Himalaya-Industrie" mit wachsenden finanziellen

Interessen auch bei den Sherpas betrachtet den professionellen Spitzenalpinismus, der präparierte Routen weder braucht noch will, mit scheelen Augen. Letztlich war der Konflikt zwischen „freiem" Alpinismus und kommerziellem Tourismus wohl auch eine der Ursachen für die erschreckende Konfrontation am Mt. Everest.

Touristische Ausbeutung Im grellen Licht der Prügelstory tauchte in manchen Medien die unvermeidliche Kritik an der Ausbeutung der Sherpas und Träger durch „touristische Sklaventreiber" auf. Der Hinweis auf die armen Domestiken des Berg- und Trekkingtourismus erfordert allerdings die Relativierung allzu einseitiger Kritik. Natürlich sind die sozialen Unterschiede zwischen Bergtouristen und Trägern gewaltig, die im Himalaya oder am Kilimanjaro gerade einmal sechs Euro pro Tag verdienen. Daran sind aber nicht (nur) die „bösen" Reiseveranstalter schuld, sondern mehr noch die lokalen Agenturen, die sich vor Ort auch auf den Rücken der Kulis gnadenlose Konkurrenzkämpfe liefern. Wirtschaftlicher Druck auf die Schwächeren ist keine Erfindung westlicher Trekkingorganisatoren allein, sondern auch in Asien oder Afrika eine Folge von menschlicher Gier.
Der Tourismus im Himalaya, am Kilimanjaro oder in den Anden mag negative Auswirkungen auf die Bevölkerung haben, doch wäre selbst ein Teilausfall des Tourismus zweifellos noch viel schlimmer. In Nepal warf der Bürgerkrieg bis 2006 den Tourismus um die Hälfte zurück, und der Gedanke an einen (theoretischen) Zusammenbruch des Kilimanjaro-Tourismus würde der lokalen Bevölkerung wohl mehr Angstschweiß auf die Stirn treiben als den Reiseveranstaltern.

Paul Preuß

Ideal und Wirklichkeit

Vor knapp 100 Jahren, am 3. Oktober 1913, ist der Vordenker des „reinen" Alpinismus und wahrscheinlich beste Kletterer seiner Zeit an der Mandlkogelkante im Gosaukamm in den Tod gestürzt.
Wären da nicht das aktuelle Gedenkjahr mit vielen Essays und Berichten, die Veranstaltungen in seinem Geburtsort Altaussee samt großem Aufgebot an Alpinprominenz, die Denkmalenthüllung beim Gosausee usw. – Paul Preuß wäre wohl nur Alpinhistorikern und der älteren Bergsteigergeneration, höchstens jedoch einer Handvoll junger Kletterer ein Begriff. Dabei war Paul Preuß auch geistig einer der bedeutendsten Bergsteiger des frühen 20. Jahrhunderts, der den Alpinismus geprägt hat wie wenig andere, der „das Klettern in eine neue Dimension gehoben hat" (Reinhold Messner). Ganz anders ist die Resonanz auf Preuß bei Alpinisten von Weltruf, wie etwa bei den „Huber-Buam", bei Ueli Steck und anderen, die den Pionier als Vorbild sehen und deren auf den ersten Blick wahnwitzige Touren von den Preuß'schen puristischen Idealen geprägt sind.

Kletterer und Philosoph Paul Preuß kommt im August 1886 in Altaussee als Sohn einer Wiener Bürgerfamilie zur Welt. Er studiert in Wien Pflanzenphysiologie, schließt sein Botanikstudium in München mit dem Doktorat ab und beginnt seine Philosophie des Alpinismus ohne künstliche Hilfsmittel mit Vorträgen und Artikeln zu publizieren.
Seine alpinistische Laufbahn verläuft wesentlich spektakulärer als sein bürgerlicher Lebensweg. Schon als Elfjähriger beginnt er mit dem „Herumkraxeln" in seinen Heimatbergen, wendet sich bald den Dolomiten zu, unternimmt Eis- und Skitouren in den Westalpen. In seinem nur 27 Jahre dauernden Leben besteigt der überragende Kletterer mehr als 1200 Gipfel, davon 300 im Alleingang und 150 Erstbegehungen, alle ohne technische Hilfsmittel, ohne die verpönten „Mauerhaken", viele im Auf- und Abstieg und mit verblüffender Schnelligkeit. Als hätte er gewusst, dass ihm nur wenig Lebenszeit bleiben würde. Legendär sind seine Erstbegehungen in den Dolomiten und im Wilden Kaiser: die Ostwand der Guglia di Brenta im Auf- und Abstieg, free solo und „on sight" im harten V. Grad, die Kleinste Zinne (Preußturm) als Überschreitung, die erste Alleinbegehung der Totenkirchl-Westwand (Piazroute) in zweieinhalb Stunden, um nur einige zu nennen.

Ideal ... So kompromisslos Paul Preuß seine Ideale und Regeln bei seinen Kletterrouten durchzog, so elitär war und ist auch der ethische Überbau seines „reinen" Alpinismus. Messner nennt Preuß den Philosophen des Freikletterns, den Vordenker des heutigen „free climbing" und Bergsteigens „by fair means". Preuß predigte den völligen Verzicht auf künstliche Hilfsmittel (außer in Notfällen) und provozierte mit seinen radikalen Klettergrundsätzen [in stark gekürzter Form: Bergtouren soll man nicht gewachsen, sondern überlegen sein, Aufstiegsschwierigkeit muss Abstiegskönnen entsprechen, technische Hilfsmittel wie Haken und Seil sind nicht zur Fortbewegung einzusetzen, primäre Sicherheit muss im eigenen Können liegen] fast alle seine alpinen Zeitgenossen.

... und Realität Vor 100 Jahren war das Bergsteigen, vor allem die extreme Spielform des Kletterns, eine relativ exklusive Betätigung eines kleinen Personenkreises, vor dessen intellektuellem Hintergrund der Alpinismus im Sinne von Paul Preuß Chancen zur Verwirklichung hatte. Beim modernen Alpinismus als (Massen-)Tourismus und/oder (Leistungs-)Sport ist alpinistische Ethik nur bei einer kleinen Elite von Spitzenleuten von Bedeutung und spielt darüber hinaus so gut wie keine Rolle mehr. In der Praxis ist der Breitensport in den Bergen den Idealen von Paul Preuß nicht gefolgt und hat den bequemeren und logischeren (?) Weg genommen. In der Theorie – und hoffentlich auch in der Zukunft – sind seine Vorstellungen jedoch nach wie vor anerkannt und wünschenswert, zumindest für den klassischen Alpinismus, der die menschlichen Fähigkeiten und das bergsteigerische Können in den Vordergrund stellt.

Triple Seven Summits
Christian Stangls Comeback

Am 23. August erreichte Christian Stangl sein selbst gestecktes Ziel, als erster Mensch die Gipfel der drei höchsten Berge jedes der sieben Kontinente geschafft zu haben. Mit der Besteigung des 5193 m hohen Shkhara im Kaukasus (dritthöchster Berg Europas) in einem georgisch-österreichischen Dreierteam konnte Christian Stangl sein ehrgeiziges Projekt „Triple Seven Summits" abhaken. Mit dieser Leistung hat er sich nach seinem K2-Debakel vom Sommer 2010 endgültig als Profibergsteiger und Sportler rehabilitiert und ein eindrucksvolles Comeback hingelegt, auch wenn das Stigma seines legendären K2-Schwindels „ewig" mit seinem Namen verbunden bleiben wird.

Dass sich der Steirer aus seinem Lebenstief nach der beißenden Kritik durch die alpine Szene und medialen „Hinrichtung" aus dem Abseits zurückgekämpft hat, verdient Respekt. Nach einer längeren Auszeit, in der „es ihm sehr schlecht ging", hat ihm beim Comeback jener Berg „geholfen", an dem sein tiefer Fall stattgefunden hatte: Im Sommer 2012 stand Christian Stangl beim fünften Versuch am Gipfel des zweithöchsten und schwierigsten Berges der Welt, diesmal wasserdicht belegbar.

Alpiner Weltrekord??? Und jetzt der „alpine Weltrekord" auf den höchsten, zweithöchsten und dritthöchsten Bergen der sieben Kontinente, wie sein Erfolg von Sponsoren und (wieder wohlwollenden) Medien gefeiert wird. Applaudiert wird zu Recht, denn Stangls Leistung ist in alpinistischer, sportlicher, mentaler und physischer Hinsicht unbestritten, auch wenn sich bei kritischeren Geistern punkto Wertigkeit solcher Rekorde kritisches Hinterfragen aufdrängt. Weltrekord – ja eh, aber wirken solche Rekorde nicht irgendwie aufgesetzt, künstlich und nur von kurzfristigem Interesse? Was soll ein Rekord, der kaum Chancen hat, überboten zu werden? Christian Stangl hat mehr als sieben Jahre an dem Projekt gearbeitet und zur Sicherheit 30 statt der 21 Berge bestiegen, um wegen unklarer Höhenangaben auf alle Fälle die richtigen Gipfel zu treffen. Fünf (oder 7 oder gar 10?) höchste Berge würden natürlich noch mehr Zeit und Aufwand benötigen, ganz abgesehen von der Frage, wer sich ein Mammutprojekt von 35 oder 49 oder 70 höchsten Bergen überhaupt antun würde ...

Auch das Duell Stangl gegen Kammerlander, wer denn nun wirklich der Erste war, der alle Zweithöchsten bestiegen hat, wirkte überzogen und riss nicht einmal alpine Adabeis vom Sessel.

Keine Zukunftsantwort Anyway – Christian wird sich im Buch der Rekorde eintragen lassen (auch wenn das verdächtig in Richtung „längster Strudel der Welt" klingt), denn Klappern gehört zum Geschäft. Bei der Frage aber, ob Ziele wie die Seven Summits (und erst recht die Triple Seven) eine Weiterentwicklung des Alpinismus sein könnten, sollte man die Kirche im Dorf lassen. Besteigungsrekorde der 21 Höchsten oder der „Big Five of Seven" (um gleich einen griffigen Akzent zu setzen) sind ähnlich wie das Speedbergsteigen keine Antwort auf Fragen wie „Quo vadis, Bergsport?".
Der Bergsport ist nämlich (trotz der Silbe Sport im Wort) kein messbarer Leistungssport wie Leichtathletik oder Radsport. Alpinismus findet – abgesehen vom Wettkampfklettern – nicht in der Halle, sondern in der Natur mit ständig wechselnden äußeren Bedingungen statt. Weder bei einer Extremroute im Himalaya noch beim alpinen Klettern ist eine objektive Wertung möglich, wer als Alpinist der/die bessere oder beste ist.
Konfrontiert mit kritischen Fragen nach dem alpinistischen Wert seines Rekordes, meinte Stangl, dass er die Triple Seven Summits weniger als bergsteigerischen Meilenstein betrachte denn als „persönliches Kunstwerk" und als die abenteuerlichste Alternative zu den „Seven Summits" oder zur Besteigung aller 14 Achttausender.
Eine realistische und fast bescheidene Ansage, persönliches Kunstwerk hin, Meilenstein her. Auch Christian Stangl siedelt eine mögliche Weiterentwicklung des Bergsports nicht (mehr) beim Rennen gegen die Stoppuhr an, sondern im Bewältigen höchster Schwierigkeiten an Bergzielen abseits vom Mainstream.

Grenzen des Wachstums

Berg- und Outdoor-Tourismus

Der Berg-, Trekking- und Naturtourismus boomt, stößt in vielen Regionen an seine Grenzen und provoziert Fragen nach einer nicht nur positiven Zukunft.

Der weltweite Tourismus in die Berge und großen Naturlandschaften ist in manchen Ländern längst am Weg zur Massenmobilität. Der globale Trend zur „Abenteuerreise" bringt neben materiellen Vorteilen für die lokale Bevölkerung auch negative Veränderungen mit sich, wie einige der folgenden Beispiele zeigen. Für das Trekking am legendären Inkaweg von Cuzco zur Inkastadt Machu Picchu gelten heute limitierte Zahlen von 500 Wanderern pro Tag, sodass die Permits Monate im Voraus beantragt werden müssen. Ohne Begrenzung wäre das Chaos allerdings vorprogrammiert, wenn täglich eine tausendköpfige Menge vom „Km 82" nach Machu Picchu starten würde. Am Kilimanjaro sind heute die früher einsamen Routen abseits des Normalweges ebenso überlaufen wie die „Coca-Cola-Route" ab Marangu. Bei meiner ersten Kilimanjaro-Besteigung 1982 sahen wir bei der Machame Hut direkt ins Auge eines neugierigen Leoparden – 30 Jahre später stehen dort hundert(e) Zelte, die auf Großkatzen wohl wenig reizvoll wirken.

Noch mehr Beispiele Im Himalaya sind an manchen Tagen im Solo Khumbu am Fuß vom Everest und in der Annapurna-Region geradezu lemmingartige Züge von Wanderern unterwegs, und drei Etagen höher rufen Fotos vom Gedränge am fixseilbewehrten Hillary Step in 8760 m Höhe ungläubiges Kopfschütteln hervor.

Vor einigen Monaten erregte die Meldung von einer Schlägerei zwischen Sherpas und europäischen Profibergsteigern am Mt. Everest weltweites Aufsehen. Hintergrund war unter anderem die offen feindselige Einstellung eines Teils der jüngeren Sherpageneration gegen individuelle Bergsteigergruppen, an denen die lokalen Bergführer weniger „Kohle machen" als mit den finanzkräftigen Teilnehmern durchorganisierter Expeditionen internationaler Veranstalter, die mit Full Service selbst Nichtbergsteiger auf Achttausendergipfel hieven. Der (tatsächliche) Werbespot spricht Bände: um 50.000 Euro in drei Wochen auf den Manaslu!

Auswüchse des Massentourismus sind nicht nur im Himalaya zu erleben – das „Gute" liegt auch nahe. Der Stau am Großglockner und an anderen Modebergen an schönen Wochenenden ist seit Jahren alpinistischer Alltag und ruft gelegentliche Forderungen nach Platzkarten, Bergsteigerlizenzen und Gipfelgebühren hervor. An anderen „Hotspots" wie Matterhorn und Montblanc greift man zur Steuerung der Gipfelstürmer zu versteckten Regeln wie restriktiven Hüttenreservierungen oder limitierten Gästezahlen pro Bergführer.

Kleine neue Welt Einige Gründe für den wachsenden Tourismus zwischen 0 und 8000 Metern sind rasch aufgezählt. Die Welt ist kleiner geworden, auch „weiße Flecken" auf den touristischen Landkarten sind rasch erreichbar, die Berge, die Meere, Urwälder und Wüsten sind zu Allerweltslandschaften geworden. Du kannst in ein paar Stunden ins Basecamp am K 2 fliegen oder in den Dschungel bei der Carstensz-Pyramide. Der Everest-Marathon ist ebenso Realität wie der Berglauf auf den Gipfel des Elbrus im Kaukasus, um zwei Beispiele für überschaubar gewordenes „Abenteuer" aufzuzählen.

Reglementierung kontra Freiheit Gibt es Grenzen für diese Entwicklung, Möglichkeiten, um wenigstens krasse Missstände zu vermeiden? Der Weg über immer teurere Permits und Gebühren mag effizient sein, führt aber zum Ausschluss sozial schwächerer Bevölkerungsteile. Ein Aconcagua-Permit kostet heute das Dreifache wie noch vor fünf Jahren und Gipfelpermits in Tibet sind für Normalbürger am Weg ins Unbezahlbare. Auch wenn es die viel zitierte Freiheit in den Bergen einschränkt, wird sich eine (maßvolle) Reglementierung des Andrangs auf die attraktivsten (Berg-)Regionen in Zukunft kaum verhindern lassen und ist vermutlich erfolgversprechender als der gut gemeinte Appell, nicht nur Modeberge und populäre Outdoor-Regionen anzusteuern.
Die Prognose mag pessimistisch klingen, passt aber – leider – zur Realität.

David Lama – el nino vertical

Am 21. Jänner 2012 schrieben die Ausnahmekletterer David Lama und Peter Ortner mit der ersten freien Erkletterung des Cerro Torre Alpingeschichte. Die bizarre Granitnadel des Cerro Torre in Patagonien ist trotz der bescheidenen Höhe von 3133 Metern einer der schwierigsten Berge der Welt, ein Berg mit so vielen Superlativen wie kein anderer, ein Mythos mit tragischen und rätselhaften Geschichten. Vor der atemberaubenden Kulisse der patagonischen Anden spielen Cerro Torre, David Lama und eine Handvoll Spitzenalpinisten die Hauptrollen in einer Filmgeschichte à la „David gegen Goliath".

Der Berg – die historische Arena Die bis heute nicht geklärten Ereignisse um die Erstbesteigung des Cerro Torre gehören zu den größten Rätseln der Alpingeschichte, untrennbar verbunden mit dem Italiener Cesare Maestri und dem Tiroler Toni Egger. Maestris 1959 behauptete Erstbesteigung der Nordwand mit Toni Egger, dessen tödlicher Absturz in einer Eislawine und die verlorenen Gipfelfotos (?) führen zu massiven Zweifeln an der Besteigung. 1970 kommt Maestri wieder und eröffnet mit 300 Bohrhaken und 180 kg schweren Maschinen die heutige „Kompressorroute" durch die SW-Wand, erreicht den Gipfeleispilz, verzichtet auf die letzten 50 Meter und steht (wieder) nicht ganz oben. Nach der ersten „echten" Besteigung 1974 durch Casimiro Ferrari schafft die amerikanische Klettererlegende Jim Bridwell 1979 die erste Wiederholung der Kompressorroute und ist überzeugt, dass der Torre in freier Kletterei nicht möglich ist („you haven't got a snowball's chance in hell").

Die Kletterer – die Athleten Der 1990 als Sohn eines Sherpas und einer Tirolerin geborene David Lama galt nach mehreren Europa- und Jugendweltmeistertiteln als Wunderkind der Kletterszene. Wie die meisten jungen Kletterer begann David seine Laufbahn beim Wettkampf in der Halle, stieg als 19-Jähriger aufs alpine Klettern um und setzte sich trotz geringer Bergerfahrung das fast unmögliche Ziel, den Cerro Torre frei zu klettern. Beim ersten Versuch 2009 scheiterten er und der Osttiroler Peter Ortner am Schlechtwetter Patagoniens und auch an den Schwierigkeiten des Berges. Etwas großspurige Ankündigungen führten zu öffentlicher Kritik und in ein mediales Debakel, weil das von Red Bull gesponserte Filmteam den Berg mit massivem Materialeinsatz überzog. Eine (Lebens-)Erfahrung, die David Lama später als solche akzeptieren wird.

2011 kommen David und Peter wieder, stehen im letzten Wetterfenster am Gipfel, versuchen aber (noch) keine freie Begehung. Ein Jahr später geht's dann zur Sache – ein alpinistisch und mental stärker gewordener David Lama lässt sich durch den Alarm nicht aus der Ruhe bringen, dass der Großteil der Bohrhaken aus der Kompressorroute entfernt wurde. Die „unmögliche" freie Erkletterung gelingt am 21. Jänner 2012, sorgt für authentische Kletteraufnahmen und widerlegt Jim Bridwell's Prognose vom „nicht den Hauch einer Chance" auf souveräne Weise. David Lama ist damit in kürzester Zeit zu einem der stärksten extremen Allroundalpinisten der Welt geworden.

Der Film – der Regisseur Dem Vorarlberger Regisseur Thomas Dirnhofer ist ein bildgewaltiger Dokumentarfilm gelungen, der die Kletterleistungen von David Lama, Peter Ortner und des gesamten Filmteams authentisch auf die Leinwand bringt. Neben atemberaubenden Aufnahmen gelingt es dem Regisseur und Kletterer Dirnhofer, dem Zuseher auch die mentalen Belastungen und das Gefühlsleben der Kletterer in „Echtzeit" zu vermitteln. Als Einstieg in die extremen Szenen dient der historische Rückblick auf den Cerro Torre und die menschlichen Tragödien seiner Erstbesteigung.

Am Ende dieser (zugegeben etwas euphorisch geschriebenen) Kolumne sei mir noch der ohnehin zu erwartende Tipp erlaubt: Den Film anschauen, der einen alten Alpinkletterer begeistert und in jugendliche Zeiten zurückversetzt hat. Wetten, dass … der Film jedem einigermaßen berginteressierten Zuseher gefallen wird?!

Ueli Stecks Annapurna-Solo

Das Dilemma mit dem Gipfelbeweis

Nach seinem extremen Alleingang durch die Annapurna-Südwand gerät der Schweizer Profikletterer Ueli Steck ins Zwielicht. Es gibt keine Beweise, aber viele offene Fragen.

Im Oktober 2013 gelang dem Schweizer Extremalpinisten Ueli Steck eine spektakuläre Solodurchsteigung der 2500 m hohen Annapurna-Südwand. Nach 17 Stunden und zur Minimierung der Lawinengefahr in der Nacht kletternd, stand Steck allein am Gipfel des Achttausenders und vollendete die legendäre Route, die 1992 von Pierre Béghin und Jean-Christophe Lafaille bis 7300 m durchstiegen wurde. Stecks Alleingang an einem der Brennpunkte des modernen Himalaya-Bergsteigens zählt zu den eindrucksvollsten alpinistischen Leistungen der Gegenwart – wenn, ja wenn der verblüffende „Sololauf" in hochgradigen Kletterschwierigkeiten tatsächlich so stattgefunden hat wie der wortkarge Schweizer berichtet.

Fehlende Beweise, offene Fragen Dem Ausnahmeathleten Ueli Steck, wegen seiner kompromisslosen Ziele, sportlich-mentalen Trainingsmethoden und perfekten Vorbereitung „The Swiss Machine" genannt, ist die Solobesteigung grundsätzlich zuzutrauen. Dennoch sind massive Zweifel und Fragen aufgetaucht, die von Steck weder ausgeräumt noch beantwortet werden. Es gibt keine Gipfelfotos (die Kamera ging beim Aufstieg verloren) und keine relevanten GPS-Daten (eine Handgelenksuhr war dabei, doch „... dachte nicht an Beweisführung und habe im Stress aufs Aufzeichnen von GPS-Track und Gipfelposition vergessen"). Steck wurde bis zur Headwall in 7000 m Höhe gesehen, nicht aber bei der nächtlichen Gipfeletappe, auf der man seine leistungsstarke Stirnlampe sehen hätte müssen (?). Erst vier Monate später meldeten zwei Sherpas, dass sie gegen Mitternacht ein Licht 200 m unterhalb des Gipfels gesehen hätten (?). Steck hatte ein Satellitentelefon dabei, setzte aber keine Erfolgsmeldung ab. Die Franzosen Stephane Benoist und Yannick Graziani, die die Route eine Woche später in 17 Tagen wiederholten, fanden keine Spuren von Steck oberhalb von 7000 m.

Neben anderen Widersprüchen fallen auch die lapidaren Reaktionen von Ueli auf, mit denen er bohrende Fragen in aalglatter Politikermanier (nicht) beantwortet ... Die trotzige Interview-Aussage, dass „doch jeder glauben soll, was er will", ist für ein Kaliber wie Ueli Steck jedenfalls zu wenig.

Bei dieser Ansammlung von Ungereimtheiten muss sich Ueli Steck das kritische Resümee von Andreas Kubin, früherer Extremkletterer und ehemaliger Chefredakteur des Magazins „Bergsteiger", gefallen lassen, der das Dilemma auf www.bergsteigen.com treffend zusammenfasst: „Wenn ein Profi im Zeitalter von GPS, Handy-Cam und Handgelenks-Computer seine Erstbegehung nicht zweifelsfrei dokumentieren kann, hat er einen schlechten Job gemacht …"

Piolet d'Or, der Oscar des Bergsports? Die Auszeichnung Ueli Stecks mit dem „Piolet d'Or" 2013 konnte die Zweifel nicht ausräumen, sondern fachte die Diskussion über ein mögliches „Fake" neu an. Der „goldene Eispickel" wird von einer internationalen Jury für die besten Leistungen verliehen, die einen ethisch hochwertigen (sic!) Alpinismus repräsentieren.

Wie soll man mit dem „Dilemma" der regelmäßigen Wiederkehr von Unwahrheiten und Lügen umgehen? Sollte Ueli Stecks Annapurna-Solo Ähnlichkeiten mit der suspekten Erstbesteigungsstory Cesare Maestris am Cerro Torre haben, mit dem bewunderten und später widerlegten Erfolg von Tomo Cesen in der Lhotse-Südwand oder mit der K 2-Geschichte von Christian Stangl? Das Ausnahmekönnen von Ueli Steck spricht gegen den Zweifel, doch den substanziellen Erfolgsbeweis gibt es nicht. Soll bei Leuten wie Steck die „Unschuldsvermutung" gelten?

Herz und emotionale Hälfte im Kopf wollen an den wahren Erfolg und nicht an Lügen glauben, Indizien hin, Widersprüche her. Die Ratio, die kritische und faktenorientierte Hälfte vom Kopf, ruft dagegen nach absoluten Beweisen. Angesichts der enormen Veränderung des Alpinismus in den vergangenen Jahrzehnten scheint der frühere (naive) „Glaube" an die Ehrlichkeit von gestern zu sein. Die Leistungsexplosion bei allen Spielarten des Bergsports, vor allem der moderne Profialpinismus verlangen Erfolgsbeweise als obligatorisch.

In (alpinen) Zeiten wie diesen müssen eben Herz und Emotion „technokratische" Entwicklungen zumindest im professionellen Leistungssport zur Kenntnis nehmen.

Duell im Wald

MTB-Plattform gegen Jagdlobby

Im LAND DER BERGE war der Konflikt schon vor 13 Jahren ein „griffiges" Thema: „Jagdlobby gegen Mountainbiker" hieß der Titel im Heft 03/2001. Geändert an der militanten Situation hat sich seither nichts.
Rund 40 Jahre nach der Erfindung des Bergrades ist das Mountainbiken im Wald noch immer illegal und das Konfliktpotenzial weit von jedem Lösungsansatz entfernt. Der Trick mit der Haftung wird nach wie vor als Halbwahrheit ins Treffen geführt, das Forstgesetz 1975 ist fast 40 Jahre alt und für moderne Erholungsregelungen kaum anwendbar, die wahren Motive fürs Ausbremsen der Radfahrer haben (no na) jagdliche Hintergründe und die Allgemeinheit zahlt nach wie vor doppelt, wenn aus Steuermitteln mitfinanzierte Forststraßen gegen Entgelt fürs Biken freigegeben werden. Auch wenn militante Übergriffe, bei denen Radler von Jägern und Hund „gestellt" oder Drähte über Wege gespannt wurden, selten geworden sind, stehen sie als emotionale „Kriegsgründe" für die tiefe Kluft zwischen Jägern, Jagdpächtern und Waldbesitzern.

Der Fall Muckenkogel Schauplatz des jüngsten „Waldduells" war Stift Lilienfeld in Niederösterreich, wo ein Jagdpächter am Muckenkogel vier Mountainbiker auf Besitzstörung geklagt hatte. Der Streitwert von 15.000 Euro wurde am Wert eines Hirsches bemessen, da die vier „Illegalen" das Wild gestört hätten, als sie auf der Forststraße zur Bergmesse am Muckenkogel unterwegs waren. Übrigens gemeinsam mit ein paar hundert Wanderern und einigen (jagdgrünen?) 4x4-Autos ...
Der Fall Muckenkogel, der in den Medien viel (Forststraßen-)Staub aufgewirbelt hatte, endete kürzlich mit einem Vergleich ohne Zahlungspflicht für die Biker. Grund für den „jagdherrlichen" Rückzieher war vermutlich die zunehmend schiefe öffentliche Optik, vor allem wenn man rechtlich den Kürzeren gezogen hätte.
Im Gegensatz zu den einbetonierten Standpunkten der Jagdlobbys hat sich das Mountainbiken als Sportart und Wirtschaftsfaktor deutlich weiterentwickelt. Kolportierten 800.000 österreichischen Mountainbikern stehen heute technisch ausgereifte Räder zur Verfügung, mit denen man auch auf Wanderwegen über Stock und Stein hoppeln kann. Der Großteil der Bergradler will die Bikes endlich legal auf Forststraßen und Wanderwegen bewegen, und zwar bewusst konfliktfrei und rücksichtsvoll gegenüber der Natur.

Dass die Problematik nicht unlösbar ist, beweisen unsere Nachbarländer, die fürs Bergradeln längst liberale Regelungen gefunden haben. Vom Bikerdorado in Italien oder von der gemeinsamen Wegenutzung durch Wanderer und Radfahrer in der Schweiz oder in Bayern trennt uns eine Mogelpackung: Österreich macht Werbung als ideale MTB-Region, verschweigt aber die Verbote abseits offizieller Strecken – eine österreichische Lösung ...

Der erfolgreiche historische Kampf der alpinen Vereine für die Wegefreiheit nach dem Ersten Weltkrieg provoziert die Frage, wo denn Alpenverein und Naturfreunde bei der Freiheit für Mountainbiker stehen. Wo bleibt der „zivile Ungehorsam" als demokratisches Mittel, das damals Wirkung zeigte und heute notwendig wäre?

MTB-Plattform „upmove" Alle Anläufe der letzten Jahre, Unterschriftenlisten und halbherzige Einzelaktionen von Parlamentariern sind gescheitert oder eingeschlafen, doch jetzt gibt's vielleicht neue Hoffnung. Der Oberösterreicher Dietmar Gruber hat mit Gleichgesinnten die Mitglieder-Plattform www.upmove.eu als Interessenvertretung für Mountainbiker gegründet, die ehrgeizige Visionen verfolgt. Upmove will mit hohen Mitgliederzahlen, Medieninitiativen und notfalls auch „zivilem Ungehorsam" die Freigabe von Forststraßen und Wanderwegen erreichen. Mit ihrem Engagement für die „Muckenkogel-Biker" hat die Plattform mit 20.000 registrierten Mitgliedern bereits zum versöhnlichen Ausgang der Jagdpächter-Klage beigetragen. Als Fernziel soll mit einer parlamentarischen Bürgerinitiative ein Durchbruch für rechtliche Reformen im Sinne der Radfahrer erzielt werden.

Die (alten) Haudegen
Im Fokus der Öffentlichkeit

Beim aktuellen Bergfilmfestival in Salzburg wurde nicht nur der 70. Geburtstag von Expeditionsleiterlegende Wolfgang Nairz gefeiert, sondern eine ganze Generation von „alten Alpinstars".

Schon beim Eröffnungsfilm „Die wilden Siebziger" von Gerhard Ziegner waren neben der Everest-Expedition 1978 (Leitung Nairz, Messner/Habeler ohne künstlichen Sauerstoff plus sieben Bergsteiger am Gipfel) auch Unternehmungen wie Makalu-Südwand und die Rettungsaktion am Mt. Kenya Themen und liefen einige der heute plus/minus 70-Jährigen über alle Berge – neben den Genannten auch Oswald „Bulle" Ölz, Robert Schauer, Horst Bergmann u. a. Neben Messner (eh klar) kommen auch Herbert Tichy (Cho Oyu vor 60 Jahren) und Walter Bonatti in Bild und Ton auf die Leinwand.

Nun ist es nicht weiter erstaunlich, wenn Berühmtheiten zu bestimmten Lebensjubiläen in den Mittelpunkt gerückt werden. Woran liegt's aber, dass die Oldies aus vergangenen Epochen immer noch als Extrembergsteiger gelten, die sie (bei allem Respekt – ich darf das sagen!) aus biologischen Gründen nicht mehr sein können? Dass sie als weniger austauschbar wahrgenommen werden als manche sternschnuppenartig aufblinkenden Jungstars? Dass viele jüngere Spitzenalpinisten in der nichtalpinen Öffentlichkeit nahezu unbekannt sind?

Extremalpinismus gestern und heute Vor einigen Jahren habe ich mit dem (damals jüngeren) Alexander Huber über den Extremalpinismus von gestern und heute diskutiert. Beide waren wir der Meinung, dass es „die Alten" vor 30 oder 40 Jahren leichter hatten als die Profibergsteiger von heute – sie mussten damals „nur" hervorragende Bergsteiger mit Mut, Fantasie und Konsequenz sein und brauchten vergleichsweise kaum trainieren. Ein Hermann Buhl oder Doug Scott fanden in den Alpen, im Himalaya und in den Anden noch „echtes Neuland", das zugleich Stoff für abenteuerliche Geschichten bot. Everest ohne Maske, Nanga Parbat solo oder die Erstbegehung einer 3000 m hohen Steilwand im Himalaya waren auch für Nichtbergsteiger verständlich. Heute sind alpinistische Leistungen öffentlich schwieriger darzustellen, erfordern mehr Trainingsaufwand und setzen wie früher auch hohe Risikobereitschaft voraus, sind aber für den Großteil des Publikums kaum nachvollziehbar. Welcher Laie kann sich die Kletterschwierigkeiten nur annähernd vorstellen, die David Lama am Cerro Torre zu bewältigen hatte? Wie soll man jemandem die gnadenlose Dauerkälte,

die latente Lawinengefahr und das permanente Schlechtwetter an einem winterlichen Achttausender erklären, der mit „adventure" so gar nix am Hut hat? Wie das athletische Speedbergsteigen im Himalaya darstellen, das nahezu übermenschliche körperliche und mentale Stärken voraussetzt?
Das Abenteuer eines Kurt Diemberger (heuer 82 geworden) bei den Erstbesteigungen von Broad Peak und Dhaulagiri würde heute wohl anders, hektischer, austauschbarer und natürlich digital ablaufen.

Intellektueller Alpinismus Andere alpine „Legenden" definieren sich weniger als Spitzenbergsteiger à la Messner oder Gerlinde Kaltenbrunner, sondern erreichen ihre Popularität als große Erzähler, begabte Autoren oder gute Vortragsredner. Ein prominentes Beispiel von mehreren ist der Wiener Bergsteiger und Autor Karl (Charly) Lukan, der mehr als 50 Bücher geschrieben hat und heuer im 90. Lebensjahr verstorben ist. Lukan war eine unverwechselbare Identifikationsfigur der Wiener Bergsteigerszene, ein ausgezeichneter Kletterer der 1950er- bis 1970er-Jahre und eines der großen Idole meiner jugendlichen Kletterjahre, auf dessen Bücher („Kleiner Mensch auf großen Bergen" oder „Bergzigeuner") ich nahtlos und nachhaltig von exzessivem Karl-May-Konsum umgestiegen bin. Viele Jahre später konnte ich dem Charly noch persönlich sagen, dass seine Bücher „schuld" an meiner Bergsteigerlaufbahn geworden sind. Zurück zum Bergfilmfestival Salzburg, wo auch den „jungen Wilden" breiter Raum geboten wird, die als neue Generation mit anderen Konzepten an das „Abenteuer Berg" herangeht. Der Ötztaler Ausnahmekletterer Hansjörg Auer, David Lama und Peter Ortner sowieso, die extremen Freerider um Matthias Mayr und einige andere sind Alpinathleten auf höchstem Niveau. Trotzdem sei die Frage erlaubt, ob die modernen Protagonisten der diversen alpinen Disziplinen ihren 70. Geburtstag ähnlich prominent und öffentlich anerkannt feiern werden …

Seilbahnlobby mit Tunnelblick

U-Bahn durchs Warscheneck

Vier Jahre nachdem eine Plattform aus alpinen Vereinen, Natur- und Umweltschützern und vielen Privatinitiativen das skurrile Projekt einer Seilbahn auf das Warscheneck zu Fall brachte, regt sich der Erschließungswahn von Neuem. Nach der verhinderten Skischaukel über das Karstgebirge zwischen Hinterstoder-Höss und Wurzeralm liegt jetzt das Projekt einer U-Bahn-Trasse zwischen Schafferteich/Loigistal und Frauenkar-Sessellift auf dem Tisch. Natürlich stecken mit den Hinterstoder-Wurzeralm („HiWu") Bergbahnen und der Pyhrn-Priel-Tourismus GmbH wieder jene Seilbahnlobbyisten dahinter, die sich über alle rechtlichen, politischen und – ja, auch ökonomischen Bedenken hinwegzusetzen pflegen: Umweltschutz, stagnierender Pistenskilauf, Klimawandel, extrem hohe Betriebskosten usw. Es sind keine Leichtgewichte, die das Projekt mit aller Gewalt durchpeitschen wollen, allen voran der mit 53% an der „HiWu" beteiligte ÖSV-Präsident Peter Schröcksnadel und Herbert Gössweiner, der als Vorstand der Pyhrn-Priel-Touristiker kürzlich eine positive Machbarkeitsstudie vorgelegt hat – no na, der Mensch kann ja auch zum Mars fliegen. Die prophezeiten Megakosten von 150 Mio. Euro wären vom Steuerzahler zu tragen, eh klar, nicht von den Protagonisten Schröcksnadel, Gössweiner oder Helmut Holzinger, Chef der „HiWu". Wenn dem nur ansatzweise so wäre, würde das Projekt gar nicht auf dem Tisch liegen.

Ökologischer Raubbau Die Argumente gegen die Seilbahn haben sich bei der Tunnelvariante kaum verändert, auch wenn manche Kritiker die U-Bahn als kleineres Übel betrachten. Wirtschaftlich ist der Stollen noch ineffizienter, da die Wurzeralm weiter vernachlässigt bleiben würde, auch wenn Herr Schröcksnadel den Zusammenschluss der Skigebiete als Voraussetzung für Investitionen auf der „Wurzer" fordert.

Auch der 4,5 km lange Tunnel vom Schafferteich ins Frauenkar und die neuen Liftanlagen sind ökologischer Raubbau an unversehrter Natur, ein Retro-Projekt, dessen versprochener Tourismus-Höhenflug einer Fata Morgana gleicht. Fast alles spricht gegen die Verbindung der Skigebiete, wie folgende Schlagworte ohne Anspruch auf Vollständigkeit aufzeigen:

• Der Pistenbau im Kalkgebirge erfordert massivere Geländekorrekturen als in Gebieten mit „grasiger" Topografie. Selbst großer Technoeinsatz kann aus „HiWu" kein Topgebiet wie Obertauern, Saalbach oder Gastein machen.

- Skigebiete unter 1500 m Höhe haben durch den Klimawandel keine längerfristige Zukunft: extrem hoher Wasserbedarf zur Beschneiung, zusätzliche Speicherteiche, großer Energiebedarf.
- Das Warscheneck steht als Wasserschongebiet unter Schutz. Tunnelvortrieb und Beschneiung könnten die Karstquellen von Pießling-Ursprung, Windhagersee und Schafferteich und die Trinkwasserqualität gefährden.
- Die Fokussierung auf den Wintertourismus verringert die Chancen für den nachhaltigen Sommertourismus. Die touristische Zukunft liegt nicht im tendenziell kürzer werdenden Techno-Winter mit teurem Kunstschnee, sondern im länger dauernden Frühling, Sommer und Herbst. Erfolgreiche „sanfte" Regionen wie Großarl- und Villgratental beweisen, dass Eventtourismus à la Ischgl nur eine von vielen Möglichkeiten ist.
- Ausbau und Technisierung von Skigebieten sind mit Blick auf den Klimawandel absurd und führen bei schwindenden Skifahrerzahlen zum Verdrängungswettbewerb. Obwohl es Schneesicherheit erst ab 1800 m geben wird, gibt es das Wort Klimawandel im Wortschatz mancher Tourismusmanager nicht.
- Die Investitionskosten von 150 Mio. Euro stehen in keinem Verhältnis zu den kaum 10 (zehn!) zusätzlichen Pistenkilometern. Klimawandel, Wasser- und Energiekosten machen das Tunnelprojekt zur wirtschaftlichen Totgeburt.
- Seilbahnmanager und Touristiker bauen unrealistische Erwartungshaltungen bei Gästezahlen und Wertschöpfung auf. Kritische Wirtschaftsexperten halten solche Prognosen für unerfüllbares Wunschdenken.

Zukunftsstrategie Es gibt einen Ausweg aus der Sackgasse, denn schon die Hälfte der Wintergäste (nicht nur) in der Pyhrn-Priel-Region fährt nicht mehr Alpinski auf eisigen Pisten, kommt wegen der unberührten Landschaft und unternimmt Skitouren. Hier liegen die Chancen für kleinere Skigebiete wie die Wurzeralm, die sich als gemütliches Familienskigebiet positioniert hat und als Kompetenzzentrum für Tourenskilauf prädestiniert ist. Für den (längst notwendigen) Ausbau der Infrastruktur und Lifte sind keine dreistelligen Millionenbeträge erforderlich – ein Bruchteil davon reicht für die Modernisierung. Zusätzlich blieben auch noch Mittel für einen Investitionsschub in Richtung Sommertourismus übrig: Ausbau von Wanderwegen, Bau eines Klettersteiges, Anlage eines Klettergartens usw.

Danksagung

Wir bedanken uns bei Dr. Reinhard Koblmüller, Winfried Flossdorf (BergSpechte)
und Dr. Franz Gasselsberger (Oberbank),
die dieses Buch möglich gemacht haben.